牛津版 基督宗教簡明史

理查・哈理斯、亨利・梅爾-哈亭——編著
晴天——譯

CHRISTIANITY
Two Thousand Years

Richard Harries
&
Henry Mayr-Harting

出版緣起

閱讀不須從信仰開始

何飛鵬

宗教對於一般世俗人有兩個層面，一個是相信，一個是不信。如果你是某個宗教的信徒，那不待多言，如果你不相信，也免不了會在社會使用的語言、生活習慣等等碰觸到和宗教相關的事物。

目前，在中國社會中的宗教，除淵源已久的佛教、道教之外，也有西方宗教如天主教、基督教傳入。然而，中國社會對基督宗教雖也有幾百年的接觸，但相較之下，歷史還是很短，一般人對於西方宗教的了解，相對來說沒有那麼深刻。

可是，在進入二十一世紀，英語幾乎變成唯一的國際共同語言。在頻繁使用英語的情況下，無時無刻不是在接觸英語世界所蘊含的西方文化質素，包括相關的典故、信仰、邏輯和精神，便成爲現代人經常碰到的事物。因此，如何對基督宗教有更完整、正確的理解，似乎是現代中國人不可或缺的訓練。

不只是如此，如果我們有機會深入了解基督宗教，其中也蘊含了發人深省、心靈勵志的內容，基督宗教蘊含相當豐富的這些質素，對現代人有所助益，也有需要多加理解。

作爲一個出版人，我們發覺，現今已出版的基督宗教出版品，大多出自以傳教爲使命的出版社，共同特色是閱讀時必須先具備信仰的基礎。因此，這類的出版品在一般人讀來，是有一定程度的隔閡。

我們發願出版一系列書籍，目標是把基督宗教當作人類文化的一部分，視爲現代人必須了解的知識，閱讀不須建立在信仰宗教爲前提。我們期待能帶領讀者，進入基督宗教的深層底蘊，了解西方文化底層的架構。如果因此有人得到救贖、加入基督宗教的世界，我們也不反對。但更重要的是，這系列書籍出版的目的，是期待加深大眾對基督宗教文化的理解，也能對讀者的工作、生活等層面產生正向的幫助，這是我們所期待的。

了解耶穌的世界，從啓示開始。

（本文作者爲啓示出版發行人）

前言

亨利・梅爾—哈亭

本書源起於，一九九九至二〇〇〇學年期間，爲總結基督宗教創教兩千年，並展望新的千年之始，而在牛津大學發表的一系列公開演講。舉辦這項演講的構想，在於剖析基督宗教現況，以及造成這種現況的由來，以這種方式慶祝千年更迭似乎順理成章。提出這項建議的，是基督教會（Christ Church）會長約翰・卓利（John Drury）；此議獲得牛津主教理查・哈里斯（Richard Harris）的熱情響應；哈里斯於是邀我共襄盛舉。我們沒有要求主講人根據任何特定綱要發表演說，只希望他們能以深入淺出、非專家也能聽得津津有味的方式，闡述他們專精的那個時代中完成的一些能推動基督宗教、提升基督宗教品質的創造性貢獻。當然，我們所謂「創造性貢獻」決非意指排斥批判；因爲基督宗教的發展主要依靠來自教會內外的批判。我們只提了一個非常廣泛的大建議，而將選項的問題留待每一位主講人，根據其本身的意向與興趣加以解決。由是完成的這本書，內容涉及各種時代出現的各種非常不同的作法。之所以出現這種結果，或許由於不同的時代需要不同的作法。但另一個原因是，有經驗的學者總是早有其本身知識性格，要他們從事這樣的工作，結果自然互異。沒有兩位鋼琴家演奏得出同樣的音樂，除非他們是業餘人士，則又另當別論。

無論如何，我們得感謝幾位發行人，在看完書稿之後，發現書中至少遺漏了兩大主題，其一是猶太人與耶路撒冷（在頭兩次初審之後，已發現這項遺漏），另一主題是祈禱文、彌撒與洗禮。很顯然，我們不能將各章刪長補短，從而匡正這項疏失。所幸本身是猶太人／基督宗教關係專家的理查．哈里斯，欣然同意接受挑戰，在他作爲總結的最後一章納入猶太人的這個主題。我在這裡只希望指出一個方向，供有意自行彌補這項疏漏的讀者尋找有用的讀物。就耶路撒冷朝聖之旅（自然與十字軍東征有關）的重要性，以及基督徒與猶太人在中世紀疏離的過程而言，讀者首先可以參閱柯林．摩里斯（Colin Morris）所著《教皇王國》（*The Papal Monarchy*，牛津出版公司，一九八九年），二七七～八一、三五四～七頁，以及六二九頁的參考書目；喬納森．里利－史密斯（Jonathan Riley-Smith）編撰的《圖解牛津十字軍史》（*The Oxford Illustrated History of the Crusades*，牛津出版公司，一九九五年）；以及從猶太人觀點出發、喬舒亞．普拉爾（Joshua Prawer）所著的《耶路撒冷拉丁王國》（*The Latin Kingdom of Jerusalem*，倫敦出版公司，一九七二年）也頗值參閱。

距離我寫這段前言之處不到兩百碼外，在牛津市聖奧德（St Aldate）街市政廳的牆上，有一塊一九三一年刻成的石匾，匾上有以下文字：

這條街直到一三〇〇年一直叫做猶太大街（Great Jewry），街上曾建有許多猶太人的房子，包括位在湯姆塔（Tom Tower）北的猶太教堂。

今天的基督教會青少年公所（Junior Common Room of Christ Church）與牛津副主教室（Lodgings of the Archdeacon of Oxford），大約就坐落在這座猶太教堂的舊址。在猶太人於一二九〇年被逐出英國以前，他們與當地居民以及與牛津學者們的關係，不僅讓人聞之色變，時而甚至令人毛骨悚然；西瑟爾·羅斯（Cecil Roth）所著《中古牛津的猶太人》（*The Jews of Medieval Oxford*，牛津出版公司，一九五一年）對此有生動的描繪。我們可以將這段史實視為觀察這整個議題的微宇宙。

根據反閃族的歷歷證據，猶太人在歐洲史上遭排擠的一般清晰可見。但他們對基督徒有舉足輕重的地位，而且不僅因為他們是借貸的財主而已；在重視聖經學的基督宗教學者心目中，猶太人必不可缺。而且從第八世紀起，猶太人以另一種方式取得關鍵地位。誠如亞歷山大·穆瑞（Alexander Murray）在本書所說，地中海地區的文化與宗教整體性，在第八世紀出現分裂，大部分濱海地區這時均陷入伊斯蘭教徒手中。但基督徒與伊斯蘭教徒之間的貿易與文化交流，卻於此時迅速增長。由於這兩個宗教都植根於猶太教，猶太人自然而然地成為兩者之間的文化橋梁與貿易中繼站。

讀者在讀完戴爾麥·麥庫洛克（Diarmaid MacCulloch）所寫的一章後，就會知道本書並未遺漏洗禮這個主題。但是在我文中所討論的那個年代，它是一個為人忽視的主題。這點令人扼腕，因為在那個年代，特別是在傳教的場合，洗禮不僅是一項展開新生的儀式（這一點已經足夠重要），還是一項闡揚整體基督宗教信念的重要工具。彼得・克拉莫（Peter Cramer）所著的《中世紀初期的洗禮與改變：二〇〇至一一五〇年》（*Baptism and Change in the Early Middle Ages c. 200-c. 1150*，劍橋出版公司，一九九三年），就是明證。至於彌撒的問題，喬瑟夫・鍾格曼（Josef Jungmann）的兩冊《*Missarum Sollemnia*》自是首選；這本書經法蘭西斯・布倫納（Francis A. Brunner）譯為英文，名為《羅馬儀式的彌撒：它的源起與發展》（*The Mass of the Roman Rite: its Origins and Development*，紐約出版公司，一九五一年）。我很難想像，還有什麼人能寫出足以取代它的著作。席奧道・克勞瑟（Theodor Klauser）的《西方祈禱文簡史》（*A Short History of the Western Liturgy*，牛津出版公司，一九六九年）也是極上乘之作。葛里哥利・迪克斯（Gregory Dix）在所著《祈禱文的成形》（*The Shape of the Liturgy*，倫敦出版公司，一九四五年）的最後一章，談到英國國教祈禱文，是另一篇傑出著作。約翰・鮑西（John Bossy），在《過去與現在》（Past and Present）雜誌第一百期，二十九至六十一頁（一九八三年）發表的〈作為一種社會建制的彌撒：一二〇〇至一七〇〇年〉（The Mass as a Social Institution, 1200-1700），從全然不同的角度探討這個主題，而且頗能發人深省。

作為這樣一個系列演講的籌辦人與聽眾，是一種令人雀躍的經驗。每次前來聽講的人數都以百計，其中包括學者、學生，以及許多關注這類議題的社會大眾。我們接獲許多佳評，不同於歌劇的歌者獲得觀眾青睞的是，它們主要針對的不是個別演講人，而是整個系列，及其整體構想。這是我們所以深受鼓舞，決定以書本形式呈現這一系列演講的主因。

本書個別章節中的附注主要用來查證文中的引言，讀者或許有意繼續深究詳讀。書末的參考書目，意在提供一些建議，供讀者進一步研究之用。

（本文作者爲牛津大學教會史御用講座教授）

目錄

它們還能突顯萊蘭的孤島修道院，以及五五〇年左右編寫的聖本篤規章。但我決定特別強調基督宗教與世俗世界的互動，而後者是剛在早期中世紀西方定居下來的日耳曼人世界。基於此，我有另一種答案：教士主義（教士做爲一種獨立專業的構想）與社會拯救的澎湃熱潮，已經在中世紀初期站穩腳步，這一點殆無疑義。

本章描繪五世紀到十五世紀東方基督宗教的多采多姿故事，其中以劃分、發展與神格化三個主題來進行。在劃分中，首先故事範疇在信奉基督宗教的東方世界，接下來劃分爲希臘文的東方和拉丁文的西方；其次是發展，拜占庭教會以大規模傳教活動，北向進入斯拉夫人的世界；最後是以希臘神學意義而言的神格化，來探討對東方基督宗教日趨重要的這個主題。

在一〇〇〇～一五〇〇年間，拉丁基督宗教世界的面積大了兩倍，人口增加了四倍。作者先談拉丁基督宗教世界在阿爾卑斯山以南和以北的擴展，接著是都市化對基督宗教的影響。

宗教改革的爭議，主要在於人類應該怎麼做，才最能享有神的這種愛，主要在於人類行爲舉動中，有沒有什麼可以影響神、使神將人類救出永恆失望深淵之處。

二、三十年來，有關的歷史研究，已使我們對所謂「啓蒙」運動的認知大幅改變。研究科學、醫藥、性、種族、理念、社會、文化，以及政治與宗教的歷史學者，仍然認爲十八世紀是一個重要

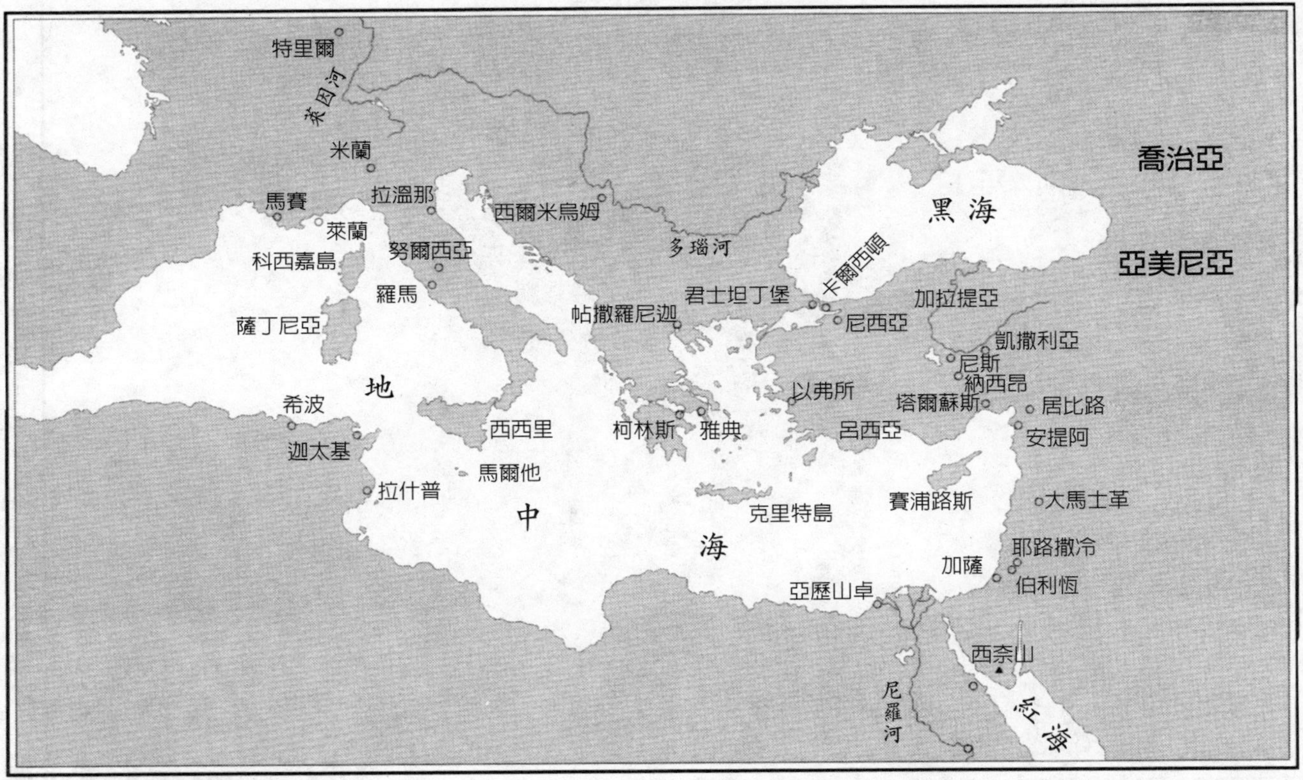
特里爾
萊因河
米蘭
馬賽
拉溫那
萊蘭
科西嘉島
努爾西亞
羅馬
薩丁尼亞
西爾米烏姆
多瑙河
君士坦丁堡
卡爾西頓
黑 海
喬治亞
亞美尼亞
加拉提亞
尼西亞
帖撒羅尼迦
凱撒利亞
尼斯
納西昂
以弗所
塔爾蘇斯
居比路
安提阿
地
希波
迦太基
西西里
柯林斯
雅典
呂西亞
馬爾他
拉什普
中
海
克里特島
賽浦路斯
大馬士革
耶路撒冷
加薩
伯利恆
亞歷山卓
西奈山
尼羅河
紅海
圖一：早期教會和近古

圖二：基督教西方（約五〇〇～一六〇〇年）

第一章

早期教會

亨利・夏德威

失去記憶是件可悲的事。過去對我們人生的影響，尤勝於我們的想像。當然，有些事儘管我們想置諸腦後，卻怎麼也忘不了。根據有關地獄的一則古老神話，並非所有已逝的人，都能獲釋，飲那忘情之水。但同樣也有許多事，令人感念不已，永銘於心。基督徒一直以來，就視拿撒勒（Nazareth）人耶穌的事蹟，爲人類最重要的大事，至今仍然如此；而這一系列演講的目的，就在於提綱挈領地提醒我們，讓我們不忘自己與這個偉大故事的淵源。

無論樂不樂意，我們今天的世界本身，乃由近代、中古或遠古的過去不斷演變而來。在研究遠古、近古與近代人類史時，我們用的是現代塑造的工具。或有心，或出自下意識，我們的目標是更進一步瞭解我們現在的位置，瞭解我們究竟如何走到如今這個地步。我們的研究以古社會的教會爲開端，首先著眼的是歐洲文明的萌芽。早期教會爲當時歐洲社會注入信仰，讓那些不幸與叛逆的人見證神的慈悲，並且透過拿撒勒人耶穌這位經神揀選爲唯一贖罪人的中心人物，在一個社群繼續推動這種慈悲，向信徒傳達寬恕、新生與高道德標準的訊息。拜希臘哲學家、數學家和科學家，如阿基米德、亞歷山卓的厄拉托西尼（Eratosthenes，曾出奇精確地計算出地球直徑）等之賜，古社會原已卓然有成。羅馬人征服了從哈德良長城①到美索不達米亞的廣袤疆土，建立統一的法律與行政系統。希臘人與羅馬人彼此關係不睦，而且在一開始，兩者都反對耶穌基督或彌賽亞的教會。但由於有足夠的交集與明顯的認同，融合出現了。斯多噶學派②的良知與自然法概念，與基督宗教教義極相類似。特圖連③寫道，「塞尼加④的寫作，經常像出自我們之手」⑤。艾皮科蒂塔⑥的作品與《新約》非常近似⑦。柏拉圖派哲學家主張教誨世人，從現世之美與秩序升華，進入另一更高的天國遠景的領域。這與基督徒的志向似乎相去不遠。伊比鳩魯（Epicurus）

---

①譯注：Hadrian's wall，不列顛羅馬行省的北部主要邊界。根據哈德良皇帝（一一七～一三八年在位）的命令，於西元一二二～一二八年修建。從索爾韋灣到泰恩河，長一一七公里，高四點五公尺。城牆前的防禦性護城壕約八點五公尺寬、三公尺深，有十六座碉堡，還設有八十座內堡和許多信號塔樓作爲加強。

②譯注：Stoic，西元前三〇〇年至西元一八〇年在希臘和羅馬興起的哲學運動，爲基蒂翁的齊諾（Zeno）所創。斯多噶哲學強調，所有的人都是受自然界規律支配平等的組成部分，因此理想的生活應該是安身知命和服從自然秩序的支配。

③譯注：Tertullian，約一六〇～二二〇，基督教神學家。生於迦太基，在羅馬住過一段時間，約一九六年改信基督教，後返回迦太基，卒於故土。他反對教會世俗化，結果成爲孟他努斯派（Montanist）的領導人（約二〇七年）。他是第一個用拉丁文寫出重要基督宗教著作的人，從而對於教會語言的發展發生深遠的影響。他著書反對不信上帝的人、猶太人和異端，還寫過幾篇講實際問題和苦修的論文。

④譯注：Seneca，約西元前五五～約西元四〇，羅馬修辭學家。除一部羅馬史（已佚）外，他還寫過幾部關於演說術的著作。所著《爭辯的特點》（*Colores Contr oversiae*）和《說服的特點》（*Suasoriae*）有部分存世。

⑤'Seneca saepe noster', Tertullian, *De Anima* 20.

⑥譯注：Epictetus，約西元一世紀，斯多噶學派哲學家。原爲羅馬奴隸，解放後潛心哲學。他被羅馬皇帝圖密善放逐，定居伊庇魯斯的尼科波利斯，卒於此。留下的作品只有口授一個弟子的格言集《手冊》（*Enchiridion*）。

⑦A. Bonhoeffer, *Epiktet und das Neue Testament*（Giessen, 1911）.

的享樂主義爲他贏來時人的罵名，但希波的奧古斯丁⑧認爲，伊比鳩魯說得太對了⑨。古羅馬帝國沿邊界建立要塞，以防野蠻部族入侵。自君士坦丁大帝以降，羅馬帝國的政策就是讓野蠻人歸化，透過徵兵與文明手段，將他們群遷、納入帝國境內，帝國西部後來爲野蠻部族強佔，或許也種因於此。

這種希臘人、羅馬人與希伯來人（以及後來的野蠻人）融合而成的社會，理所當然地認定，決策的根本主要不是獨立的個人，而是權威，無論是教會長老，或是皇帝與他手下地方官員的權威。部分由於荷馬動人的史詩（直到君士坦丁堡陷落土耳其人手中以前，歐洲人一直讀著這些史詩），基督宗教崛起以前的社會，對古時、甚至對太古時期的傳統尊敬有加。創新不是古人的理念。這些史詩談的，與我們今天的世界大不相同。在今天的世界，爲決定背書的，不過是脆弱的人類權威；訴諸理性以謀更大共識的作法，似乎只有在出於自利的權宜狀況下才有效；而人們在決策過程中，考慮的也只是經驗世界的因素。就政界而言，一星期已經很長；教會考慮的卻是千年大計，而且著眼點還超越這個世界。它的超脫塵世，使它對今天這個世界影響深遠。

基督教會之成長

所謂歐洲性格或基督宗教印記，是羅馬帝國的一項傳承。在這項傳承中，羅馬皇帝自稱是整個人類世界的主⑩。在一開始，教會的主要任務，就是在這些皇帝與官員的敵意下，在帝國傳播福音。就這樣，一個放眼全球的帝國，與一個有著天下一家抱負的教會，緊密地結合在一起。有些基督徒，在保羅致羅馬人書的強烈暗示下，相信由於神的安排，教會與羅馬帝國的命運神祕地結合在一起。這種想法很令人稱奇，因爲最早期的基督徒與耶穌以及保羅，都是猶太人。在羅馬帝國，循規蹈矩的猶太人可以勉力見容於社會，但他們並不欣賞羅馬人的支配慾。羅馬人說，他們制伏海盜、築路、建立法律與秩序，從而促進人們在精神上對摩西律的研讀；這種說法頗遭質疑⑪。羅馬與埃及境內的猶太人不計其數，將猶太人遣散至猶大省（Judaea）境外，對基督徒而言是一種實質性幫助。

在猶大省北方的加利利（Galilee），木匠之子耶穌號召他的猶太同胞進行宗教改革，使宗教信仰成爲一種超越儀式規則、更高層面的內省，要他們透過他的福音迎接即將降臨

⑧譯注：Augustine of Hippo，三五四～四三〇，即聖奧古斯丁，最偉大的拉丁教父。三八三年前往羅馬，在米蘭定居，講授修辭學。他醉心於柏拉圖、新柏拉圖主義和《聖經》。三八七年在米蘭受洗，成爲基督徒，三九一年任司鐸。三九六年任希波主教。他的自傳《懺悔錄》寫於三九七年；爲基督教會辯護的《上帝之城》寫於四一三～四二六年。多卷本的《論三位一體》更多方闡述三位一體的原則。

⑨*Confessions* 6.16.26.當然，奧古斯丁也認爲伊比鳩魯在重要觀點（6.11.19），例如神的照顧（*contra Faustum* 20.10）、信仰無數的世界（*City of God* 11.5）、他對阿基米德的不理解（*Util. Credendi* 6, 13）上是錯誤的。

⑩但他也正確地瞭解了嬰兒倖免於此是因爲，他們知道要尋求愉快的，而要避免痛苦。

⑪在中古時代末期野蠻人的威脅愈發嚴重時，這種說法變得更加刺耳。有位拉比在 Strack-Billerbeck, *Kommerntar Z. NT aus Talmud und Midrash* IV 2（1928），1203.加以記載，但是這位拉比並未受到重視。

的神的王國，要他們追循一種更高層的道德生活，而不是緊守著摩西律的六百一十三條律令，拘泥於猶太教士們的種種誡命。他很快擁有大批信眾，但信他的人越多，勢力龐大、屬於統治階級的撒都該派⑫猶太教派，對他的猜忌也越深。他們擔心，帝國總督彼拉多（Pilate）會因此疑心猶太人想造反而展開鎮壓。猶大省當時已經有一些稱爲奮銳黨⑬的強徒盤據，決心將羅馬人趕出猶大。有些奮銳黨盼望耶穌能以天降之王的身分出面領導，實現古老的預言，以暴力方式解放猶太人。但福音書中強調，耶穌一再否定以暴力救世的說法。拔劍者終將亡於劍下。

當羅馬皇帝喀利古拉（Caligula）決定在耶路撒冷神廟建他的塑像時，所有猶太人都認爲這是一種可悲的惡行，因爲那是神的殿堂，奉耶穌爲救世主的猶太人也不例外。喀利古拉此舉造成的可怕後果，多次出現在《新約聖經》⑭。像所有猶太人一樣，基督徒也爲此對羅馬暴政與愚行憤恨不已。

根據《約翰福音》，祭司長該亞法（Caiaphas）似乎說服了祭司院，或稱公會⑮，認定爲維護公共秩序，他們必須籲請總督彼拉多處決耶穌，以免釀成一場大規模暴動，導致羅馬人干預⑯。反諷意味濃厚的是，耶穌雖遭羅馬總督釘死十字架上，三百年後，羅馬皇帝君士坦丁卻尊奉基督教的上帝，他的許多臣民也皈依了基督教。早在二世紀中葉，已有文獻顯示羅馬皇帝有意皈依⑰。約在西元兩百年，特圖連在北非已經深信，要不是迫於職責所在，必須做一些非常世俗、非常非基督徒的行動，皇帝會希望當基督徒⑱。基督徒本身也對教會的迅速成長驚訝不已，殉教烈士們表現得正直不屈，爲那些迫害他們的人帶來了反效果。烈士們的血成了茁壯的種子⑲。在第二世紀結束前，受過教育的異教徒作家，已經對他們所謂的一場「革命」發出警訊⑳。教會帶來的不僅是一種選擇性文化，還是一種反制性文化。身爲斯多噶學派一員、同意自殺行爲的皇帝奧勒利烏斯㉑，就在個人格言錄

⑫ 譯注：Sadducees，猶太教的一個主要派別（約西元前二世紀～西元七〇年）。他們大多是有權勢者，與耶路撒冷城的宗教首腦有聯繫，祭司長就從他們之中產生。他們在以色列的政治和經濟生活中也有很大勢力。撒都該派不同於法利賽派者，是他們不承認口傳律法的合法性以及關於肉體復活和上帝決定一切的教義。

⑬ 譯注：Zealots，西元一世紀在巴勒斯坦興起的一個好鬥的猶太人派別。其目標是擺脫羅馬統治，如果有必要，則不惜使用暴力來達到目的。

⑭《馬可福音》第十三章十四節；《帖撒羅尼加書》第二章四節。

⑮ 譯注：Sanhedrin，猶太教公會，希臘語原意「公會議」。爲耶路撒冷猶太長老的議事機構。在希臘羅馬時期，儘管處於外國統治下，這一機構對巴勒斯坦的猶太人仍具有內部行政和司法職能。

⑯《約翰福音》第十一章五十節。

⑰ 根據奧利金的說法（*contra Celsum* 8.71），異教徒塞爾蘇斯（Celsus）認爲，這是一種荒唐的夢想。聖查士丁（Justin Martyr）就接近於這種抱負。

⑱ Tertullian, *Apol.* 21.24.

⑲ Tertullian, *Apol.* 50.13.

⑳ *statis*: Celsus in Origen 5.33.

㉑ 譯注：Marcus Aurelius，羅馬皇帝（一六一～一八〇年在位），所著斯多噶哲學的《沉思錄》尤爲馳名。他被西方許多代人視爲西羅馬帝國黃金時代的象徵。

中，對基督宗教烈士事蹟所獲的廣爲宣傳甚爲不滿㉒。羅馬人決定把基督徒送進新建成的競技場，餵食饑餓的野獸，爲滿場兩、三萬的觀眾提供娛樂。這項決定使數以萬計的羅馬人見證基督徒殉教的事蹟，爲基督宗教做了大好宣傳。到第三世紀，每個人都知道基督宗教信仰的要旨，知道信徒甘願以死相殉。

猶太教徒的難題

在如何遵行摩西律的問題上，猶太教已有好幾種思想學派。除了屬於貴族階級的撒都該派以外，還有法利賽㉓一派，這一派人強調完全而絕對地遵奉儀式，自認有別於其他所謂「地上的人」。部分法利賽人對耶穌教義那種熱情洋溢的眞誠頗爲同情。法利賽人塔素斯（Tarsus）的掃羅（Saul），起先對耶穌甚爲敵視，後來皈依基督宗教，就是其中一例。在羅馬人於七十年毀掉耶路撒冷以後，在神殿舉行犧牲祭祀不再可能。保守派法利賽人與猶太基督徒，於是在精神崇拜的取代性作法上呈現對立，《馬太福音》第二十三章反映了這種對立。但即使在《馬太福音》的這一章，對法利賽人的批判，也止於他們未能奉行猶太教的基本原則而已。此外，在死海邊有一個教派，或許是艾賽尼㉔苦修教派，進行死海古卷（Dead Sea Scrolls）的蒐集工作。他們持有一些經書，對《新約》的若干記述有所說明。從猶太母體中，基督徒承襲了一種以書爲本的宗教，以及一種對經書置評的傳統。

無論如何，猶太人面對兩大難題，使他們無法相信耶穌就是先知口中那位即將來到的彌賽亞，那位神選定的救世主。第一個難題是，釘死在十字架上的耶穌，與猶太民族期待的、那位驅逐羅馬地方官與稅吏的軍人英雄全然不同。但有些先知雖然認爲將有一位民族解放英雄問世，另有幾位先知，如以賽亞，則認爲救世主其實是一位受苦難的神的僕人：「他無疑哀我們之哀，痛我們之痛，」從而答覆了這個難題。另一個難題是，愈來愈多的人深信，彌賽亞的到來，不僅如有些人所說，將帶來這個世界的立即終止，還意味神的語言將超越猶太教疆界，進入外邦人的世界，而且無需刻意遵奉《利未記》律法中的儀式。

基督宗教信仰最早期的架構，是一種以希伯來預言爲本的普世化猶太主義。他們相信造物主的至高慈悲，相信造物主透過自然秩序的力量與榮耀而顯現的超凡能力。其次，他們相信人性因不服從而有瑕疵，以致現在有違造物主的初衷；第三，救贖因耶穌基督而即將到來，但它不是上天的孤立作爲，而是摩西與希伯來預言中揭示的一種神賜的關懷；第四，神透過他永恆的聖靈，仍與他的子民同在；第五，經由約法儀式，神保證賜予人類慈悲與愛，這些儀式包括洗禮與紀念祭獻，即古外邦基督徒稱爲聖餐（Eucharistia）的大感

㉒ Marcus Aurelius II.3.

㉓ 譯注：Pharisees，西元七〇年前巴勒斯坦地區猶太教內很有影響力的少數派。此派成員主要是世俗人。法利賽派的重要特徵是脫離一般公眾，拘泥於關於禮儀純潔、淨身和飲食規則的成文或口傳律法，甚至遵守原僅爲祭司制訂的規定。

㉔ 譯注：Essenes，猶太教一個派別，古代以禁慾主義、共產生活方式和預言未來的技能聞名。據認爲著名的死海古卷就是艾賽尼派的一個地方教團所遺留的。

恩。這最後一項儀式以神的介入與福賜爲主題，對受過洗禮的人而言，無論過去或現在都是一種療傷與新生的泉源。那些還在接受指示的人，稱爲初學者，可以參加儀式的第一部分，參加唱詩、研讀與聽道，但之後必須離去。一千年以後，拉丁神學以「聖禮」（sacrament）一詞詮釋這兩種約法儀式，意即一種帶有心靈意義與效應的實體行動。希臘教會則以「神祕」（mysteries）一詞做爲它們的註腳。

異教徒

當時已有異教徒對猶太家庭抱持的高道德標準心嚮往之，他們希望加入普世化的一神論，不願與主要是地方性的異教社會爲伍。有些異教徒思想家批判以動物祭獻神祇的做法，說這麼做無異於向一些不入流的小神行賄，只有這類小神才會喜歡這種東西，對一流的大神，如宙斯（Zeus）或朱比特（Jupiter），這麼做行不通㉕。在猶太與加利利，猶太教堂甚至讓一些敬畏神的外邦人出席崇拜儀式，聆聽《舊約聖經》的研讀與講解。根據福音書的紀錄，有一位羅馬百夫長出資建了一座猶太教堂。但出席安息日儀式以接受割禮，或認爲自己不能吃豬肉的異教徒，當時仍不多見。早期基督教會吸收這類信徒，似乎順理成章，但這麼做也導致那些謹守戒律、抗拒同化的猶太人不滿。仇恨與憤怒在所難免，攻擊事件於是出現。此外，在六六至七〇年，在一一六年的猶太變亂期間，特別是在一三三至一三五年間，基督徒猶太人不肯參與奮鋭黨的戰鬥，結果造成猶太教的強烈反彈。

猶太社區以關注孤寡貧弱著稱，過去如此，現在依然。基督教會承傳了這種特性；特圖連曾引用異教徒的話說，「這些基督徒竟能如此彼此相愛。」[26]波菲利[27]與羅馬皇帝朱利安[28]是兩位批判基督宗教最力的名士，但兩人曾設法比照教會這種模式，透過異教運作一種福利系統，結果沒能成功。與猶太人不同的是，基督宗教之所以惹惱羅馬當局，是因爲他們反對死刑，而且在一開始，他們反對的是任何狀況下的死刑。至少部分基督徒因此無法出任執法官員或省督，而且在最初，他們還因此無法參軍。羅馬當局認爲，一個社會若是沒有法律與制裁之力，將無法自保。到二〇〇年，羅馬帝國有了信基督宗教的行政長官，到三〇〇年，基督教徒的省督出現了，他們或許可以不必參與異教徒的崇拜儀式[29]。值得一提的是，有些異教徒省督，也會因不必在任內處決任何人而欣喜[30]。

---

[25] Porphyry, *De abstinentia* 2.37; cf. Augustine, *City of God* 2.24.
[26] *Apol.* 39.7.
[27] 譯注：Porphyry，約二三三～三〇四，新柏拉圖主義哲學家。他撰寫過一本反對基督教徒的著名論著，但遺存下來的僅有一些斷簡殘章。他最有影響的著作是評介亞里斯多德的《範疇篇》（*Categories*），中世紀曾廣泛傳誦。
[28] 譯注：Julian，三三二～三六三，羅馬皇帝（三六一～六三在位），人稱「叛教者」，是君士坦丁大帝的異母兄弟之子。三六〇年被愛戴他的軍隊擁立爲皇帝（奧古斯都）。他身爲皇帝卻公開宣稱自己是異教徒，並推行一種恢復舊異教徒信仰、具法律效力的政策，但並未迫害正統基督教徒。
[29] Eusebius, *HE* 8.1.2.

對猶太人的不願參與異教崇拜，羅馬異教徒已習以爲常。第二世紀的柏拉圖信徒塞爾蘇斯（Celsus），曾對猶太教有以下評語：「他們的宗教似乎很特別，但它所以能夠爲人所容，至少是因爲他們祖先的宗教使然。」㉛但基督徒的出現無分種族，而且他們對異教眾神的排斥，相當激烈。羅馬的那些神祇或許有一些幼稚而迷信的崇拜儀式，但羅馬人相信，將一個世界帝國賜予羅馬城的，正是這些神祇。軍方祈求這些神祇之助，以保護邊陲，防範野蠻人入侵；富有的商賈祈求祂們庇佑，以取勝商場；平民百姓也找上祂們，以求護身避邪之符，求治病，求妻子多產，求五穀豐登，求旅途平安，求情場得意。我們得知，有些富裕的參議員不相信這些神祇，卻靠占星術士提供意見，引導他們的人生㉜。

基督徒並不知道，在異教徒爲他們取名爲基督徒以前，他們的名稱原本是異教徒（pagan），這件事或許說來諷刺。異教徒起先沒有描述他們的集體名詞，直到第三世紀，拉丁基督徒才談到所謂 pagani，這個字意指鄉野之人，也是軍中的一種俗稱，意指非戰鬥人員。早期基督宗教局限於都市地區，直到很久以後才逐漸深入保守的鄉間。另一方面，洗禮則是一種徵召成爲基督戰士的儀式。因此，這兩種起源都有可能，而非戰鬥員的意識可能機率尤高。在希臘，東正教基督徒繼續援用猶太名詞「Hellenes」（《使徒行傳》第二十一章二十八節）。

基督徒用 paganitas 或 paganismus 兩個詞（都曾出現）㉝，形容對人工造就物體的崇拜，對天體宿命與占星術的信仰，或用以指稱占卦問卜之人。有很長一段時間，與教會接近或教會內部人士，仍然祈求過去那些神祇，以求治病，仍然求助於算命術士與巫師，特別是在孩子生病時尤其如此。

使徒保羅既然是非猶太教的使徒，需要一種讓人放棄摩西律的法理根據，讓人透過信仰，而不是透過信守《利未記》的律法，奉行這套顯然複雜難解的法理。教會與猶太教之間的分裂於是加深。基督徒自然而然地重新詮釋逾越節與五旬節，將之定位爲基督的熱情，定位爲聖靈的禮物。偏離猶太教的一項重大轉折，是在每週第一天（星期日），而不是在猶太教安息日（星期六）集會崇拜㉞。星期日才是主的復活之日；星期日才是保羅的教眾崇拜之日。非猶太的基督徒祈禱文，至今持續沿用「Abba」（天父），特別是「阿門」（Amen）與「阿里路亞」（Alleluia）這類字眼。除聖餐以外，基督徒還會不時舉行慈善餐聚，或稱 agépe，由富有的教友款待全體教眾，這些教眾中，多的是貧窮而饑餓的教友。㉟若蒙主人應允，他們可以用稱爲「外帶」（apophoreton，所謂 doggy bag 的濫觴）的袋

㉚ Ambrose, *Ep.* 15.3; Libanius, *Orat.* 45.27. 如果在眾神的祭典時處決罪犯的話就是褻瀆了神：Augustine, *City of God* 4.26. 大部分的早期基督宗教作者都反對處罰和刑求，米蘭的安布洛斯把高盧主教逐出教會，因爲他是服從羅馬皇帝馬克西姆斯而起訴和處決西班牙阿維拉主教普里西利安的團體一員。

㉛ Celsus in Origen 5.25.19.

㉜ Ammianus Marcellinus 28.4.24.

㉝ *Paganismus* occurs in Augustine, *Div. Qu. LXXXIII* 83.

㉞ 'What you call Sunday, we call the Lord's day (dominica),: Augustine, *contra Faustum* 18.5

子，將食物帶走㊱。根據一件古文書的紀錄，一位友善的異教徒軍人爲感念基督徒的仁慈，曾掏腰包辦了一次慈善聚餐㊲。在埃及，一位極具影響力的人物，因感念當地基督宗教社區對他麾下部隊（Pachomius）的友善而皈依。主教在聖職授任周年（稱爲 natalis 或生日）那天，為教眾提供免費餐食，也逐漸成爲習俗㊳。

《舊約》引爭議

在非猶太的基督教會，是否繼續閱讀《舊約聖經》的問題引起爭議。不久，有人說，神有兩位，《舊約聖經》的神只是公義之神，而耶穌的神卻是慈悲與善良之神。諾斯替㊴教派認爲，造物主若非惡毒就是無能，不可能成爲至高無上與善良之神。塔素斯的使徒保羅，在一開始是一位絕對保守、謹守教規的法利賽派信徒，奉命壓制非猶太的基督教會，但因見到主的興起而轉變信念，相信神確實公義，並奉神召前往耶路撒冷，向不肯接納神、保守的基督教法利賽派教友宣揚神的意旨。在當時，對雙方而言，和平共存都不是易事。保羅認爲摩西律可以使基督大家族和平共存㊵。

《新約聖經》中，著墨於《舊約》引證最深的猶太基督徒書卷，首推帕摩斯（Patmos）人約翰的啓示錄。並非所有教會都將《啓示錄》納入它們的聖句日課之中。有關約翰見到天使將魔鬼囚禁千年，或基督將重返再造的耶路撒冷、與聖徒共治千年的說法，在早期教會也有爭議。

希波利圖斯㊶在《但以理書》的一段評論中，對末世將近、除了蒙揀選的人以外，人類即將毀滅的渴盼，不以爲然。奧利金㊷以及後來的希波的奧古斯丁都認爲，所謂千年只是一種比喻或神話的概念。（有人曾對第一個千年的來臨憂心不已，還提出各種警告。）

在基督宗教問世以前，由於受到拜火教影響，有人曾推算世界何時告終。君士坦丁堡爲土耳其人攻陷的事件，被當時的君士坦丁堡主教，視爲一種文明即將走到盡頭的警訊；他經過仔細估算，認爲世界將在他身後的一四九二年，即哥倫布發現新大陸的那一年毀滅㊸。

㉟ Augustine, *Sermo* 178.4.

㊱ Hippolytus, *Apost. Trad.* 26.8.

㊲ London Papyrus, 1914.28, edited by H. I. Bell, *Jews and Christians in Egypt*（1924）.

㊳ Augustine, *Sermo Frangipane* 2.4（p. 193, ed. Morin）.

㊴ 譯注：Gnostics，二世紀基督教內佔有重要地位的一個信仰體系，但來源可能更早而且是非基督宗教的。「諾斯」一詞源於希臘語 gnosis，意爲「知識」。此教強調得救的方法是獲得祕密啓示的有關宇宙起源，以及人體內靈魂的眞正命運的知識。

㊵《加拉太書》第三章二十四節。

㊶ 譯注：Hippolytus，約一七〇？～二三五？，義大利人，第一位僞教宗（二一七／二一八～二三五年在位）、殉教者。希波里圖斯主張邏各斯（Logos）論，將眞神分爲三位。他認爲，上帝是一體，一方面不可分，一方面又是複體。

㊷ 譯注：Origen，拉丁語全名 Oregenes Adamantius，一八五？～二五四？，早期希臘教會最重要的神學家和《聖經》學者。奧利金一生主要從事校勘希臘文《舊約全書》和注釋全部《聖經》。

保羅在非猶太基督教會取得的成功，使教會結納了許多知識份子，其中包括受過哲學訓練的人士。希臘文化的力量，主要植基於對邏輯、數學、與自然科學的精通。對亞里斯多德而言，心智的生命，是通往人類最高成就的途徑。羅馬的世界主要關切的是政府、法律、以及維護合於本身利益的和平，除了西塞羅（Cicero）與塞尼加的特例以外，哲學從不是羅馬人的長項。

如果出現旱災、地震這類天災，或遭到軍事上的挫敗，基督徒往往成為眾矢之的。這一定是諸神因為無人搭理或遭到蔑視而發怒了。第三世紀中葉與第四世紀初期、在皇帝戴克里先（Diocletian）治下，羅馬對教會的迫害既短暫、又非常激烈，這主要因為行刑的人奉命不要殺害抓來的基督徒，只要反覆施以肉體創痛，崩潰他們的抗拒意識就行了。當時每逢週二正午，都會行使酷刑，讓下一批受刑人膽戰心驚。對許多因此而放棄的基督徒，我們不應多所批判。第四與第五世紀的教會，將那些為受難教友說項的高貴人士視為英雄，大舉表揚；奧古斯丁曾注意到，這些人士中，女多於男[44]。

對使徒保羅而言，只信仰一位神，使人認定神的知識與道德律不可能只局限於單一種族。他寫道，非猶太教信徒，雖然沒有摩西律引導，也能憑藉良心而明辨是非[45]。基督徒最看重公義與善良，認為它們比權力、榮譽、財富與性滿足的追求都更加重要。事實上，他們已經能區分什麼是對神律的基本或必要的服從倫理，什麼是更高層次的奉獻，而後者使人拋棄自然界的諸神。神使我們有男女之分，因此婚姻是絕佳好事；但為了更高層的目的而獨身，或許是教士或牧師等人所奉的一種感召㊻。

修士與修女之重要性

修道士在基督宗教史上的地位，不若其他世界性宗教那麼顯要。直到君士坦丁大帝以前，修士與修女並不生活在與世隔絕的社區中。在君士坦丁大帝主政時代，一位沒有讀過書的科普特人㊼（他的名字是帕丘謬斯〔Pachomius〕），爲他創建的社區訂了一條有關長幼尊卑的明智規則，牛津與劍橋大學一直沿用這條規則迄今。根據這條規則，修士的資歷完全根據進入修道院的日期，其他一概不計。當顯要之士看破紅塵、要求入院時，這套系統輕而易舉地避開了社會地位、高下區分的種種難題。在社區存在以前，甚至早在使徒的時代，一些地方性教會已經有一些小規模的修士團體。從第三世紀起，我們首次聽說都市的

㊸ Scholarios IV. 511.

㊹ *Tract. In ev. Joh.* 51.

㊺《羅馬書》第二章。

㊻ I Corinthians 7. 本章有些言語與二世紀的斯多噶派哲學家愛比克泰德（Epictetus）的十分相近。

㊼ 譯注：Copt，指埃及人。七世紀阿拉伯人征服埃及以前，希臘語稱埃及人和埃及語爲「埃吉普提奧斯」（Aigyptios），在阿拉伯語爲「基普提」（qibt），其西方訛音爲Copt。後來信奉伊斯蘭教的埃及人不再自稱科普特，於是這個名詞就專指佔人口少數的基督教徒。

主教與教區執事們，與修士之間關係緊張的有關傳言㊽。這種緊張關係一直持續。

第四世紀的清修運動招致無數批判，清修使許多極虔誠的教士離去，削弱了都市教會的現象，尤遭人們非議。特別是在西班牙與高盧㊾，修道僧侶遭到不滿現狀之士的抗拒㊿。哲羅姆㊿曾說，僧侶們常有的話題，就是對都市教會執事與非僧侶的貶抑。這種疏離是相互的。主教們若想免遭非議，必須保持獨身，如果已婚，也必須要妻子遁入女修道院或其他地方匿居，這是很重要的事。但並非每一位妻子都甘受如此待遇。有一位主教的妻子，半夜來到主教住所前猛敲大門，驚醒了這位主教。她上了他的床，九個月後，為他生了一個女兒㊷。在第四世紀最後二十五年，時為教宗的西里修斯（Siricius）發現，在高盧，支持與反對教士獨身的兩派人爭執不休。他站在支持獨身的一派人這邊，但對自己的諭令經常遭到漠視而遺憾㊸。反對獨身的一派人則說，《舊約聖經》中的教士都能自由嫁娶，聖保羅也曾強調婚姻不是罪惡。

修道的另一個問題是經濟。帕丘謬斯在丹迪拉（Dendera，即 Tentyra）附近尼羅河谷建立的埃及修道院，不僅提供房舍，還為無數失業的農民帶來農耕的就業機會。其中主修道院就住了約三千位修士。這些修道院辦得有聲有色，有一次一所分院因為錢愈賺愈多，決定自立門戶，還因而掀起一場大危機。這些宗教之家為找不到人出嫁的女孩，解決了安身立命的問題。極其清貧的父母，往往將女兒送進修女院，因為那裡能提供住所、食物與簡單的衣物㊹。但我們也聽說有些婦女由於欠缺真正虔誠的意識，難以適應這種宗教生活，她們有些人還暗中耽溺於杯中物㊺。對窮苦人家而言，要供嫁不出去的女兒吃飯、穿衣並不容易。貧困的父母為解決這個經濟問題，往往將初生女嬰丟在修道院前。班・希拉（**Ben Sirach**）曾指出（22：3），「女兒是賠錢貨」。在北非，希波的奧古斯丁曾組織修女拯救棄嬰㊻。我們不知道這些棄嬰日後的命運。有人擔心，即使獲救的棄嬰也難望成長茁壯，後日的情況亦復如是，但古代人的壽命本就不長。

㊽奧利金曾注意到，受到富有和上層階級女士青睞的大城市的主教，通常不願意使用禁慾者所用的辭彙。在 *Matt*. 16.8.

㊾譯注：Gaul，古代地理通常指山外高盧（Transalpine Gaul），周圍以阿爾卑斯山脈、萊茵河、庇里牛斯山脈為界。

㊿Vigilantius，聖哲羅姆嚴重反對他，所以寫下了一些證據。

(51)譯注：Jerome，即聖哲羅姆，約三四二～四二〇，原名優西比烏斯・希羅尼摩斯。基督教苦行者和學者，生於達爾馬提亞的斯特里敦。一度過隱士生活。三七九年授聖職。任教宗達馬蘇斯（三六六～三八四年在位）的祕書。三八六年移居伯利恆，在那裡寫了許多信札、論文和《聖經》註釋，最驚人的是第一次把《聖經》從希伯來文譯成拉丁文，即《通俗拉丁文本聖經》。

(52)Gregory of Tours, *Historia* 1.44.

(53)Siricius, *ep*. 10.5, PL 20.1184.

(54)Augustine, *De opera monachorum* 25, 論經濟動機，The Greek Life of Pachomius（ed. Halkin, Brussels, 1932）也描繪得非常生動。

(55)Augustine, *De bono conjugali* 29-30.

修道院或修女院很快開始圍牆深鎖，以管制進出。因桀驁不馴、違法犯紀而遭驅逐，是一種可怕的經驗。當一位修士死亡時，修道院會組織送葬隊伍，唱著讚美詩，肅穆莊嚴地將棺木送到修道院墓地安葬[57]，但如果自殺身亡，情況大不相同。這時送葬隊伍會保持一片死寂，也不會舉行墓前祈禱。野蠻人在侵襲歐洲期間，往往將抓來的修士在城市奴隸市場求售。若能置身良好之家，有一位好主人，做家奴的命運比自由之身、支領日薪的勞工強得多[58]。尼斯的格列高利[59]等基督徒，雖對整個奴役系統大聲撻伐[60]，但許多自由但失業的人，命運卻一直難脫貧困兩字。由於私人慈善事業的不適任，奧古斯丁首先倡議以收入再分配爲基礎，建立福利制度。

正統抑或異端？

修士們絕不妥協的烈士精神，呈現在另一點上：他們堅決信守眞正傳統，絕不依附邪說。也就是說，他們堅持那些社會大眾不願接受的信念，社會大眾之所以不願接受，是因爲這些信念似乎威脅到救贖的生命線。只有完全超凡的行動才能救贖可憐的世人，這是不言可喻的道理，因爲生命既短暫，世人又因情慾與偏見而少有理性，他們既欠缺意志力，對公義與善良的愛更加軟弱。也因此，對於那些將耶穌視爲明師與先知，而不是神爲救贖世人而賜予世人的代表的人，教會頗爲抗拒。另一方面，與伊納爵[61]唱反調的那些人則認爲，基督根本是屬神之體，人性僅是他展現的一面而已，教會對這類人也同樣排斥。舉例言之，在第二世紀，有人認為耶穌所以也用餐飲，不是因為他需要餐飲，而是因為他要使那些排斥餐飲的人不再這麼做[62]。簡言之，在古基督社會引起最大爭議的理論，有的否定現實、否定耶穌人性的自發，也有的否定神介入耶穌的人生、情感、與復活，從而威脅到救贖的可能性。不久，諾斯替，或稱摩尼教派（Manichee）出現，他們認為除了一群命定、經神揀選的精英之外，陳腐、墮落的云云眾生並無獲得救贖之望。如何向世人重申，凡人盡皆有望獲得救贖，而且我們每個人都需要救贖，於是成為一種必要。偉大的奧古斯丁，與作品流傳至今的最早期英國作家貝拉基[63]，於是就這個議題掀起一場論戰。

---

[56] Augustine, *Contra ii epp. Pelag.* 2.11.

[57] 參見 the pachomian *Praecepta* 127f.

[58] Augustine, *Sermo* 159.5. 約翰．克里斯采登對此事實提供了一些參考資料，例如，*Matt.* 5.6; *in I Cor.* 20.5; *in Heb.* 11.3. CF. Libanius, *orat.* 25.37（free manual workers have to toil night and day to avert starvation）. Cf. *Reallexikon für Antike und Christentum* Xvi 688.

[59] 譯注：Gregory of Nyssa，約三三一～三九五，基督教神學家。約三七一年在卡帕多西亞被長兄大巴西勒授以聖職，任尼斯主教。三七六年被阿里烏派的皇帝瓦林斯（Valens）免職，三七八年瓦林斯死後復職。他是維護正統教義的傑出學者。

[60] Homily on Ecclesiastes 4, PG. 36.663-8, Gregory of Nyssa, *Opera*（Leiden, 1960ff.）5, 334-53.

[61] 譯注：Ignatius，一四九一～一五五六，天主教耶穌會創辦人。

[62] *EP.* 222.2. 根據奧古斯丁和其他同時代的西方作者的看法，「教義」是某種異教徒所有的東西。

在對立各造競相引用精微邏輯論點為其立論辯解的情況下，有關什麼才是正統或是異端邪說之爭，愈來愈複雜。奧古斯丁曾說，要精確闡述什麼是異端邪說，事實上有所不能[64]。希臘哲學各古典學派的相互毀滅性論點，碰上懷疑論的批判（薩瑪沙他的盧奇安[65]），後者認為每一種論點在指證反證的錯誤時，都是正確的。到第四與第五世紀，持續千年的爭議，逐漸演為對眞正道統的確切格式的口角。在波依提烏[66]將亞里斯多德的邏輯宣揚到拉丁語系的西方以後，這種傳承開始支配中古學者，我們從奧坎[67]對（倫巴底的）彼得[68]的第四本討論聖餐變革的確證邏輯的書的評論中，即可見其風行之一般。只是在看完這種邏輯學的絕佳教材之後，你絕對想不到，這一切都與我們的救贖聖禮扯上關係。第六世紀有關基督論的派系之辯，也引起同樣的反響。

在君士坦丁大帝之後的時代，這種情勢格外明顯。主教會議不斷發布有關信仰、前後不同的聲明，主教會議的信仰觀也因此逐漸不得人心。宗教會議也會犯錯。在東方，主教仍保有教育民眾的高度權威。在拉丁語系的西方，由於介入之深不若希臘一系的東方，人們對宗教會議並無信心，已經享有相當權威的羅馬教廷因此威權更甚。在東方，博斯普魯斯（Bosporus）的拜占庭主教，同樣也享有大權，讓亞歷山卓與敘利亞的安提阿（Antioch）的那些較老牌的主教妒恨不已。博斯普魯斯是君士坦丁大帝以新羅馬之名重建的新都，一般稱為君士坦丁堡。之後，舊羅馬與新羅馬，分別成為西方與東方傳教活動的重要基地。羅馬派遣傳教士進入德國與英國，君士坦丁堡則遣人前往斯拉夫世界宣教。同時，從第五世紀以降稱為長老的君士坦丁堡主教，一直與皇帝生活在咫尺之隔，於是磨擦在所難免。舊羅馬的主教們可以採取行動，保護地方主教，使他們的教會不致遭世俗統治者控制，但新羅馬的主教們想做到這一點就難得多了。隨著帝國西半部解體、淪為許多野蠻人分治的

---

⑥③譯注：Pelagius，三五四？～四一八，基督教隱修士、神學家和異端首領。西元四〇〇年到羅馬，曾與聖奧古斯丁進行關於恩寵與原罪性質問題的爭論。

⑥④Clement of Alexandria, *Stromateis* VI 71.

⑥⑤譯注：Lucian of Samosata，二四〇？～三一二，基督教神學家。他主張首先要分析經文的字面意義，包括直接表達和間接表達的字面意義。盧奇安的考證方法影響他的門生和同道關於基督和三位一體教義的觀點，形成安提阿派神學的主張。

⑥⑥譯注：Boethius，約四七〇～五二四，古羅馬學者，哲學家、神學家、政治家。五世紀末、六世紀初蠻族入侵西羅馬帝國時，他是上層社會中努力將古代文獻傳諸後世的少數人之一。將亞里斯多德著作譯成拉丁文並加注釋，並譯出全部柏拉圖著作（可能有注釋）。約在五二〇年，為解決由於阿里烏主義（Ariaism）異端所引起的爭論，他運用亞里斯多德哲學闡述基督教的三位一體教義和基督的本性。五二〇年後，以通敵罪名被判死刑，五二四年被處死。在獄中寫了有名的《哲學的慰藉》（*De consolatione philosophiae*），基本上以柏拉圖思想為立論根據。

⑥⑦譯注：William of Ockham，約一二八五～一三四九，亦稱威廉・奧坎（William Ockham），別名「值得尊敬的冒險家」或「不屈不撓的神學家」。方濟會哲學家、神學家和政治作家，為晚期士林學派思想家，公認是一種唯名論的奠基人。

⑥⑧譯注：Peter Lombard，約一一〇〇～一一六〇，基督教巴黎主教。所編纂的《教父名言集》（*Four Books of Sentences*）在中世紀是標準神學教材，第四卷論聖事和最後四事，即死、審判、地獄和天堂。

王國，羅馬教廷自然而然成為一貫性與整體性的焦點，在之後若干世紀，對東羅馬與西羅馬而言，這種現象一直持續。

沒有世俗勢力困擾的一個重要主教區，是耶路撒冷教區，這個地方自第四世紀起，即不斷成為朝聖人潮的目的地。作為所有教會之母的錫安山（Zion），成為崇拜的典範，在約旦河谷與猶大沙漠，修道院也愈聚愈多⑲。

信奉基督宗教的皇帝與教會結盟。在米蘭主教安布洛斯（Ambrose）主持下，教會曾要求一位基督教皇帝，不得因一位軍方將領遇害而下令進行不分青紅皂白地報復性屠殺，還在事件發生以後要求這位皇帝苦修⑳。教會逐漸在較廣的文明世界中成為一個決定性因素。由於擁有哲羅姆與奧古斯丁這兩位當代最有學問、最通達事理的人物，教會成為古文明的傳播者。隨著非僧侶的教育水準愈高，他們對教士權力的憎惡也愈來愈深。再加上民族主義的醉人薰陶，高盧派理論㉑與宗教改革運動於是相繼出現。

在第四、第五、與第六世紀，我們見到希臘東方與拉丁西方不時出現的疏離現象。三二五年在尼西亞（Nicaea，即依茲尼克〔Iznik〕）舉行的第一次全基督宗教會議，頗使西方滿意，但三八一年君士坦丁堡第二次會議議定的宗教法規，則使他們與亞歷山卓的主教惱怒不堪。二十五年以後，以濟貧扶困而著名的君士坦丁堡主教約翰．克里索斯登㉒，失去皇室的支持，遭宗教會議除名，羅馬主教英諾森一世（Innocent I）於是抗議，並要求東方長老們將約翰之名，納入教會領聖餐的聖徒名單中。歷經多年，羅馬的這項要求一直未獲理睬。君士坦丁堡與拉溫那（Ravenna）的西方皇帝之間，政治關係早已惡劣，約翰的事件當然更令情況雪上加霜。拉丁西方與希臘東方不和的種子，就在這段期間播下，希臘方面以集體會議的方式思考教會權威，拉丁人則以裁判權語言的考量爲重。

分裂非單一事件所致

許多書籍說，東、西方教會的分裂出現在一〇五四年。事實當然不會那麼簡單。三十年以後，教宗烏爾班二世（Urban II）問君士坦丁堡的皇帝，是否有什麼沒有人向他提過的宗教分裂事件。

造成東、西方分道揚鑣的，不是一件可以記明年代出處的事件。教會組織認爲彼此之

---

⑥⑨ 參見D. J. Chitty的經典紀錄，*The Desert a City*（Oxford, Blackwell 1966）.

⑦⓪ Ambrose, *De obitu Theodosii* 28; Augustine, *City of God* 5.26.

⑦① 譯注：Gallicanism，法蘭西的一種宗教理論。強調在有關法蘭西教會的事務上，法蘭西國王的權力或法蘭西主教統治權高於教宗主權。這一理論在腓力四世與教宗卜尼法斯八世（Boniface VIII）發生衝突（一二九七～一三〇三）時產生，在法國一直是一種傳統、也是引起爭議的勢力。它常被用來維護已經建立的自由權利以反對教宗至上主義和教宗干預。

⑦② 譯注：John Chrysostom，三四七～四〇七，早期教父、解經家、君士坦丁堡大主教。講道透徹動人，特別爲平民所喜愛，因此獲得一個綽號「金口」。他在大主教任期內一波三折，最後死於流放途中。約四三八年遺骸被運回君士坦丁堡，後被宣布爲教會的教義師。

間仍在溝通，實際上這種溝通已經不復存在。如果你自問，俄國人與希臘人何以在科索沃（Kosovo）事件中支持塞爾維亞人，顯而易見的答案是，與東正教有宗教或歷史淵源的民族，很容易認爲犯錯的是拉丁西方。這種思維根植於後君士坦丁的教會。

由於有關各造的各持己見與高潔自賞，基督教會的歷史是一部充滿激辯的爭議史。使徒時代的基督教會百家爭鳴，之後在本文探討所及這段期間漸趨制式化。第二世紀教會，透過主教們的溝通，建立了一貫性與穩定性。在二世紀最後二十年間，教會已擁有一套與《新約》極相近似的權威書目，並開始詮釋《舊約聖經》。基督宗教對於聖父，對於聖子降生，對於聖靈內在於教會生活、聖經與聖禮的說法，逐漸有了共同信念，我們稱這些信念爲教條。古教會史使我們見到決心採用我們現在感念的形式的基督教會，這是它的魅力所在。

（本文作者爲前牛津基督教會會長，創橋彼得豪斯〔Peterhouse〕學院院長）

第二章

近古時期

艾維利爾・卡米隆

常有人認爲本章納入的這段時期，是早期基督教會的黃金時代，或認爲它是基督教會因與國家同流，而失去早期的純淨、漸趨腐化的時代。這些觀點都失之過度簡化，第二種觀點尤然，因爲它強調早期教會的絕對信仰，純淨無污，還在道德與宗教上將最早的基督徒理想化。不過，當代有關我們本身社會中教會與國家關係的討論，也使本章提出的若干問題與今日世界更加息息相關。

所謂「近古」不是一個絕對明白的詞，我們必須做進一步詮釋。首先，我們用「近古」而不用「後羅馬帝國」這類名詞，目的在避免「式微與滅亡」的舊概念。以今天的用法而論，它或多或少，意指從君士坦丁大帝到伊斯蘭教崛起這段期間，它的適用地區遍及整個地中海，以東與以西地區都包括在內。它使我們能以一種幾近於後現代的全面觀點，觀察一個多文化、多語言的世界。這個世界包括東方的敘利亞人、科普特人、喬治亞人與亞美尼亞人，以及西方的塞爾特人、高盧人和日耳曼人。人們往往將基督宗教在羅馬的成長，與所謂必勝信念①相提並論，將這個概念加以分析，至少在若干程度上是有幫助的。事實上，如我在下文所述，即使在這段時期行將告終之際，各式各樣的異教形式，在羅馬帝國境內各處仍然活躍、盛行。不過也正是在這段時期，基督宗教根基深植，最後終於成爲歐洲與拜占庭的宗教。也因此，歷史學者面對的挑戰是，一方面要解釋這種現象的成因，還需要在不引用必勝信念者假定的情況下保持公正。

根據我採用的這種定義，所謂近古於第三世紀後半展開，至少持續到第六世紀查士丁尼皇帝（西元五二七～六五年在位）主政與之後一段期間。第七世紀初葉的伊斯蘭教征服，導致一個新紀元的出現，拜占庭帝國的疆土幾乎喪失了三分之一，而且喪失的絕大部分是東部省份土地。地中海的宗教地圖不僅因此重畫，它的社會與經濟形貌也自此改觀。因此，我們很可以論斷，中古世界的眞正開端起始於七世紀之初（但在這以前，西方已經出現劇變，這麼說並非否認此一事實）。不過，我在本章要特別強調的，是第四世紀與第五世紀初期。當時適逢君士坦丁大帝（逝於三三七年）主政，建制性教會開始開花結果，修道之風崛起，早期基督教會許多最偉大的人物，也出現在這段期間，包括亞歷山卓的亞大納西②、該撒利亞的巴西勒③、米蘭的安布洛斯、納西昂的格列高利④與尼斯的格列高利，以及約翰·克里索斯登等人，這些人物都既是主教，又是神學家、作家和修道士。

到第四世紀末，基督教會在羅馬帝國的地位，與百年前的三世紀末期大不相同。在三世紀之末，基督教徒仍然只是極少數，據估計僅佔總人口百分之二到百分之十。他們主要

①譯注：triumphalism，指相信某種宗教或政治理論的絕對優越性。

②譯注：Athanasius of Alexandria，即聖亞大納西，約二九六～三七七，基督宗教領袖，生於亞歷山卓，曾帶頭反對阿里烏主義學說。爲亞歷山卓宗主教和埃及首主教。

③譯注：Basil of Caesarea，即聖巴西勒，約三二九～三七九，最偉大的希臘教父之一。生、卒於卡帕多西亞的該撒利亞。原先過著隱修生活，後於三七〇年繼優西比烏斯任該撒利亞主教。

④譯注：Gregory of Nazianzus，約三三〇～三八九，四世紀基督教教父。他對上帝三位一體教義提出了明確而有力的解釋。

集中在城市，特別是東部地區、說希臘語的城市。當時有教堂，但不是後世那種雄偉堂皇的大教堂。當時自然也有重要的基督宗教作家與學者，例如迦太基主教西普里安⑤（後來殉教），以及大神學家、巴勒斯坦該撒利亞的奧利金（卒於二五四年）等等。奧利金曾評論聖經各書，爲優西比烏斯⑥與哲羅姆的聖經研究奠基。但基督宗教信仰同時也遭到強大的敵視與反對之聲，例如異教徒作家波夫利，曾在三世紀後期寫過一本重要作品，攻擊基督宗教，該撒利亞的優西比烏斯爲此投入極大心血、加以駁斥。波夫利的觀點在當時很有可能占得上風。他強調希臘哲學的重要，強調神諭，以及德爾菲（Delphi）阿波羅大神殿這類神諭殿堂的效力，而優西比烏斯不得不極力辯駁，讓讀者們相信異教神諭其實不眞，而那些殿堂不過是死偶像與魔鬼之家而已。事實上，我們從充分的碑文史料中得知，在那個時代，希臘與小亞細亞的大神殿仍然香火極盛。人們對基督教會甚爲仇視，在三〇三年，四世紀初葉那些異教君王，認爲有必要以一種再迫害的形式對基督宗教發動反擊。在這段期間，受害的主要是教士，特別是東部省份的教士。當時死難的人數或許不及後世殉教史學者所述之多，但遭受酷刑、下獄的教士極眾。歷經此劫的教士，往往疤痕滿面，肢體殘缺，在君士坦丁大帝於三二五年召開的尼西亞宗教會議中，形成一幅令人動容的景觀。

宗教會議

時隔約一百年，世事大不相同。在三九〇年代初期，羅馬皇帝狄奧多西一世⑦通過一連串法令，宣布異教爲非法，並且採取進一步行動使異教徒受到法律制裁。當時基督教主教的權力之大，就連皇帝也自嘆不如，米蘭主教安布洛斯（約三三九～九七年）曾迫使狄奧多西一世做苦修。不過相形之下，約翰．克里索斯登由於應付皇室的手段不夠高明，曾兩度被逐出他在君士坦丁堡的主教教區。在第五世紀中葉，幾位皇帝在君士坦丁堡的住所，看起來像一座宗教會所。大多數大城市這時已經有了堂皇而華麗的教堂，並且開始以宗教畫爲飾。有人認爲，這些以《舊約聖經》與《新約聖經》爲題材的宗教畫，目的在啓迪未受教育的民眾。現存最古老的一幅教堂嵌工畫作，放置在羅馬聖普丹吉安納（S. Pudenziana）教堂，以基督徒聚居的耶路撒冷爲背景，畫的是基督與使徒，年代約爲三九〇年。不久，其他裝飾華麗壯觀的教堂相繼出現，其中包括羅馬的馬焦雷聖母教堂（S.

⑤譯注：Cyprian，即聖西普里安，約二〇〇～二五八，早期基督宗教大著作家。約二四五年成爲基督教徒，二四八年任迦太基主教。爲逃避羅馬人的迫害而被迫出走，最後在瓦萊里安（二五三～二六〇年在位）治下以身殉教。

⑥譯注：Eusebius，約二六四～三四〇，早期教會史學家。約在三一三年任該撒利亞主教。在尼西亞公會議上，他在阿里烏和亞大納西兩派觀點間持較溫和的立場。他的巨著《基督教會史》（*Ecclesiastical History*），是記錄到三二四年爲止的基督教會大事記。

⑦譯注：Theodosius I，約三四六～三九五，東羅馬帝國皇帝（三七九～九五在位）。他解決了長期懸而未決的哥德人問題，讓哥德人成爲羅馬盟友，而在多瑙河以南定居。他有「大帝」的稱號，這是對他是正統基督教徒和英勇果敢的尊稱。

Maria Maggiore），爲席克斯圖斯三世⑧建於四三〇年代，藏有最早的一幅聖母馬利亞官方畫像，畫中的馬利亞穿著像是位羅馬女皇。拉溫那的聖阿波里那新教堂、克拉塞（Classe）的聖阿波里那教堂和聖維塔爾教堂，爲六世紀產物。聖維塔爾藏有查士丁尼皇帝與皇后狄奧多拉（Theodora）參加聖餐式的著名馬賽克畫像，爲當地主教在五四七年所立⑨。

教會邁向社會的腳步既加速，如何團結一統的問題也愈來愈緊迫。於是教會在第四世紀結束以前，召開了兩次大規模的基督教全宗教會議，一次在尼西亞（三二五年），一次在君士坦丁堡（三八一年），此外還舉行多次規模較小的會議；之後在五世紀，又分別在以弗所（Ephesus，四三一年）與卡爾西頓（Chalcedon，四五一年）開了兩次大會。異議人士被貼上異端邪說的標籤，必要時還會遭到國家懲處，不過宗教爭議在當時方興未艾，批判之聲不僅見於神學著作，還出自地位常遭強大挑戰的地方性宗教會議。大權最後落在主教手中；他們往往控制極大財富資產，不僅享有司法管轄權，還有省長與皇帝爲其耳目，甚至皇帝也時而不得不看他們臉色。

君士坦丁的宗教作為

君士坦丁大帝在三一二年米爾維恩橋（Milvian Bridge）一役擊敗馬克森提⑩之後，決定支持基督教會；無論此舉眞正動機何在，但它是這種種改變的核心。不過也或許，他的這項決定並非那麼出人意外。無論是在君士坦丁，或在他的盟友與對手的宮廷中，都有位高權重的基督徒，而他也不是唯一渴盼向基督徒示好的君王。但君士坦丁絕不容情地剷除異己，包括親基督宗教的里西紐斯（Licinius）都遭到他的毒手。而且，甚至在發現基督徒彼此嚴重分裂之後，君士坦丁儘管懊惱，仍然繼續支持教會。憑藉內心一股強烈的參與意識，他親自介入他們的爭議。他在很早以前曾說，神賦予他使命，要他在帝國內建立正確的宗教。君士坦丁對此極爲認眞，認爲自己若不能完成是項使命會遭天譴⑪。他還親自編撰基督宗教護教學，寫過一篇稱爲《對聖徒的演說》（Oration to the Saints）的長篇講稿，爲基督宗教的救贖訂定架構。後來幾任羅馬皇帝視他爲神學權威，向他學樣，查士丁尼是

⑧譯注：Sixtus III，?～四四〇，義大利籍教宗（四三二～四四〇年在位）。

⑨譯注：S. Apollinare Nuovo、S. Apollinare and San Vitale，聖阿波里那新教堂原爲一亞利安大教堂，五七〇年改成天主教教堂。該教堂有富麗堂皇的鑲嵌畫，描繪基督佈道、奇蹟、受難和復活的情景；是現存最古老的這類圖畫，具有很大的學術意義。該教堂還有做工精細的描繪男女聖徒舉行儀式的鑲嵌畫。克拉塞的聖阿波里那教堂，有一獨特的圓形鐘樓（八七〇～七八），是義大利用馬約利卡陶器（maiolica）作裝飾的最早範例；教堂的中殿有漂亮的柱頭，東面的半圓形後堂有做工精細的鑲嵌畫，描繪的是基督聖容。聖維塔爾教堂是拉溫那拜占庭藝術的傑作，於查士丁尼皇帝統治時期建成。這座八角形建築用大理石建造，上爲一紅褐色圓頂，是西歐拜占庭建築和裝飾的最佳典範之一。

⑩譯注：Maxentius，?～三一二，羅馬皇帝（三〇六～三一二年在位）。馬克西米安皇帝之子。三一二年在米爾維恩橋戰役中被君士坦丁殺死。

⑪Letter of Constantine to the *vicarius* of the province of North Africa, Spring, AD 314, preserved by Octatus, *Against the Donatists*, Appendix III.

其中一位最熱誠的信徒，但君士坦丁還往前邁進一步，每週向他那些不甚甘願的廷臣講道。

除了個人投身的問題以外，君士坦丁爲後世帶來最重大影響的兩個政策，或許是他發起以國家資源爲後盾、召開世界性宗教會議，以解決信仰問題；以及他提升主教地位，准許教會承繼財富與資產，並爲教士提供稅務等等減免，從而導致教會的結構性轉型。他以身作則，在羅馬、在耶路撒冷城內與周遭地區興建教堂（他親自下令在基督墓地建造大教堂，在君士坦丁堡與安提阿建造規模較小的教堂），爲富人捐助教會、爲教會財富的不斷增加樹立了典範。在主教群中，他也找到許多死忠之士。在尼西亞的宗教會議中，堅持教義己見、不肯向他讓步的主教極少，其他人，例如對他歌功頌德的該撒利亞主教優西比烏斯（他在安提阿舉行的宗教會議的正式譴責下，參加尼西亞會議，並且曾向他的會眾保證，將在會議中堅持他們的宗教論點），有感於皇帝竟能站在他們這一邊，而在據說由君士坦丁主導的信經上簽了字。

尼西亞會議中辯論的問題不僅是基督宗教信條而已，教會內部有關什麼時候紀念復活節的歧見，也是討論重點。但最令人念念在茲，對基督宗教史影響最深的，是基督宗教信條。有關的爭議雖大，但爲優西比烏斯巧妙粉飾。他在宗教會議結束後、邀宴主教的帝國盛宴上作文章，認爲它的情景彷彿基督在天國之治⑫。優西比烏斯後來擬出一套教會與國家的理論，根據這套理論，世間帝王與天國的神之間，存在一種效法的關係，帝王的主要職責就是在領域內建立對神的崇敬。但優西比烏斯等主教如此熱中的這套理論，很快暴露出過於簡單的缺失，甚至早在君士坦丁還沒過世，尼西亞會議達成的解決辦法便已破產。僅僅事隔十年，君士坦丁同意放逐亞歷山卓的亞大納西（他以執事身分參與尼西亞會議，是支持會議最力人士之一）。君士坦丁死後，情況更加惡化，他的三個兒子協議不成，掀起鬩牆之爭，大批皇室成員在這場腥風血雨中遇害。他們在成爲奧古斯提（Augusti）之後，採取的第一步行動就包括召回放逐在外的主教，包括亞大納西，但此舉主要只是一種政治姿態，而不是日後重修舊好的象徵。君士坦丁之子、君士坦丁二世（逝於三六一年）主政期間，亞大納西與皇帝代表的世俗權力鬥爭無日稍停。

君士坦丁大帝模擬皇權結構，在教會建立了一種潛在性的第二行政結構，只要有一位首長，就能層層節制。他將異教長老們享有的同樣特權交給基督宗教教士，要各省總督讓主教們享用省內資源，供主教參與宗教會議，此舉對他而言雖說順理成章，帶來的影響卻非比尋常。據優西比烏斯說，君士坦丁對主教們寵信有加，賜他們朝廷司法管轄之權。由於這時的教會已經能合法擁有、並承繼財產，個別主教很快控有巨額財富。基督宗教既重慈善事業，主教們當然又希望廣建教堂與相關建築，提升教區地位，讓他們本身不朽，如何利用這些巨款滿足這兩項相互衝突的需求，於是成爲之後一段期間的主要議題。不過，

⑫ Eusebius, *Vita Constantini* III. 15.

君士坦丁相對於主教的立場很是複雜。他沒有（無疑也無法）自居為教會之首，而自稱是「教會外人士的主教」⑬。但各大教區之間，一直沒有明確的層級結構區分。就這樣，權力歸屬的問題得不到解決，這種混淆與模稜兩可，為後世幾任皇帝在力圖統一教會的過程中，帶來許多問題。君士坦丁大帝很快發現教會彼此之間對教義問題歧見甚深，帝國各地區教會的實際作法也有極大出入。他的兒子君士坦丁二世，以及第五與第六世紀的幾位後任皇帝，面對的工作同樣艱鉅。這些羅馬帝王基於宗教與政治理由，都將教會統一視為目標；但他們也都在這個問題上徒勞無功。

確認聖地概念

不過，君士坦丁大帝這些創舉有一個明顯的結果：基督宗教聖地的概念因而確立，朝聖之旅開始盛行。君士坦丁在耶路撒冷建立的聖墓（Holy Sepulchre）教堂，建在據信是耶穌葬身與復活之地現址。它象徵異教時代（以羅馬人在攻陷耶路撒冷之後，建立的埃利亞卡皮托利納⑭為代表）的結束；同時，它刻意讓猶太神殿荒廢，而將新耶路撒冷稱為基督城。朝聖人潮很快湧至，包括西班牙修女艾格利亞（Egeria），她在三八〇年代造訪聖經遺址，留下一本朝聖經驗日記，為後世提供了耶路撒冷當年崇拜儀式的最佳佐證⑮。地方經濟開始繁榮，朝聖逐漸成為重大商機，不僅在巴勒斯坦，小亞細亞太格拉（Thecla）大神殿等其他基督宗教重心的情況亦然。這些活動難免導致聖徒與烈士遺骸的「發現」，其中最轟動的，當然是眞十字架⑯遺跡，發現年代在四世紀末，後人一般認爲是君士坦丁大帝之母海倫娜（Helena）之功。像今天一樣，當年的朝聖者也愛紀念品，數以千計這類物品至今猶存，特別是一些小牌子，以及印有基督教圖像、用一點聖地之土製作的陶瓶。異教徒也朝聖，不過自此以後，基督徒無論在熱誠或在人數上都超越他們。

基督徒朝聖的地點，不僅包括與耶穌一生有關的聖地，也包括與聖徒（基督宗教的聖男聖女）相關的所在，他們還前往埃及或敘利亞沙漠，到修道院探訪修道僧侶。到四世紀末，到埃及探訪僧侶已經成爲羅馬等地基督宗教男女貴冑的一項重要消遣，如何進一步退隱，竟因此成爲修道僧侶們的普遍課題。從經典之作《安東尼的一生》（*Life of Antony*，在安東尼於三五〇年代死亡之後不久寫成）⑰中，我們也見到修道理念並非意在永遠完全遁世；它還要求隱者應向世人提供建議，爲陌生人提供住宿之便。或許令慣於後世西方修

⑬ Eusebius, *Tricennalian Orition*, trans. H. A. Drake, *In Praise of Constantine*（Berkley and Los Angeles, 1976）.

⑭ 譯注：Aelia Capitolina，羅馬人在耶路撒冷廢墟上所建的城市（一三五）。城中建有多座羅馬神像，城的四周有牆。今耶路撒冷舊城城牆就是用羅馬人所築城牆的舊基。

⑮ Trans. J. Wilkinson, *Egeria's Travels* 3rd edn. (Warminster, 1999).

⑯ 譯注：True Cross，基督教聖物，據說就是用以處死耶穌基督的十字架上的木塊，相傳是君士坦丁大帝之母聖海倫娜於三二六年前後在聖地朝聖期間所發現。

⑰ Trans. Robert C. Gregg, *Athanasius. The Life of Antony and the Letter to Marcellinus* (New York, 1980).

道傳統的人士感到反諷的是，在這個時期的僧侶，有時在政治爭議中扮演著積極角色，他們既能攪亂時局，也能發揮弭平亂局之功。所謂大兄弟（Tall Brothers）就是一個範例。四世紀末，大兄弟在君士坦丁堡的爭議中，運用了他們的影響力。在這段期間，宗教生活並不存在單一典範。世人往往將正統修道運動型式歸功於該撒利亞的巴西勒。但修道人，特別是女性，在屬於本身的、與人共處的環境（很可能是小鎮或城市）中，過著宗教氣息極其濃厚的例證，所在多有；此外，採取極端生活方式的修道人也不在少數。根據五世紀北敘利亞塞魯斯（Cyrrhus）主教席奧多雷（Theodoret）的紀錄，一群敘利亞修女曾用鍊條將自己鎖在一起，生活在牛棚中⑱，還有幾位苦行聖徒，攀上高柱頂端生活，幾年不下柱，有時一些顯要人士，甚至帝王，會前往探視他們。道茲（E. R. Dodds）在他的佳作《一個渴盼時代的異教徒與基督徒》（*Pagan and Christian in an Age of Anxiety*，劍橋發行，一九六三年）第三十四頁中問道，「這種種狂熱行徑究竟源自何方？」他承認他不明白個中原委，但由於是重理性的人士，道茲認為，基督宗教所以能勝出，就在於它為羅馬世界中生活於孤立的人們，帶來一種溝通意識。我們如今或許能為這個問題提出其他解釋，例如新型交通方式的問世等等。但我以為，在這些出現於近古的運動中，我們也能見到新事物帶來的震撼，見到人們在察覺周遭世界充滿新可能時的熱情。舊有藩籬拆除了；一切都有可能。眼見柏林圍牆倒下的一代人，不應低估優西比烏斯等基督徒在目擊迫害終止、新時代來臨時的驚喜。至少對有些人而言，這種宗教生活代表一種解脫，一種新激情。或許最能展現這種情懷的，是那些奮力投入苦修懷抱的貴冑之士。出身高貴的羅馬仕女，穿上窮人衣衫，成爲聖哲羅姆的門徒，學習希伯來文，前往聖地建立修道院，在耶路撒冷濟助窮人，或到埃及探視僧侶。這其間的動機不一而足。哲羅姆因爲勸使參議員女兒自我挨餓，結果餓出厭食之症，而遭逐出羅馬。但女性朋友們對他忠貞不二，追隨他前往伯利恆的修道院，並在附近設立簡樸居所，以便與他繼續進行高潔而虔敬的對話。在哲羅姆鼓吹下，翻譯成拉丁文的希臘著作《安東尼的一生》，深獲服務於米蘭宮廷那些青年才俊之士所喜，奧古斯丁就是從這些人口中聽說這本書⑲。出身高貴的婦女所以如此熱中於基督宗教的部分原因，或許是因爲在當時社會，嫁不出去的女兒對貴族家庭是一種負擔，這是簡單的事實；不過就另一方面而言，羅馬上流家庭也不願婚齡女兒離家、當個獻身的修女。但受基督宗教吸引的，不僅是女兒而已。

當時的世界仍然相當原始，所謂媒體革命並不存在。但想到第四世紀，總令人對當時基督宗教通訊系統的充滿活力嘆服不已。書信是其一；大多數主教都非常長於書信，他們彼此寫信，對非教士，對省督，對皇廷權貴也書信往還不斷。這些書信有贊助之信，有精神指導、建議之信，於今猶存的數量十分驚人。奧古斯丁是一位重要的書信作家，只是他

⑱ Trans. Richard Price, *A History of the Monks of Syria* (Kalamazoo, 1985).
⑲ Augustine, *Confessions* VIII. 6.15.

在成爲北非海岸希波地區的主教以後，就沒有踏出教區一步；在那以後，人們在得不到足夠書信時，會主動登門求書，特別是在羅馬於四一〇年遭西哥德人（Visigoth）攻陷以後，情況尤然。但基督徒還是知道應到何處朝聖，哪一條路線、哪一種選項最佳。所有四世紀的偉大教士都著作等身，都著有一冊又一冊書信、宣道稿、評論與論文。他們爲什麼要這麼多產？即使我們認爲看過他們作品的人不多，他們仍覺得這麼寫是值得的。

教義研究興盛

隨著四世紀逐漸逝去，我們發現基督宗教主教們威權日盛。米蘭主教安布洛斯，爲皇帝狄奧多西一世發表追悼演說；身爲卡帕多西亞三大教士之一的納西昂主教格列高利，經公認是狄摩西尼⑳以降，希臘最傑出的演說家。他的友人，該撒利亞的巴西勒，曾是雅典大學的明星學生。在四世紀末成爲君士坦丁堡主教的約翰．克里索斯登，每週爲奴隸進行佈道，並且捲入城市派系與皇家之間的惡鬥。這些教士，大多像異教學者與高等教育教師一樣，受過完全沒有兩樣的訓練。奧古斯丁本人曾是修辭學教師，他的著作中也顯示了這一點。他知道如何以一種極其現代的方式（不過那是一種教師教學的經驗）吸引觀眾，讓各種教育層次的人都能印象深刻。哲羅姆這輩人士認爲，他們必須避免《新約聖經》使用的那種單純的語言（所謂「漁民之語」），但也會毫不猶豫地運用四世紀一切最頂尖的教育手段。他們的助手也耳濡目染，哲羅姆的幾位女性友人據說能琅琅上口數以千句希伯來經文。

在這個時代，基督宗教教義成爲學術精研的目標，看在現代學者眼中，這多少有些奇特。塞浦路斯沙拉米斯（Salamis）主教艾匹凡紐斯（Epiphanius），在所著一篇論文中，歸納了八十項危險的邪說，他所以用八十爲數，是因爲《雅歌》（Song of Songs）中有嬪妃八十人。四世紀每一位德高望重的教長，都對《創世記》開宗明義的幾章，寫有長篇評論。這麼做既爲了重申《聖經》的創世觀，但也因爲這幾段經文較爲艱澀，有加以解釋的必要。根據異教徒的觀點，這世界本沒有開端，自無回應的必要，基督徒因此特別重視柏拉圖的《提麥奧斯》㉑，因爲其中有一段有關造物的神話。只是《創世記》的最初幾章，之所以對基督徒特別重要，還有其他原因：它們可以說明性的差異，可以爲苦行修道作辯解（時人經常提出的一個問題是，「伊甸園中的亞當與夏娃有性嗎？」）。在對抗占星學與宿命論上，它們也是同樣重要的利器。占星學與宿命論認定人生受天體運行左右，這種觀念流傳至今，其熱不減。視之爲洪水猛獸的四世紀教長們反覆重申，神創造了天體，天體只是造物的一部分而已。

---

⑳譯注：Demosthenes，西元前三八四～三二二，古代希臘政治人物，偉大的雄辯家。曾領導雅典人民進行近三十年反對馬其頓侵略的抗爭。

㉑譯注：Timaeus，柏拉圖的《對話錄》其中一篇。這是一篇闡述宇宙論的著作，謂造化神利用原先存在的混沌作材料，根據永恆形體的模型對這些材料加以安排，生產出世界上一切物質的東西，包括人體。

《聖經》爲這個時期的基督宗教作家帶來巨大挑戰，但《舊約》往往艱澀難解。它經常前後不一，而且對基督徒而言，它往往不能以一種明確的方式對《新約》有所預示。這個時期的所有重要教長們，極力以各種方式解釋聖經經文，就這種意義而言，他們也都是聖經學者。《創世記》一書不是唯一的問題，但它是最核心的問題：該撒利亞的巴西勒曾撰文討論《六天》（*Hexaemeron*），即創世的六天；約翰．克里索斯登寫過無數有關《創世記》議題的講稿；奧古斯丁爲這段經書苦苦掙扎，有生之年一再反覆探討。爲分析《創世記》，他曾寫「《創世記》精解」（On the literal interpretation of Genesis）一文；一個人應該就字面，或就其象徵意義來瞭解這段經書？四世紀的一切經典考證都圍著這類難題打轉，在詮釋作法上出現重大分歧自也不足爲奇。

這類著作數量之大，以及作者投入的心力，實難以筆墨形容。每一位重要作者有數以百計的書信、宣道講稿與論文傳世，不足爲道，單以約翰．克里索斯登而言，傳世的書稿就有數千件之多。這些作品在類型上極端不同；以該撒利亞的巴西勒爲例，寫的是宣道講稿、論文與修道作品，包括宗教生活規則。我們應該再次記住，這個時期幾乎所有教長們都受過極佳的世俗教育，使他們得以在寫作上得心應手。巴西勒曾在雅典最高學府進學。他們是教會知識份子，是當代教會領導人，他們的工作之一，就是研擬一套專爲基督宗教而設計的學習課程，一套可以公諸於世的基督宗教理論。這項任務絕不簡單，因爲在一些時人眼中，基督宗教仍然只是一種以未受教育民眾爲訴求的信仰（在異教徒塞爾蘇斯看來，這些民眾盡是女人與奴隸）。但基督宗教本著這種知識狀態，提出眞理究竟是什麼等等基本議題，而且在一般情況下，最能看出神的啓人話語、與世俗學習之間存在矛盾與衝突的，是本身爲專業教師的奧古斯丁。奧古斯丁著有一篇基督徒學習的論文。他曾長期浸淫世俗拉丁文學，但最後，惟獨神才是眞正學習的唯一泉源。

異教論仍所在多有

若認爲異教論（一些現代學者喜歡稱之爲多神論）到四世界末已經終止或瀕臨垂死邊緣，就大錯特錯了。以大祭師爲例，該撒利亞的優西比烏斯給我們的印象是，他們已經沉默：諸神已經爲基督宗教的上帝擊敗，不再從迪戴馬㉒、德爾菲或克拉洛斯（Claros）發聲。事實上我們知道，這些異教神廟依然運作，仍舊有人參拜。另一方面，直到第六世紀，國家教區的主教，如利西亞（Lycia）錫安主教尼古拉斯（Nicholas of Sion）等，仍須與樹神崇拜這類殘存的宗教儀式纏鬥不已。以弗所的約翰在同一時期奉查士丁尼之命，前往小亞細亞宣教，結果據他說，皈依的異教徒不下七萬人。在攻擊異教徒的過程中，基督徒多次訴諸暴力，這意味異教勢力仍是一大威脅。亞歷山卓的塞拉匹斯㉓大神廟在三九一

㉒譯注：Didyma，古神殿和阿波羅神諭所的遺址，位於今土耳其米利都（Miletus）以南。

㉓譯注：Serapis，埃及—希臘宗教所奉祀的神。本來是冥神，後來被奉爲太陽神，據說能醫治疾病、保證豐收。對他的奉祀沿著商隊路線從羅馬遍及地中海地區，在各商業城市香火尤盛。

年被毀，就是這樣一次事件；女哲人希帕蒂亞㉔於四一五年在同一城市遭基督徒私刑殺害，是另一次事件；還有一次事件發生在四〇二年，加薩（Gaza）宙斯神廟被毀，當地主教還召來帝國軍隊協助毀廟。這些或許都是孤立事件，但它們說明當時的鬥爭事實上有多麼激烈。

將基督宗教與猶太教明確區分的工作，也在不斷進行。最近有關猶太銘文的研究顯示，羅馬帝國境內的猶太教徒，繼續展現充滿活力的宗教生活，吸引了許多基督徒。四世紀後半，還沒有成爲君士坦丁堡主教，在安提阿擔任長老的約翰．克里索斯登，一連寫了八篇宣道文，勸基督徒棄絕一些其實與猶太教徒共有的作法，勸他們不要經常造訪猶太教堂，不要參與猶太禮拜儀式，並（違反尼西亞宗教會議規章）勸基督徒不要根據猶太曆計算復活節日期。基督徒願意信猶太教，還有其他理由；畢竟《聖經》就是用希伯來文寫的，而且懂得希伯來文的基督徒極少。也因此，當哲羅姆根據希伯來文原版聖經，寫出一本拉丁文新譯本，並鼓勵女門徒自行研究這種語言時，他跨出了重要一步。但約翰．克里索斯登以及之後許多基督宗教領導人，提出的反猶太教辯證往往過於兇惡。即使這類辯證出自一種基督宗教領導人認爲必須因應的實際情勢，它們的用字遣詞也往往充滿敵意，甚至堪稱殘酷，終於對教會史造成長久而令人遺憾的後果。

即使就若干意義而言，四世紀是教長著作的黃金時代，但在這段期間，所謂「基督宗教勝利」並不存在。或者說，如果基督宗教果然獲勝，取得這種勝利的代價是獨裁，甚至是迫害。四世紀末，皇帝狄奧多西一世宣布一連串法令，訂下影響極深的先例。自此以後，異教神廟的祭獻遭到嚴禁。正是受到這項法令的鼓舞，基督徒毀了亞歷山卓神廟大殿。狄奧多西二世即位以後，強力禁絕異教，不僅禁止祭獻，還宣布一切異教形式都屬非法。沒隔多久，異教教士的特權遭到剝奪，異教神廟淪爲沒收充公對象，異教徒也被逐出公職。

爲打擊異端邪說，軍隊也派上用場，此舉意義甚爲重大。不僅信錯了教，就連信錯了基督宗教信仰，也可能遭到迫害。奧古斯丁認爲如此迫害是對的。他在《上帝之城》（*City of God*）與四一一年的迦太基大宗教會議中都這麼說。他在這次會議中扮演主控角色，會中授權羅馬政府出兵對付北非的多納圖派㉕。異教徒，特別是阿里烏派（Arian），早在三八〇年代已經成爲羅馬法令制裁的目標。奧古斯丁年輕時曾是摩尼㉖的信徒，摩尼基於嚴

㉔譯注：Hypatia，三七〇？～四一五，埃及新柏拉圖主義哲學家，第一位著名的女數學家。她是數學家兼哲學家泰昂（Theon）的女兒，是亞歷山卓公認的新柏拉圖主義哲學學派領袖。

㉕譯注：Donatist，非洲基督教分裂派，選舉並擁護與迦太基主教爭奪主教職位的多納圖斯（四世紀）故名。多納圖斯派戒規嚴格，束身嚴謹，贊成再洗禮，宣布凡由涉嫌在教會受迫害期間與官府勾結的司鐸主持的聖事一律非法。四、五世紀興盛於非洲，雖曾受奧古斯丁、羅馬皇帝和天主教會（四一一）的譴責，但仍堅持下去，至七、八世紀始衰沒。

㉖譯注：Mani，二一六～二七四？，伊朗人。摩尼教創始人。該教鼓吹二元論教義，謂精神爲善，物質爲惡，兩者混合而成世界。

格的精英主義原則，建了一個活躍的二元論教派。摩尼教徒也遭到帝國譴責，淪爲迫害的主要犧牲品；他們被褫奪公權，政府並鼓勵民眾出面對他們提出控訴，不必擔心因此遭到檢控。不過，這些法令的執行又是另一回事。在仍是希波長老期間，奥古斯丁曾與一位著名的摩尼教士公開辯論。兩人都極力宣揚自己的主張，但奥古斯丁最後勝出，辯得對手啞口無言：當然如此結果毫不意外。奥古斯丁之後重拾這個議題，寫了一篇有關二元論的文章抨擊一名北非的摩尼教徒法圖斯（Faustus），事實上法圖斯已經遭北非省放逐。四〇四年，奥古斯丁再次卯上一位摩尼教士菲力克斯（Felix），這一次他親自出面，也再次獲勝；但他讓菲力克斯全身而退，菲力克斯既已宣誓棄絕摩尼與他的一切教條，奥古斯丁也就不再追究。西班牙阿維拉的普里西利安㉗，是所謂異端邪說犯的一個特例。他被畫上摩尼教標籤，首先遭放逐，隨獲平反，但最後以巫術罪名在特里爾（Trier）受審並遭處決。就技術角度而言，他也不是因爲異端邪說之罪而受死。但即使這些法令沒有導致宗教法庭㉘的產生，四世紀末的基督宗教也必因它們的存在，不能爲戰勝異教而居功。

六世紀羅馬皇帝查士丁尼以基督宗教立法人自居，後世許多天主教史學家也這麼看待他。他編纂羅馬法令，以查士丁尼法典（Justinianic Code）的形式將法令推展到中古西方。他就以這種身分，出現於拉斐爾（Raphael）在梵蒂岡署名室（Stanza della Segnatura）的大壁畫之中㉙。但他也發現必須迫害異教徒，他禁書，甚至讓一些名士蒙冤受死。他仍然全力謀求教會一統，但他在五五三年召開的大宗教會議，是在瓦解了羅馬主教的抗拒之後，才終於得到結論，這次宗教會議不但沒有解決、反而加深了東西方之間的罅隙。近古時期，基督宗教皇帝的工作仍然不輕鬆。宣布法令解決不了問題，同樣的事能以新僞裝反覆出現。

五世紀舉行的以弗所與卡爾西頓宗教會議，探討了許多我在本章後段提出的問題。其中包括暴力與個人敵對；教會史學家蘇格拉底抨擊君士坦丁堡主教聶斯托留㉚，說他不熟

㉗譯注：Priscillian of Avila，三四〇？～三八五，早期基督教主教，因異端罪而被處死的第一人。他認爲天使和人的靈魂是由上帝本身發射出來的，肉體則是魔鬼所創造，靈與肉的結合是人犯罪以後所受到的懲罰。這種信仰的邏輯結果是否認基督的眞正人性。普里西利安率領門徒組成半祕密性團體，苦行修練，禁絕聲色，獨身不娶，戒絕酒肉。三八〇年在西班牙境內薩拉戈薩舉行一次會議，譴責普里西利安的思想，但仍選他爲阿維拉主教。三八四年在法國波爾多舉行的宗教會議認定普里西利安有罪，不久他在特里爾以巫術和敗壞道德罪被處決。

㉘譯注：Inquisition，中世紀基督教會審判異端的法庭。教宗格列高利九世（十三世紀）賦予羅馬教廷審判官特殊權力，要求反擊來自異端團體對政教統一的威脅。後來審判活動極端殘酷，以酷刑處死異端，西班牙的宗教法庭尤爲聲名狼藉，它一直存在到十九世紀。

㉙譯注：指〈聖禮的辯論〉一畫。

㉚譯注：Nestorius，四世紀末～四五一，君士坦丁堡早期主教之一。四二八年受東羅馬帝國皇帝狄奧多西二世委任爲君士坦丁堡主教。他隨身有一名宅第司鐸，名阿納斯塔修斯，在講解教義時表示反對稱馬利亞爲上帝之母。聶斯托留支持他的說法。聶斯托留主張：聖子利用人格以表現自己，人格包括在他的擴充位格之中，因而聖子是單一的表現體。聶斯托留教義在羅馬帝國境內被消滅，但在其他地方保存下來。波斯教會承認聶斯托留學說，今日伊拉克、印度、伊朗、敘利亞和南、北美洲等地都有信奉聶斯托留教義的教會。

悉古人文書，「不學無術得令人汗顏」㉛，但對尼斯聶斯托留打擊最狠的是亞歷山卓主教塞里爾㉜，四三一年，聶斯托留為塞里爾的宗教會議指為「新猶大」，而遭放逐。這次會議認聖母馬利亞為「神的支柱」。四四九年召開的第二次以弗所會議，即所謂「強盜會議」（Robber Council），會中恢復了反聶斯托留的優迪克㉝原職，並羞辱了與會的教皇使節。兩年後，卡爾西頓宗教會議登場。這次會議由一位新皇帝召開，與會主教達五百二十人，會中推翻第二次以弗所會議的決定，對聶斯托留與優迪克兩人都加以譴責。它指責聶斯托留，說他不應分割基督的人性與神性；指責優迪克，說他的理論過於單純。會中還重申三二五年尼西亞會議、與三八一年君士坦丁堡會議的決議。卡爾西頓宗教會議充斥妥協修好之聲，幕後改寫與遊說活動甚為活躍，最後還由皇帝親自宣讀會議決議文。皇帝和皇后經與會人士一致表決，獲得「正統信仰泉源」，「新君士坦丁與海倫娜」的封號。不過無論如何，大部分東部人仍將這次會議視為鬧劇一場，由於排斥它的人太多，卒導致單一神性教派（Monophysite）的分離，這個教派認同科普特人與詹姆斯黨㉞，以敘利亞正統自居。查士丁尼在五三三年自己召開的宗教會議中，仍為這個問題困擾不已。

在所有這些爭議中，所謂異端邪說的定義，完全由取勝的一方作決，被稱為異端邪說的，總是敗北的那一方。艾匹凡紐斯以及這段時期其他許多作者，包括該撒利亞的優西比烏斯，認為異端邪說像疾病一樣，「總是在那裡」，餓狼一般威脅著教會，它由嫉妒的惡靈激起，目的在擾亂神的平和。但在如此龐然大物壓制下，早期的教會精神已經蕩然無存。看在今人眼中，我們既瞭解宣傳之力，又深知媒體塑造輿論的影響力，當然可能認爲當年這種種箝制異議的事端，是令人震驚、遺憾的惡例。與之後幾世紀的現象不同的是，當年並無既定常規，自無「異議」可言；在這個時候，常規本身猶在形成之中，而不同意見與爭議也是正統形成過程的一部分。法蘭西斯・楊格（Frances Young）曾指出，教會犯了一項大錯，因爲他們一開始就不該爲信仰定義掀起口舌之爭，宗教會議造成的爭端絕不下於它們解決的。卡爾西頓宗教會議的一項宣言說，它代表的是一項平息所有宗教爭議的大舉行動。果眞如此，則這次會議沒有成功。日後幾任皇帝甚至不惜通過皇室敕令，禁止進一步議論，但也徒勞無功。有關拜占庭的迷信破除之爭，在第八與第九世紀達到鼎盛，東羅馬的幾位皇帝直到這時仍然忙著制壓神學之爭。這最後的基督論大辯論，終因雙方都精疲力竭而告終。

㉛ Socrates, *Ecclesiastical History* VII. 3.2.

㉜ 譯注：Cyril，三七六～四四四，重要神學家，早期基督教著作家，生於亞歷山卓。四一二年任亞歷山卓城牧首，大力貫徹正統的基督教教義。四一五年他將猶太人趕出城外，殘酷打擊聶斯托留，因爲四三一年聶斯托留的學說在以弗所會議中遭到譴責。

㉝ 譯注：Eutyches，三七五？～四五四，君士坦丁堡東方教會修士長，通稱極端基督一性派異端優迪克主義的創始人。代表東方教會隱修界的觀點，宣傳基督只有一性，他反覆重申，基督先有兩性，成爲肉身後則只有一性；這是基督一性論的一種特殊表現形式。他進而宣稱，基督的人性與其他人的人性不同。

㉞ 譯注：Jacobite，擁護信奉天主教的詹姆斯二世及其繼承者即英國王位者。詹姆斯黨人先後於一七一五年和一七四五年發動兩次叛亂，反對信奉基督教新教的漢諾威家族繼承王位。

教會與國家

在近古時期，教會史與羅馬帝國史密切相關。優西比烏斯以及之後的奧古斯丁，針對他們各自的歷史經驗（相隔一個世紀），研擬出教會與國家關係的理論。除了亞大納西等個別主教以外，幾乎無人質疑皇帝干預教會事務的一般性權利與職責，而這些主教也因此不時遭皇室敕令排斥。有人或會質疑，這些敕令究竟對帝國百姓，或對一般僧侶或修士有多少影響，因爲對他們而言，皇帝畢竟太遙遠了。但敕令確實塑造了人世與天國階級區分的形象，它以人們熟悉的皇權形式，呈現了神的權威。帝國與教會也面對同樣問題，其中最主要的包括，如何在地緣與社會性分割如此複雜的帝國境內保持一統。另一方面，在近古期間，基督宗教不僅跨越邊界，遠播到喬治亞、亞美尼亞等東方王國，遠播到非洲的衣索匹亞與努比亞[35]，形成一種基督宗教國協，在西方與東方之間，還呈現一種鴻溝擴大的顯著跡象。在六世紀末格列高利一世[36]以前，羅馬主教無論就任何尺度而言，都還不是後世的教皇；但在這段期間，所有重要宗教會議基本上都是東羅馬的宗教會議，在這些會議中，西羅馬充其量只能算是聊備一格罷了。在第五與第六世紀，君士坦丁堡與羅馬爭議不斷，查士丁尼的宗教會議於事無補。但使東、西方分裂愈陷愈深的，是在西羅馬帝國覆亡、野蠻人新王國建立之後出現的政治分歧。頗具反諷意味的是，好些例證顯示，當這些王國開始接納基督宗教時，它們（或出於巧合，或出於有意設計）擁抱的是阿里烏派的基督宗教信仰。

就較長程的角度而言，君士坦丁大帝建立，或者說他將皇都更名爲君士坦丁堡，將這種早期分裂透明化，使一個特定基督宗教帝國有可能出現在東方。由於基督宗教在君士坦丁堡的發展是一種緩慢的過程，甚至直到四世紀尾聲，這種出現基督宗教帝國的結果仍未十分明朗。在查士丁尼於六世紀即位時，我們絕對可以稱這座皇都爲基督之城，它的人口達五十萬，呈現早期一次人口高峰。查士丁尼以收復與重建西羅馬帝國爲己志，但這個目標過於恢宏，他終於未能如願以償。到六世紀結束，在阿拉伯征服的前夕，地中海東、西兩部之間，仍有許多社會、經濟與宗教聯繫。東帝國卯足全力，僅能在接踵而至的震撼下求存，牢握著帝王與教會共塑的那種身爲正統的概念。但查士丁尼未能阻擋西羅馬的政治零散化，這使中古初期的基督徒枷鎖盡釋，得以採用非常不同的形式，走上非常不同的方向。

（本文作者爲牛津基寶學院〔Keble College〕院長）

㉟譯注：Nubia，古代努比亞王國的版圖包括由尼羅河第一瀑布至喀土木這一片地區。

㊱譯注：Gregory the Great，即聖格列高利一世，五四〇？～六〇四，義大利籍教宗（五九〇～六〇四年在位）。他建立教宗直轄領地，爲後來中世紀教皇國濫觴。其鞏固權勢活動，爲中世紀羅馬教宗制奠定基礎。自八世紀以來他被尊爲教義師，但史家對他評價不一。

第二章

中世紀初期

亨利・梅爾—哈亭

中世紀初期由何而始？什麼時候結束？它是否只是黑暗時代的一種婉稱？黑暗時代之所以黑暗，是出於實證，或出於人道觀點？亦或兩者兼具？這篇論說，是否頂多只是主講人陷身黑暗隧道、渴盼早見天光時，用來壯膽的口哨？識者即使隱忍不問，心裡也必然想著這些問題。容我首先說明開始與結束這個問題。許多人會說，中世紀始於修道主義與苦行運動，它們似乎反轉了古時人文價值，而且在西方，它們還能突顯萊蘭①的孤島修道院，以及五五〇年左右編寫的聖本篤規章（Rule of St Benedict）。這些答覆極具價值。但我決定特別強調基督宗教與世俗世界的互動，而後者畢竟是剛在早期中世紀西方定居下來的日耳曼人世界。基於這個理由，我有另一種答案。教士主義（教士做爲一種獨立專業的構想）與社會拯救的澎湃熱潮，已經在中世紀初期站穩腳步，這一點殆無疑義。教皇格列高利在五九八年寫了一封信，顯示中世紀初期已經在西方展開，因爲信中透露教士主義的假定已經成爲人們心目中下意識的習慣。有人批判羅馬教會，指羅馬教會不應模仿君士坦丁堡的習慣，例如在彌撒中用啓應禱文②。這項指控令格列高利寢食不安。他雖然承認羅馬教會採用這種新作法的事實，但也爲自己做如下辯解：「我們從沒有像希臘人一樣使用啓應禱文。因爲希臘人的作法是，所有會眾齊聲吟唱；但我們由教士吟唱，而由會眾附和。」③由此可證，中古教士主義這時已經呈現。

至於中世紀何時結束的問題，我無意牽強附會、考慮許多可能的標準，而要單舉一位偉大教皇的事蹟加以說明。這位教皇就是格列高利七世（一〇七三～八五）。他憑藉極端個人魅力，掀起一場不折不扣的革命，將司法管轄權與羅馬以及教皇領地的教會日常治理權中央化。就像教會發展過程常遭許多人側目的情形一樣，這場革命主要也是一些深具宗教與傳道意識人士的成就；以約翰．考德利（John Cowdrey）爲例，就在他有關格列高利七世的佳作之中，顯示他正是這樣的人。若透過格列高利七世的有色眼鏡觀察中世紀初期，會鑄成大錯。在那個時代，包括所謂塞爾特教會，每個人都接受教皇至高無上的地位。但若是不具司法管轄權之牙，所謂至高無上也只是虛有其表，而格列高利七世賦予了這種利齒。

查理曼大帝的影響

要觀察基督宗教在中世紀初期數百年與日耳曼民族世俗世界的互動，就必須注意基督宗教如何一方面保有它的理論與崇拜續統，同時大幅度自我融入日耳曼貴族的心態與社會習俗。派翠克．渥瑪德（Patrick Wormald），曾於二十年前對這個議題有極精闢的研究④。

①譯注：Lérins，法蘭西境內坎城附近地中海上的島嶼，五世紀時爲學術中心，博學之士紛紛前往該處隱修。
②譯注：Kyrie eleison，即「上主，求稱垂憐！」
③ *Letters of Gregory the Great*, ix, 26.
④ Patrick Wormald, 'Bede, Beowulf and the Conversation of the Anglo-Saxon Aristocracy', in *Bede and the Anglo-Saxon England*, ed. Robert T. Farrell, *British Archaeological Reports* 46(Oxford, 1978).

這本基督宗教著作用它的兩項證言，以一定方式說明了這種融合。《舊約聖經》與日耳曼貴族習俗有許多近似要件：對祖先的尊崇、戰鬥部落，以及顯然有理的仇怨；只有異教崇拜儀式才眞正算得上踰越脫軌。甚至在異教崇拜的議題上，就有些願意接受基督宗教之神，但不敢完全拋開舊有異教神祇、害怕惹禍上身的人而言，我們或許也一再低估了中世紀初期前半段宗教融合的力量。如果寫另一篇講稿，我的議題很可能會是教會在八到十一世紀期間，將信徒從《舊約》誘往《新約》的意圖。但對於中世紀初期後半段，令我感到興趣的，是一群新基督宗教精英開始充斥日耳曼政治世界的方式。在這個議題上，我要舉出的典型人物是查理曼大帝（Charlemagne）。

查理曼在七六八至八一四年間是法蘭克王，在八〇〇年經教皇利奧三世⑤在羅馬加冕爲羅馬皇帝。他因此成爲三百五十年後、所謂神聖羅馬帝國的創業之祖。早在他以前很久，日耳曼的野蠻人國王已經信奉基督宗教；但在他們心目中，基督宗教信仰不過是一種事實，但對在位時間很長的查理曼而言，經過他不斷深研的基督宗教已經成爲一種信念。研究梅羅文加王朝⑥的學者說，五〇〇年左右在位的國王誠實的克洛維⑦，慣以用戰斧砍人頭顱、然後將死者財物充公的作法，爲政府籌資。我對此說不敢苟同。但沒有證據顯示，在八世紀以前，基督宗教會對這類統治概念有多少異議。但查理曼大帝從西方各地聘來教會與非教會學者，齊聚他的宮廷，他在亞琛（Aachen）的圖書館蒐集了許多最重要的基督宗教文獻著作，而這一切都是所謂應用基督宗教的必要功課；此外，他還建立拉丁文的專業研究，（西羅馬）若是少了這種研究，將無法掌握基督宗教聖經與文化。

查理曼是一位充滿矛盾的人物。他戰功彪炳，勝利與征服不計其數，包括亞奎丹人（Aquitanians）、加泰隆尼亞人（Catalans）、薩克森人（Saxons）、義大利的倫巴底人（Lombards），以及多瑙河中游的阿瓦爾人（Avars）都是他的手下敗將。但儘管如此，他最爲人傳頌的卻是他的一場敗績。他在庇里牛斯山脈龍塞斯瓦列斯（Roncesvalles）山口遭巴斯克人（Basques）伏擊，遭到這場敗績。《羅蘭之歌》⑧（約一一〇〇年）以武士征戰、萬丈豪情的筆觸大事歌頌的，就是龍塞斯瓦列斯之役。但查理曼還有一個更大的矛

---

⑤譯注：Leo III，六八〇～七四一，拜占庭皇帝（七一七～七四一）。曾改組軍隊和財政制度。七一八年擊敗阿拉伯人對君士坦丁堡的強大進攻。七二六年他禁止在正式崇拜儀式中供奉偶像，引致一場持續達百年之久的爭議。

⑥譯注：Merovingian，又譯墨洛溫王朝，法蘭克人的王朝（四七六～七五〇），傳統上被人認爲是法蘭西歷代國王之「宗」。

⑦譯注：Clovis the Frank，四六六～五一一，即克洛維一世，梅羅文加王朝統治者，法蘭克王國創立者。中世紀早期曾統治西歐大片領土。

⑧譯注：*Song of Roland*，可能是最早的一首古法語史詩，可以肯定是「武功歌」（chanson de geste）中的一部傑作。其作者可能是諾曼詩人杜洛爾德（Turold），該詩最後一行有他的名字。這首詩描述七七八年歷史性的龍塞斯瓦列斯之戰。雖然實際上這只是與巴斯克人的一次普通遭遇戰，但詩歌卻把它誇大成對抗薩拉森人的一次主要戰鬥。

盾。擁有如此功業的他，卻極力鼓吹一種理念，認爲君王與皇帝應該行事謙卑。因胃口奇大（而且似乎不僅止於食慾而已）而略顯肥胖的查理曼，儀表威嚴，但他的首席御用學者、約克人奧昆⑨，卻爲他量身訂做了一套詳盡的懺悔錄。

在表現謙卑方面，查理曼確實有著幾近於特權利益的執著，例如，他不許自己的形象出現在他贊助下撰寫的任何朝廷文獻之中。主要由查理曼另一位御用學者奧良（Orleans）主教席奧道夫（Theodulf）編撰的《加洛林書刊》（*Libri Carolini*），就在書中指出，拜占庭的君王之所以不夠格稱爲羅馬皇帝，之所以必須在查理曼之前甘拜下風，就因爲他們讓自己的形象讓人崇拜。巴比倫正因驕矜自傲而覆亡！因此，無論出於對神的敬畏，害怕個人崇拜會激怒了神，或出於一種顯現帝王道德觀的意願，不讓他的形象爲人崇拜都是明智之舉。但我在這裡要談的，主要不是查理曼這麼做的動機，而是謙卑逐漸確立爲皇室道德的事實、確立方式以及造成的影響。

在查理曼主政末期，凡爾登聖米蓋爾（St Michael, Verdun）修道院院長史瑪拉杜斯（Smaragdus），寫了一篇文章〈王道〉（Via Regia），講述爲王之道，對象很可能就是查理曼。文中談到身爲人君應有的種種美德，還爲每一種美德舉了一連串主要摘自《舊約聖經》諸王的例子。這正是《舊約聖經》所述爲王之道，對於我們這個時代的意義。而且就我所知，神學作品而將謙卑明確納入王者德行要件的，這篇論文也首開先河。史瑪拉杜斯說，王者不應誇耀富有，而因以謙卑爲尊榮。大衛由於能謙卑地承認犯行（查理曼在他自己的朝廷中，暱稱就叫大衛），而能享有祭司與國王的榮光。史瑪拉杜斯繼續指出，神爲使掃羅（Saul）謙卑而告訴掃羅，正因他自視爲一個無知的孩子，神才會使他成爲以色列諸部之首，膏他爲王⑩。一百五十年後，爲瑪提達（Matilda，皇帝奧圖一世之母）立傳的人在傳中指出，瑪提達身爲皇母的尊榮，來自她謙卑的個性。在皇帝奧圖三世的福音書（約於九九六年寫成，今藏於亞琛）中，有一頁極其傳神地描繪出這位年輕的皇帝無比尊榮、端坐寶座，在這一頁背面，畫著一位僧侶爲他獻上這本書，旁邊附著一行文字：「奧圖皇帝，願上帝以這本書包上你的心」⑪。謙卑現在**透過**圖像展現了！

如果有人問我，所有這些作爲對統治者實際行爲究竟有多少效果，我必須承認，聖靈並未在我耳邊輕述，說它究竟能使他們的心變得多麼謙卑。但就若干層面而言，帝王有理由將謙卑銘記於心。當統治者在神的面前自承卑下時，他們似非而是地，也爲統治權神授的理論憑添一層崇高的色彩。在這段期間，基督宗教爲統治者帶來一種自我擴大的概念；

⑨譯注：Alcuin，約七三五～八〇四，作家、神學家和查理曼大帝的顧問，對加洛林王朝的「學術復興」有過重大影響。就讀於天主教修士學校，後於七七八年成爲該校校長。他應邀到查理曼大帝宮廷（七八一）擔任皇室教師，查理曼宮廷因此成爲當時野蠻狀態的法蘭克帝國的文化學校。七九六年他以隱修院長身分定居於圖爾，那裡的學校很快成了全帝國最重要的學校。

⑩ Smaragdus of Verdun, *Via Regia*, chapter 16, *PL* 102, cols. 956-7.

⑪ In black and white in Henry Mayr-Harting, *Ottonian Book Illumination* (London, 1991), i, 58-9.

它爲他們提出的謙卑選項，事實上更加提升了他們的自信！在以謙卑作爲一種帝王美德之後，統治者一旦有必要，或想那麼做，還能無損顏面地在政策上做大轉彎。舉例言之，在一〇〇三年，皇帝亨利二世以叛亂罪爲名，將史溫福（Schweinfurt）伯爵亨利下獄；但他迫切需要釋放這位伯爵，因爲他依賴伯爵在上美因（Upper Main）地區的支持。之後在一〇〇四年，亨利二世於進行波希米亞（Bohemia）戰役期間，在布拉格聽傅雷辛（Freising）主教高迪斯卡（Godescalc）傳道時感動落淚。高迪斯卡在這次傳道中，引用了一個聖經故事，說有個僕人積欠主人大筆債務，主人寬大，免了他的債，但這個僕人卻不肯寬免另一僕人欠他的一點小小債務。亨利二世爲示謙卑爲懷，在聽完這次講道之後，立刻釋放了亨利伯爵。

謙卑之王的意涵

所謂謙卑的意義至爲明確，就是傾聽教會的建言，如同《舊約聖經》諸王必須聽先知的話，否則後果自負一樣。必須付出如此代價，才能以謙卑做爲帝王的美德，這代價似乎過高。但我們回顧中世紀初期史頁，卻隨處可見教皇格列高利七世的改革，在世俗與教會之間導致的意識型態之爭（雙方都冷酷無情，格列高利七世本人也殺人不眨眼）。不過，有一個結論似乎與帝王謙卑的理念本身脫離不了關係。歐洲歷史有一項重要概念，就是政治勢力與權威應有所限制。中世紀初期基督宗教在這項概念的發展過程中，扮演重要角色。這種限制的唯一依靠，就是神的制裁。它靠的是統治者的美德與道德責任意識；這些美德與責任意識，加以神對他們行動的不斷鞭策，使他們知所節制。

國王應該聽教士們的話，但又由誰來鞭策這些教士？這個問題說來話長，我在這裡只能舉出兩個簡單的答案。但這些答案仍然取決於良知。首先，教皇格列高利在五九〇年寫的《教士的關懷》（*Pastoral Care*，在中世紀極爲暢銷）中強調，對世人的關懷，以至於一切統治，都是神託付的一種管理權，這種強有力的概念就在中世紀不斷反覆重申著。格列高利說，神職人員無論享有什麼外在權威，都必須內向作自我裁判，必須用心靈之目注視自己的弱點，必須以主的法律做爲他「終日沉思」的課題⑫。其次，更早些年，教皇利奧一世也曾以類似形式，談到教士的負擔，即「pondus sacerdotum」。「pondus sacerdotum」於是成爲中世紀初期慣用的名句。根據這個說法，在審判日那一天，教士必須爲統治者的靈魂負責。

英國人可敬的貝德（Venerable Bede）很可能就是藉由這種立論，將帝王謙卑的觀念，灌輸進入加洛林⑬王朝的世界。他的《英國人教會史》（*Ecclesiastical History of the English*

⑫ *St Gregory the Great, Pastoral Care (Regula Pastoralis)* translated by Henry Davis, Ancient Christian Writers no. II (New York, 1950).

⑬ 譯注：Caroling，法蘭克人統治的王朝。矮子丕平以宮相身分取得權力地位，於七五一年成爲法蘭克國王，取代了梅羅文加王朝。查理曼締造的加洛林帝國包括西羅馬帝國以前的大部分領土。

People，七三一年）在當時歐洲各地擁有許多讀者；查理曼的宮廷圖書館即藏有一本《英國人教會史》；書中還有一些令人難忘的國王形象，這些國王都是貝德所謂謙卑之王，也就是說，他們都聽主教的話。例如書中談到，奧斯華（Oswald）王爲造福手下貴族，將傳教士艾丹[14]的愛爾蘭文譯成英文，實則此舉只是意在誇耀，表示奧斯華已經通過了語言測試；還有一位奧斯溫尼（Oswini）王，在因爲一匹馬而與艾丹發生爭執之後，拜倒艾丹腳下求其原諒，這使艾丹預言奧斯溫尼不久人世，因爲他過去從沒有見過一位謙卑之王。[15]

我願意再談一些有關查理曼的宗教與道德觀，因爲它有助於突顯基督宗教在中世紀初期的發展狀況，或許它不具普遍性，但確具針對代表性。查理曼爲法治生活的意義，賦予了一種帶有聖經色彩的新層面。直到目前爲止，我所描繪出的是一種加洛林王朝的政治道德觀，它與憲政精神無關，沒有孟德斯鳩式的制衡，它只是一種道德良知互動造成的結果。

或許，就另一方面而言，它似乎只是查理曼的御用教士們加在他身上的一種設計，僅此而已。我之所以堅決反對這種說法，認爲查理曼這些作爲出自他眞實良知的理由之一是，查理曼極重對話溝通，他將朝臣視爲友人，甚至願意在驚人程度上接受他們的批判。他特別喜歡遍邀群臣，與他在亞琛共泡溫泉，當然這是赤身裸體的聚會[16]。查理曼有一批專家，擅於發掘好的泉水，然後在當地修建宮殿。帕德博恩[17]的泡泡泉，至今仍令人稱奇不已；但它們是冷泉。基督宗教能在中世紀初期有如此發展，或許有相當部分拜亞琛之泉所賜，因爲它們是溫泉！

在討論查理曼的宗教觀時，我們必須在神奇與道德因素之間取其平衡。它無疑具有高度和解、邀寵之意。查理曼在七九一年與阿瓦爾人作戰期間，寫給皇后法絲特拉達（Fastrada）的一封信，就明示了這一點。他在信中說，為祈求平安、勝利，以及平息神的怒火，軍中舉行三天連禱。那些不願參加連禱儀式的人，不是得不到酒與肉，就是必須繳納定額稅款。能夠背誦詩篇的教士，每人要唱五十首，所有教士在進行儀式時，都需赤足行走⑱。只要聯想到不到七十年前（七二三年）的一封信，就會知道查理曼信中這些內容絲毫不足為奇。在七二三年的這封信中，溫徹斯特（Winchester）主教丹尼爾（Daniel）向偉大的英國傳教士聖卜尼法斯⑲獻策，教他如何在赫斯（Hesse）與日爾曼異教徒辯論。丹

⑭譯注：Aidan，?～六五一，古代英格蘭基督教教士，諾森伯里亞（Northumbria）使徒。他原是內赫布里底群島之愛奧那島上的修士，根據諾森伯里亞國王奧斯華的要求，於六三五年被任命為諾森伯里亞主教。

⑮*Bede, Ecclesiastical History of the English People*, iii, 3 and iii, 14 (Penguin Classics, Harmondsworth, 1968).

⑯*Einhard, the Life of Charlemagne* , c.22, in *Two Lives of Charlemagne* (Penguin Classics, Harmondsworth, 1969)77.

⑰譯注：Paderborn，德國北萊茵─西伐利亞州城市。臨帕德河。為神聖羅馬帝國的誕生地，七九九年查理曼在此會見教宗利奧三世，討論創建日耳曼國家。自八〇五年起一直為主教區中心。

⑱Translated in P. D. King, *Charlemagne: Translated Sources* (Lambrigg, 1987), 309-10.

⑲譯注：St Boniface，約六八〇～七五四，原名溫甫里士。英國本篤會傳教士，人稱「德意志的使徒」。原在艾希特當修士，七一八年被委派去向德意志各部落宣講福音。七五四年他去向法里森人傳道，在多克姆遭異教徒殺害。

尼爾建議卜尼法斯，不要用激進手段，而要以和緩的方式讓這些異教徒瞭解，他們不知道他們的神祇中哪一位神通最為廣大，最值得他們邀寵，也不知道用什麼獻祭最能博得其中任何一位神祇的歡心⑳。這封信顯示，如何以正確崇拜儀式，如何以正確獻祭犧牲取得諸神歡心的顧慮，植根於日耳曼異教信仰深處。但我認為，就道德面而言，查理曼的著墨甚至更甚於丹尼爾。查理曼重視私密且特長的祈禱；法蘭克福宗教會議（Synod of Frankfurt，七九四年）就是例證。他在法蘭克福一處大皇宮主持這次宗教會議時，做了些非常具有君士坦丁大帝味的事，這些事，無疑是有意效法君士坦丁當年主持尼西亞宗教會議時的作為。就像在尼西亞一樣，這位世俗統治者主持著一項宗教聚會；就像在尼西亞一樣，查理曼也在會中譴責異端邪說，如阿里烏派教派、養子論（耶穌為神的養子）與聖像崇拜等等，以撫平基督宗教分裂的創傷。法蘭克福會議通過的立法（或許立法二字並不恰當），主要意在重申早期宗教會議通過的各項規約。對即將加冕為羅馬皇帝的查理曼而言，法蘭克福顯然很能勾起他對早期基督宗教盛世的思古幽情。但在如此時空背景下，會議通過的第五十二條立法似乎是一種全新的產物。這條法規說，「任何人都不應認為，人只能以三種語言（即希伯來文、希臘文、與拉丁文）對神祈禱，因為人可以用每一種語言尊奉神，傾聽神的聲音。」但五十二條附有一項重要但書：「條件是他必須祈求正確的事」（si iusta petierit）㉑。如果說這是一種法術，則它是一種深具意義的法術，而不是迷信或強制性法術，因為它強調祈禱的內在意義與正當意圖，強調祈禱必須表現社會的道德價值。

法律與道德

最引人注意的是查理曼的法律概念。他的法律概念，既具象徵性法術形式，又在內容中融入新的道德政策。中世紀初期的統治者在頒布法典時，總會在法典中極力突顯他本人與他的統治形象，派翠克・渥瑪德對此有淋漓盡致的描述。舉例說，當義大利倫巴底國信奉基督宗教的國王羅沙利（Rothari），在六四三年頒布他的詔書（Edict）時，詔書內容大體上都與倫巴底人鬥毆相殘事故的賠償問題有關。詔書中規定，如果有人打掉你的一顆門牙，讓你笑的時候原形畢露（彷彿在倫巴底人社會，笑的時候缺了門牙很可恥），這人必須賠你多少錢（十六先令），如果打掉的是臼齒，又應賠多少（八先令），等等。㉒但做為一位倫巴底王而能發布書面法令，不論法令內容為何，已足以反映一種羅馬形象。直到格列高利七世時代，以訂定法規或以利司法管轄為主要宗旨的法典才開始問世，這類法典明訂法律程序、原則與判例，以顯示一種理性的社會秩序，以魯卡（Lucca）王安瑟

⑳在 C.H. Talbot, *The Anglo-Saxon Missionaries in Germany* (London, 1954), pp. 75-8中。亞德連・哈斯亭在本書中的書寫，並未適當地將聖卜尼法斯的活動視為在他那個時代中基督宗教發展上的新中心。我在 *The Oxford illustrated History of Christianity*, ed. By John McManners(Oxford, 1990), 94-7，以及在我的 *Coming of Christianity to Anglo-Saxon England* (3rd edn. London, 1991), 262-73中，試著較在此處對聖卜尼法斯更公平以待。

㉑ King, *Charlemagne*, 229.

㉒ Katherine F. Drew, *The Lombard Laws* (University of Pennsylvania Press, 1973), 62.

（Anselm）頒行的《教會法書》（*Collectio Canonum*）爲例，還以教皇爲法典最高權威。只要讀過亞歷山大．穆瑞在《中世紀的理性與社會》（*Reason and Society in the Middle Ages*）一書中的精闢分析，任何人都能瞭解何以這類法典直到十一世紀末才問世。

既然如此，查理曼大帝在他的〈一般告誡〉（Admonitio Generalis）中，反映的統治形象又是什麼？〈一般告誡〉是他在首席顧問奧昆協助下，頒布於七八九年的一部有計畫的重要詔書[23]。首先，它反映了一種君士坦丁式的統治形象。它訂定八十二項條文，前面六十項完全針對主教與教士，認定他們是社會解救的動力，而且都以早期宗教會議（第一個就是君士坦丁主持的尼西亞會議）爲依據。查理曼的角色不在於挑戰「祭司制度」（sacerdotium），而在於確使它有效做好它的工作。其次，它反映了一種《舊約》王者的形象；詔書前文將查理曼的訓誡與匡正之責，與《舊約》的約西亞[24]相比。這一點特具意義，因爲幾十年以後，加洛林王朝的教士在討論約西亞時，說他儘管正直，卻以失敗收場，意指良心比世俗的成功更能反映神的意旨。第三，它反映了一種摩西頒法的形象，因爲在後二十二項不限於教士，而以全民爲對象的條文中，大幅引用《利未記》與《申命記》作爲法源依據。我們可以根據君士坦丁、大衛、約西亞與摩西的形象，描繪出查理曼如何自視爲統治者、頒法者與軍事統帥。基督的形象這時還沒有出現。但當格列高利七世挑戰帝國權威時，查理曼確立了他做爲基督代理人的形象。

就性質而言，《利未記》與《申命記》相互之間有極大矛盾。《利未記》相當理性，

《申命記》卻不乏迷信；但大體而言，如果有人想證明古代以色列人重法術與迷信的一面，這人應該探討《利未記》，如果想證明的是道德面，探討《申命記》會更合適。我曾聽奧立佛・奧唐諾文（Oliver O'Donovan）極力推出一項假定。它說，因為鼓吹法治生活而在人類史上佔有重要地位的約西亞，用《申命記》做為他的基本法學依據。查理曼雖然極不可能動過將《申命記》與約西亞扯在一起的念頭，但他很可能既擁《申命記》，又有約西亞的意識。

如果觀察〈一般告誡〉中對《利未記》與《申命記》的直接引述，我們會發現一些極有趣的事。〈一般告誡〉對《利未記》與《申命記》的引述，分別有五段與四段。但對《利未記》的每一段引述，都節自第十九章，《利未記》在這一章強調聖潔，以及對神與鄰人的愛。但引用《申命記》的四段出自《申命記》全書（包括第六、十六、十八與二十三章），而且論及對加洛林王朝極端重要的各項主題：重提對神與鄰人的愛；公正審判與不受賄的法官；基於一個重要理由，「因為指示你的是上主」，不可占卜；還有謹守誓言。換言之，就討論主題而言，〈一般告誡〉的作者在進行全盤考量，以及考量法典對他

㉓ The *Admonitio Generalis* (789)的翻譯在 P. D. King, 209-20，如果要找完整可靠的聖經引用文獻，應該要看 *Monumneta Germanoae Historia: Capitularia* 1 ed. A. Boretius (Hanover, 1881), 58-60.中的拉丁文本。
㉔ 譯注：參見《列王紀》下卷第二十二～二十三章；《歷代志》下卷第三十四～三十五章。

們本身社會的衝擊時，主要透過《申命記》，而非《利未記》進行。

談到這裡，我必須承認自己不得不省略這段時期的許多重大議題，例如修道主義，以及聖本篤規章在西方取得的權勢；傳教，以及阻撓人們皈依的障礙；神學理論的發展，特別是有關聖餐的理論，在之後好幾百年，有關聖餐理論的辯論主軸，都由九世紀來自科比（Corbie）的兩位僧侶定調；還有，最重要的是，教區教會的發展。我但願能討論修道主義對草根基督宗教發展的貢獻；能討論村落教會組建的程度，這些教會都有牧師主持，或許隸屬於較大、較富有的修道院之下。我甚至還希望能在這篇論文的架構內，討論聖徒、他們的墓地與聖蹟，以及他們在基督宗教做為一種社會力量的締造過程中所扮演的角色。不久以前，我在帕德博恩出席一項與查理曼紀念大展有關的會議；舉辦這項大展是為了紀念查理曼在前往羅馬接受加冕前不久，於七九九年在帕德博恩與教皇利奧三世的會面。我當時問史都華・艾爾利（Stuart Airlie），換成是他要發表我這篇講稿，他會講些什麼。艾爾利立即答道，「談聖徒的痛苦」，談前往聖徒墓地朝聖的人（往往是平民百姓）顯現的那種社會與個人痛苦。如果不是因為我現在必須一談的主題過多，實在擠不出時間，我一定會遵從此議。福爾摩斯有時會提到他一些未經發表的探案，例如「兩位科普特長老案」（Two Coptic Patriarchs），或香菜在大熱天沉入奶油，經他調查、終告真相大白的那件謀殺案，讓我們滿腹狐疑，不知道這類案件是否不如已經發表的有趣。要提防這種錯覺才是！

主教所扮演的角色

我現在要將話題從政治道德轉入主教。柯林．摩里斯爲他有關西方教會（一〇五〇至一二五〇年）的巨著，訂了一個恰得其份的名字，叫做《教皇王國》。他談的若是之前的一個時代，取這樣的書名就會全無意義了。我們要談的，是有關主教的事。教皇本身的威信，有相當程度來自他們在擔任羅馬主教時的表現。亨利．夏德威在他一九五九年的就職演說「圓圈與橢圓」（The Circle and the Ellipse）中，舉出早期教會兩個不同的結構模式：一個彷彿圓圈，以耶路撒冷爲中心；另一個是用線聯結幾處教會而成、沒有中心的結構，彷彿橢圓。我們會說，十世紀與早先幾個世紀的教會，結構模式頗與後者近似。事實上，維洛納（Verona）主教拉席爾（Rathier）確曾如此說過。他在九三〇年代寫道，教會是所有主教一體的；無論是耶路撒冷、羅馬或亞歷山卓（他將羅馬置於中間）主教，都沒有排斥其他主教的統治特權㉕。所有主教一體：這與第二次梵蒂岡會議（Second Vatican Council）舉行時，常說的「結合」（collegiality）全無二致。教皇格列高利本身，曾說過幾乎與此如出一轍的話。當君士坦丁堡主教約翰，開始傲慢自封爲「普世主教」（universal bishop）時，格列高利訓誡他說，沒有人能用這個封號。格列高利說，「所有的主教本是

㉕ *Praeloquia* iii, 9, Migne's *Patrologia Latina* 136, col. 224C.

結爲一體，共同沐浴在祈福的春雨，閃亮在善行的光明中，難道不是如此？」事實上，格列高利還說了一些話，因爲他儘管行事親和，卻絕不容許教皇至高無上的地位遭人漠視。他說，如果有人配稱爲普世主教，這人非他本人莫屬，但事實是沒有人具備這種資格㉖。

亞爾（Arles）主教凱撒利烏斯（五〇二～四二年）㉗，是中世紀初期一位有影響力的主教。他原是萊蘭的僧侶，驗證了憑藉修道苦行的聲譽與樂善好施，也能取得主教權威。凱撒利烏斯儘管像格列高利一樣，也認爲身體力行是最重要的傳教形式，但他本質上是一位偉大的佈道家。他的佈道以日常教區事務爲題，他以簡單的語言，嘹亮的聲音傳道，只是在傳道時，他往往還是不得不停下來，制止他人在台下閒話。他最後將這些佈道講稿編輯成冊，（在佈道講冊前言中說）讓教區牧師與執事人員可以照本向會眾誦讀㉘。凱撒利烏斯說，透過這種方式，他爲地方神職人員謀得宣教（verbum faciendi potestas）權。後來，這些佈道使凱撒利烏斯的影響力遠遠超過他的教區，因爲事實證明，加洛林王朝的許多主教，爲保有職位與權威，所需的正是這樣的佈道。

莫斯堡（Merseburg）主教塞瑪爾（Thietmar），是中世紀之初另一位重要人物。他在一〇一八年左右，開始以帝國事務爲題，撰寫那本多姿多采的《紀事錄》（*Chronicle*），將主教心態描繪得淋漓盡致。他接受教皇權限至高無上的概念，甚至說奧圖一世不應批判教皇本篤五世，因爲後者地位更高於他。但塞瑪爾另有一項獨特創見：他既推崇主教權威，一方面又暗示，他認爲主教適度聽命的對象，是世俗統治者，而不是教皇。當時，作爲世俗統治者的帝王，是基督代理人奧圖一世。在奧圖一世進行干預，不讓教皇任命一位巴伐利亞公爵爲主教以後，塞瑪爾對奧圖一世盛讚不已：

> 因爲帝王是至高全能統治者派在這個世上的代表，他們的地位超越一切神職人員之上。也因此，經基督冊立爲人世王子的人（即主教），奉他人之命行事，而不在這些因蒙受神恩、因冠冕尊榮，而居萬民之上的帝王治下，是完全不合適的。

塞瑪爾記有無數主教生活小品，例如馬德堡（Magdeburg）大主教塔吉諾（Tagino）在主持彌撒以前態度非常嚴肅，但在儀式過後卻變得笑容可掬，滿面春風㉙。

有鑒於當時帝國境內，既缺官僚系統，又不具地方法律與治安機器的情勢，王權飄忽不

㉖ *Letters of Gregory the Great*, v, 44.

㉗ 譯注：Caesarius，四七〇?～五四二，高盧基督教傳教士。二十歲加入萊蘭的修道院，後來任亞爾地方的大主教，奉教宗西馬庫斯（Symmachus）布置統轄高盧與西班牙地區。多次主持重要地區性宗教會議，其中五二九年第二次奧朗日（Orange）會議堅決駁斥半貝拉基主義，贊同溫和的奧古斯丁主義，成爲基督教教理史上一個里程碑。

㉘ Quoted in Henry G. J. Beck, *The Pastoral Care of Souls in South-East France during the Sixth Century* (Rome, 1950), p. 267, note 42.

㉙ Thietmar of Merseburg, *Chronicon* (Berlin, 1995), i, c. 15 (ed. R. Holtzmann, p.34), and vi, c. 64, p.354.

定，政治勢力成爲世襲財富，任何主教除非爭取到地方貴族一般性支持，否則職位難保。提摩西．路特（Timothy Reuter）曾經明確談到這一點。以渥姆斯（Worms）教區爲例，路特對九九九至一○○○年間這個教區的主教任命，有極其詳盡的描述。年輕的主教法蘭哥（Franco），穿著苦行僧衣，與友人奧圖三世皇帝在聖克里門（S. Clemente）教堂旁的一間陋室中齋戒、禱告了兩星期，之後於九九九年八月二十七日在羅馬暴斃。一個月後，年僅十九歲、極虔誠，但性格很緊張的奧圖三世，任命他的年輕友人、郝伯斯塔（Halberstadt）的厄波（Erpo）爲主教。厄波原爲奧圖私人牧師，經奧圖擢升爲法爾發（Farfa）修道院住持。三天以後，厄波還沒來得及啓程就瘁死，於是葬在法爾發。接下來，奧圖又任命另一位他的年輕牧師爲主教。這人興高采烈從羅馬啓程，但半途中來到楚爾（Chur）時也死了。[30]從這個故事中，沒有人想得到這三位短命主教，與一○○○年繼任主教、在位二十五年的布查德（Burchard），都出自赫斯同一貴冑世家，這個家族在渥姆斯勢力龐大。統治者在私人教堂中收納虔誠、有雄圖大志的牧師，與他一起巡行各地；這些出身貴族世家的牧師，一旦時機成熟，也會順理成章、一一出任主教。此一事實，強烈印證統治者與貴族的利益與宗教目的，就教會所關切的範疇而言，是相互共生，而非彼此衝突的。

十世紀奧圖王朝的主教，一般具有出身貴族、與統治者淵源深厚、以及宗教雄圖等特性，我找到的一個最佳範例是郝伯斯塔主教希爾迪華（Hildiward）。他出身世家，父系爲法蘭克名門，母系也幾乎可以肯定是薩克森貴族。他原任郝伯斯塔主教伯恩哈德

（Bernhard）私人牧師，伯恩哈德在位四十五年，去世以後由希爾迪華繼任。希爾迪華與伯恩哈德都由他們的前任任命爲主教，這麼做顯然有違宗教法規，但這類情況經常發生，它代表一種信任，而且往往是血緣關係的表徵。希爾迪華從九六八到九九六年年底，擔任主教二十九年。差不多同一年代，我在聖彼得大學講授中世紀史，不過其間相隔一千年：從一九六八到一九九七年。希爾迪華決心重建他的大教堂。大教堂於九九一年十月二十一日落成，在場觀禮的有十一歲的奧圖三世，他的勃根地人（Burgundian）祖母，還有許多大主教與主教。帝王與王后出席這類場合的目的，爲的就是要營造他們神聖的地位。十月二十一日是聖賈爾（St Gall）宗教日。希爾迪華對聖賈爾有一種特殊感情，因爲他本人曾在聖賈爾（今瑞士）著名的帝國修道院中受教育。在大教堂落成過程中，希爾迪華忠實的私人牧師希爾杜（Hildo，一定也是希爾迪華的親戚）協辦一切事務，還做了非常審慎的安排。塞瑪爾指出（我們必須謹記，在這個時代，典禮與儀式的聲明，一般都比神學作者的用語更加強而有力）：「與會人士異口同聲說，天國的一切都獲得頌讚，人世的種種也都做得如此圓滿，讓每個人都心悅誠服，盛況堪稱前無古人，後無來者。」

希爾迪華臨終以前，將他的私人牧師渥夫哈（Wulfhar）叫到床前。「你看到什麼嗎，兄弟？」主教問道。渥夫哈答說，他什麼也沒見到。希爾迪華於是告訴渥夫哈，他臥床的這間房正是兩位前任主教壽終的同一房間，也因此，屋內「充滿天國的堂皇」[31]。

---

[30] Life of Burchard of Worms, cc. 3-4. MGH SS IV, 833-4.

但塞瑪爾在記錄奧圖一世於九六八年同意由希爾迪華出任郝伯斯塔主教一事時，以一種完全陳述事實的方式，寫了一些當我幾十年前初次讀到它時，令我毛骨悚然的內容。希爾迪華的父親艾立克，曾經領導叛黨，計畫於九四一年奧圖一世在奎德林堡（Quedlinburg）度復活節時將他暗殺，奧圖因此下令將艾立克砍頭。到九六八年，奧圖在將主教印信交給希爾迪華時說，「接下這個，收取你父親的代價。」㉜在這幾十年間，兩人都知道他們之間因艾立克之死而有的血海深仇；現在，皇帝終於作出實質補償，或者說，終於付出了殺人補償金。而接受這項補償的希爾迪華，能以郝伯斯塔主教之尊，在滿室天國堂皇之中，備極榮光而逝。我敢說，格列高利七世一定不喜歡這種事，而不到兩個世紀之後，任何這樣的事，絕不可能出現。但在第十世紀，這種事卻是教會權與統治權盤根錯節的表徵，是政治緊張的緩解之道。

主教之所以為聖者

中世紀初期的主教都是聖者（Holy Men），貴族聖者（noblemen Holy Men），是日耳曼人所謂的「Adelsheiliger」。亞爾的凱撒利烏斯、約克（York）的威爾夫利德（Wilfrid）、雷姆斯（Rheims）的辛克瑪（Hincmar）、科隆（Cologne）的布倫諾（Bruno）、與郝伯斯塔的希爾迪華等等，都是Adelsheiliger。但所謂「聖」並非一種絕對概念，它就若干程度而言，與它據以建立的那個社會有關。既然如此，我所謂主教之神聖，意在何指？中世紀初期那些有效的主教，都是他們教區統治與秩序的支柱。這絕不意指他們獲有什麼憲法權力，因爲在那個講究面對面直接統治、沒有立憲精神的時代，所謂憲法權力的概念根本沒有意義。主教的權力主要以非正式方式運作。在那個充滿迷信奇想的社會，就一種層面而言，神聖是處理超自然力量、讓它呈現於人世的能力。主教透過造價高昂、幾近神奇的建築物，透過用以響徹這些建築物的樂聲（溫徹斯特主教艾瑟渥德〔Ethelwold〕每到一處就忙著造風琴，原因即在於此），透過聖徒遺蹟與他能夠取得的其他財寶，透過他的個人介入與權勢階級對他的敬畏，以及窮人對他的愛戴，發揮他的超自然力量。

必須承認的是，這些主教所以讓人敬畏有加，他們在領地內徵集的軍隊，以及他們往往親自率軍上陣的事實也是原因；這些作爲是神聖的支撐。以雷根斯堡（Regensburg）主教麥克（Michael）爲例，就曾在九四〇年代率軍與匈牙利人作戰。他雖然敗陣而歸，還被打掉一隻耳朵，但因此聲譽大振㉝。

當然，無論就任何角度而言，中世紀初期的主教絕談不上都夠格神聖二字。但單以格列高利改革以前一百五十年這段期間而論，享有神聖美譽的主教人數確實多得出奇。格列高利七世曾說，經過適當任命儀式而就位的教皇，藉聖彼得之名，無疑就能成聖。理查・紹森

㉛ Thietmar of Merseburg, iv, c. 18, p. 152; iv, c. 26, p. 162.
㉜ Thietmar of Merseburg, ii, c.21, p.62.
㉝ Thietmar of Merseburg, ii, c. 27, p.72.

（Richard Southern）爵士在談到這個乍看有些怪異的說法時指出，在格列高利的一百五十位左右前任中，約有一百位教皇確實被人尊為聖徒。在主教與統治者彼此唇齒相聯的帝國系統中，主教而為聖徒的情況也與教皇相仿。格列高利面對的，不是一個可以輕易去除的腐敗系統，而是一個極其聖潔的系統。這是教皇在挑戰帝國主教系統時，面對的眞正難題。

我在本文談到中世紀初期宗教的兩大要素，一是神奇，一是道德；現在回顧全文，我必須在結尾時加上第三項要素，就是我在前文談到查理曼與祈禱時，曾提到的精神。在談到千百年來基督宗教的發展時，我們很容易採取過重的相對主義。我在前文提到中世紀初期基督宗教對超自然力的公然操控，但時人如果認為它們欠缺一種祈禱與奉獻的人生基礎，無論如何操控也只能是一場徒勞。十世紀的祈禱書與私人祈禱文的收藏，有許多流傳至今，其中至少有一本書屬於一位著名主教，即特里爾大主教艾格伯（Egbert）。而且有許多證據顯示，主教們在無法出席公開儀式時，會在私下誦讀詩篇。有一本拉丁文寫成的私禱文小書，曾為皇帝奧圖三世當年隨身之物。當它仍然收藏在巴姆堡（Bamberg）附近史洛斯・龐莫菲丹（Schloss Pommersfelden）圖書館時，我有幸在一九七六年五月一個絕佳的週六之晨讀了它。其中一段向耶穌祈禱的禱文是這麼寫的：「就像你對那個叫做抹大拉的馬利亞的妓女一樣，以柔情待我，當她為你洗腳，用她的頭髮為你擦腳時，你使她熱淚滿盈，也使我這樣吧。」我不認為必須是十世紀基督徒的人才能明白這禱文的意義。㉞

㉞這本書目前藏於慕尼黑的巴伐利亞邦立圖書館（Bayerusche Staatsbibliothek，Clm 30111, fos. 33v-34r.）

第四章

東方基督宗教

卡里斯托斯・維爾

約在一七五〇年，兩名男子在倫敦中區一家劇院對面的酒館中聊天。其中一人說，「我跟你打賭，如果我宣布要作一場顯然不可能的表演，並且邀請民眾前來看我演出，願意應邀前來的傻瓜會多得把對面那家劇院也擠滿。」他的同伴同意對賭。兩位友人於是買通了劇院分發傳單，宣布在特定的某個晚上，一位上流紳士會登台演出，他不僅要將自己塞進啤酒瓶，還要在瓶內演唱國歌與其他愛國歌曲；到時觀眾也會應邀上台，檢視這位紳士置身其中的啤酒瓶。在距離預定日期還有幾天時，這家劇院的票已經全部賣光。同時，這兩位友人也明智地離開倫敦，前往鄉間逗留一週。觀眾來到劇院，發現舞台上除了一張擺了一個啤酒瓶的桌子以外，什麼也沒有。沒有一位上流紳士走上舞台，表演進入酒瓶的絕技。過了好一會兒，觀眾再也按捺不住，開始搗毀劇院桌椅裝飾，還在外面街道上大舉放火洩憤。但無論如何，那個提議打賭的人賭贏了。①

今晚，我覺得自己的處境，就像那個要鑽進啤酒瓶唱國歌的人一樣。因爲我的任務，是以短短五十分鐘講稿，描繪五世紀到十五世紀東方基督宗教多采多姿的故事。我承諾要做一些顯然不可能的事，但你們還是來到這裡，看我究竟怎麼做。我沒那麼聰明，沒有遁入鄉下避風頭，因此，爲了滿足你們的期待，我也只能竭盡所能了。

我計畫分三個主題進行這項討論，其中第一個主題會佔據大半篇幅：劃分、發展與神格化。

首先是**劃分**：我要說的是一個枝節愈來愈多的故事，首先故事範圍不出信奉基督宗教的東方世界，其次劃分為希臘文的東方與拉丁文的西方。

其次是**發展**：在與東、西方基督宗教鄰國關係先後切斷的情況下，為求制衡，拜占庭教會以大規模傳教活動，北向進入斯拉夫人的世界。

第三是**神格化**（以希臘**神學**意義而言）：我們要探討做為東方基督宗教神學特性的這個主題，特別是八世紀以後，以什麼方式將神聖概念灌注於每一位信徒心中，對東方基督宗教是一個益趨重要的主題。

一、劃分

基於一個觀點，東方基督宗教或許稱得上一體，稱得上一種獨特而一致的整體，但它同時也是一種高度複雜的一體。我的任務所以幾近於不可能達成，這個事實是最重要的原因。我們且以四〇〇年左右的情勢為例，迅速做一次綜述。

在東羅馬或拜占庭帝國內，有一個主要說希臘語的教會，它的中心就設在皇都君士坦丁堡。但在東羅馬帝國，除了君士坦丁堡，還有其他重要都會，包括擁有對埃及管轄權的亞歷山卓（這裡的基督徒，大多數不說希臘語，而說科普特語）；擁有對敘利亞管轄權的安提阿（這這裡的基督徒，大多數說敘利亞語）；還有耶路撒冷。與上述幾個大城不一樣

①我在孩提時代讀到這個故事，但我不記得是在哪裡看到的。

的是，耶路撒冷就行政或商業意義而言並不重要，但它在基督宗教世界一直享有一種特殊地位，因爲它是基督在十字架上受難，以及死後復活之地。而且，在羅馬帝國邊界之外，波斯、喬治亞、亞美尼亞、衣索匹亞以及印度，也都有基督宗教會。

在五世紀之初，所有這些地區的基督教會基本上彼此都互通聲氣。但當時既沒有能讓他們全體依賴的單一行政中心，也沒有能對他們全體進行直接管控的單一聖職架構。存在於當時的，只是由地方教會組成的一個結構鬆散的聯盟。不僅如此，這些地方教會抱持的神學理論各不相同，它們各行各的崇拜儀式，使用的語言也很龐雜，包括希臘語、科普特語、敘利亞語、喬治亞語、亞美尼亞語，還有（衣索匹亞的）吉茲（Ge'ez）語。這時的基督宗教雖然在信仰與教友情誼上堪稱全面一體，卻絕不具備一致規律性。

但自五世紀以降，一種不斷分化的過程分兩個階段出現：在第一階段，從五世紀到七世紀之間，基督宗教的東方世界分裂成三個集團；接下來，在九到十三世紀之間，以君士坦丁堡爲中心的希臘文東方，與以羅馬爲中心的拉丁文西方之間，開始漸行漸遠。這種分裂如何出現？何以出現？

1. 東方的教會

就第一階段（基督宗教東方世界的分裂）而言，這個過程可分兩個次階段，第一個次階段導致東方教會的分別存在，第二個次階段則導致一連串所謂「東方」（Oriental）或

「非卡爾西頓」（non-Chalcedonian）教會的創建。前者是以弗所宗教會議（四三一年）的產物；後者是卡爾西頓會議（四五一年）的結果。

就羅馬天主教與英國國教等拜占庭正統派而言，四三一年的以弗所會議是第三次全基督教宗教會議。會中宣布耶穌之母馬利亞（Blessed Virgin Mary）是「神的生母」（Theotokos）或「神的母親」，但屬於安提阿神學傳統的許多基督徒不接受這項重要決定。這些基督徒奉莫普蘇埃斯蒂亞的狄奧多爾（約三五〇～四二八年）②為導師。狄奧多爾或許是最偉大的聖經研究領導人，時人經常稱他為「詮釋者」（The Interpreter）。狄奧多爾極強調存在於基督化身內的兩種截然不同的性質，一種屬神，另一種屬人。狄奧多爾的用意，在於為基督賦予全規模的人性自由，從而突顯基督所經歷人性誘惑的眞正現實：「他像我們一樣，凡事受過試驗，只是他沒有罪」（《希伯來書》第四章十五節）。基於這個理由，狄奧多爾與其他安提阿傳統教義派的信徒，儘管篤信基督的一體性，卻不願承認馬利亞就嚴格意義而言是「神的母親」，因為他們擔心這種論點有損基督人性上的完整。根據他們的看法，馬利亞只是神的言語化身所棲的人性「殿堂」之母。

在以弗所宗教會議舉行時，狄奧多爾已經去世，但在四二八至三一年間擔任君士坦丁

②譯注：Theodore of Mopsuestia，古代基督教神學家、聖經注釋家、安提阿學派領袖。他在注釋《聖經》時打破成規，採用符合現代學術標準的科學的批判方法，從語言學和歷史學方面進行探討。

堡主教的聶斯托留堅持他的觀點。當時擔任亞歷山卓主教的，是爲「Theotokos」頭銜辯護最力、聶斯托留的死對頭聖塞里爾（四四四年）。塞里爾在他的十二咒詛（Twelve Anathemas）的第一條就說，「馬利亞用自己的血肉，生下化身爲人的話語之神，因此任何人只要不承認基督是眞神，就是不承認馬利亞爲聖母，這樣的人應受咒詛。」③換言之，馬利亞生下的，不是一個與話語之神有密切關係的人，而是一個既是神，同時又是人、不可分割的單一個體，是有血有肉的基督。

採信狄奧多爾基督論觀點與安提阿學派的基督徒，不肯接受以弗所宗教會議的決定，於是另立門戶，即所謂東方教會（Church of the East）。這個教會說敘利亞語，教區幾乎完全在東羅馬帝國界外，受波斯薩珊王朝④統治，其主要中心都位在美索不達米亞（約在今天的伊拉克）。有人也稱它爲「亞述」（Assyrian）或「聶斯托留（景教）教會」（Nestorian Church）。第一個稱號雖可以接受，第二個卻絕對不妥。因爲東方教會對莫普蘇埃斯蒂亞的狄奧多爾崇敬有加，遠甚於對聶斯托留；也絕不贊同聶斯托留教派信徒普遍抱持的以下看法：化身爲人的基督，由共生在單一肉體上兩個不同的「人」（即現代意識的person）組成。（事實上，聶斯托留本人從來沒有這麼認定。）認爲東方教會在對基督的詮釋上是異端邪說，其實理由並不充分。極具意義的是，東方教會現任領導人馬爾·丁卡四世（Mar Dinkha IV），在一九九四年與教宗若望保祿二世（John Paul II）簽了一項高度肯定的基督論協議。

亞述教會史有一個鮮爲西方所知的層面，就是它驚人活躍的傳教活動。就此，蘇格蘭長老會作者約翰・史都華（John Stewart）說它是「著了火的教會」毫不爲過⑤。到七世紀初，東方教會傳教士足跡已遠至印度與中國西北。馬可波羅在一二七一至七五年間遊至遠東時（若他果眞去過遠東的話），在他所到的幾乎每一座城市，都見到亞述基督徒聚居的社區。有鑒於當時東方教會一直不能成爲一種國教，相反的，還不時淪爲迫害對象的事實，亞述教會能在宣教上有這種成就，更加令人嘆服。在宣揚基督宗教信仰的過程中，亞述的傳教士未獲任何政治支援，也因此他們深入亞洲各地的行動絕非一種「殖民主義」。

自十四世紀以降，東方教會因蒙古人壓制愈深而遭受重創，活動範圍因此大體上局限於庫德斯坦⑥山區。在這一片令人傷感的逐漸沒落之聲中，一件相對較爲光明的事，是英國教會坎特伯里（Canterbury）大主教班森（Benson）的建立亞述教會。考克利（J.F. Coakley）博士對他的故事（同樣也在西方鮮爲人知）有極其鮮活而詳盡的記述⑦。大主教

③ Cyril of Alexandria, *Third Letter to Nestorius* 12: ed. Lionel R. Wickham, *Cyril of Alexandria:Selected Letters* (Oxford: Clarendon Press, 1983), 28.

④ 譯注：Sassanids，盛極一時的伊朗王朝。它在二二四年推翻帕提亞王朝（Parthian Empire），成爲羅馬帝國在東方最強大的對手。薩珊人於六三六年被阿拉伯人趕出美索不達米亞。

⑤ John Stewart, *Nestorian Missionary Enterprise: The Story of a Church on Fire* (Edinburgh: T. & T. Clark, 1928).

⑥ 譯注：Kurdistan，伊朗西北部省分，西與伊拉克接壤。

班森於一八八五年建立的這個教會，一直運作到一九一五年。這個教會有一項縱非絕無僅有、也頗值稱道的特性，就是它訂有一項基本原則，絕不勸任何一位亞述基督徒皈依英國國教；直到解體，這個教會一直堅守著這個理念。無論在過去或在今天，有多少教會能向它們的基督教同宗顯示如此慷慨？可悲的是，在第一次世界大戰期間與大戰結束後，亞述基督徒淪爲土耳其人與庫德人大屠殺與「種族滅絕」的犧牲品；到今天，大多數亞述人被迫流亡海外，留在家鄉的已寥寥無幾。

在東方教會的作家中，有一位傑出之士，就是尼尼微的聖以撒⑧。他以「敘利亞人以撒」名義發表的著作，一直擁有許多讀者，在希臘與斯拉夫世界各地非常受人喜愛。視以撒爲正統典範的拜占庭基督徒，可能沒有什麼人知道他屬於他們眼中，在教義上可疑的「聶斯托留教會」。以撒是一位強調神愛的神學家，他相信，到最後一刻，神無盡的憐憫將戰勝人的罪惡，讓所有世人都能得救。他與奧利金、尼斯的格列高利，以及諾維克的朱利安⑨，都大膽認定

所有人類都會變好，
一切事物情況也都會變好。⑩

敘利亞人以撒強調造物主擁有無盡的愛：

我認爲，他即將展現一些神奇的成果，一種廣大無垠、言語難以形容的憐憫……充滿愛心的造物主，既創造理性的人，就絕不會無情地讓他們承受無盡苦難……神不會懲惡，他會使惡歸於善。⑪

我不敢苟同這個論點，因爲在他所謂的愛憐之泉與善良之洋，報復永遠可見！⑫

---

⑦ J.F. Coakley, *The Church of the East and the Church of England. A History of the Archibishop of Canterbury's Assyrian Mission* (Oxford: Clarendon Press, 1992).

⑧ 譯注：St Isaac of Nineveh，？～七〇〇？，敘利亞基督教主教、神學家。起初在庫德斯坦境內貝特卡特拉傑（Bet-Qatraje）做修士，約六七〇年由東方聶斯托留派敘利亞教會首腦立爲尼尼微主教，五個月後辭職，前往拉班沙普爾（Rabban Shapur）曠野隱修，著書闡述奧祕神學。

⑨ 譯注：Julian of Norwich，一三四二～一四一六？，又稱朱利安夫人，著名的神祕主義者，所著《神恩啓示錄》（*Revelations of Divine Love*）是中世紀宗教經驗的最重要文獻之一，也是英國宗教文學中的出眾之作，廣泛論述基督教信仰中最深奧的玄義，諸如得救預定論、上帝的預知、邪惡的存在等等。她晚年隱居在諾維克的聖朱利安教堂。

⑩ Compare T.S. Eliot, 'Little Gidding', ～III, *The Four Quartets*(London: Faber, 1944), 41.

⑪ *St Isaac of Nineveh(Isaac the Syrian)*, *'The Second Part'*, *Chapters IV-XLI*, tr. Sebastian Brock, Corpus Scriptourm Christianorum Orientalium 555, Scriptores Syri 225 (Louvain: Peeters, 1995), *Homily* 39:6, 15 (pp. 165, 170).

2. 非卡爾西頓教會

現在談到基督宗教東方世界分裂過程的第二個次階段；我們發現，卡爾西頓宗教會議（四五一年）的召開造成基督教進一步分裂。拜占庭正統派與西方基督教會，視卡爾西頓會議爲第四次宗教會議，但事實證明，許多東方基督徒不接受這次會議，在埃及與敘利亞的基督徒尤然。爲反制優迪克的錯誤說法（批判他的人說，優迪克認爲，基督的人性一面早已留在天國），出席卡爾西頓會議的教長們強調，化身爲人的救世主，是具有神性與人性等兩種完整特性（physis）的一個人（hypostasis）。反對卡爾西頓會議的人士相信，作爲神—人（Theanthropos）的基督，絕對是一個完全而眞實的人；而且他們大多數在卡爾西頓會議之後的那段時期，無論在任何方面都與優迪克劃清界線。他們願意說，基督「來自（或出自）兩種特性」，但他們認爲，卡爾西頓會議所謂「身在兩種特性間」的論點，暗示了基督神性與人性的劃分，而這種劃分是尼斯聶斯托留一直加以譴責的。他們認爲這種論點，是對亞歷山卓主教聖塞里爾的背叛。塞里爾儘管說過「來自兩種特性」這樣的話，但他也強調「言語之神的一個化身爲人（physis）的特性」。事實上，卡爾西頓會議極度強調塞里爾的權威，並且重申「Theotokos」這個銜稱，但這些作法未能滿足塞里爾的許多信徒。

今天大多數基督徒或許認爲，只要能同意化身爲人的基督擁有完整的人性，所謂「來自兩種特性」與「身在兩種特性間」兩者之間差異甚微。很顯然，這一切有極大程度取決於我們對「特性」（nature, physis）這個詞的理解方式：它指的是「存在於一種特定而具體的方式的一套獨特性格」（在這種情況下，基督有兩種特性），還是較接近於我們今天所謂的「人格」或「個人屬性」（若是在這種情況，基督只有一種 physis，或者說，基督就是一種 physis）？但在卡爾西頓會議之後的兩個世紀，基督徒大體上不願將這項爭議視爲一種純語言之爭。教會雖也曾大費周章，希望撫平爭執，結果一無所成。

特別有幾位皇帝，曾推動計畫，希望促成卡爾西頓會議支持派與反對派的團結。第一位信奉基督宗教的君士坦丁大帝（三三七年），胸懷在統一教會支援下建立普世帝國的大志。這意味著，對他與他的繼任人而言，神學理論之爭不僅是教會內部事務，也具有政治衝擊；基督徒的不和損及帝國的統一與安定。但儘管帝國施壓，卡爾西頓會議之爭仍未能平息。

在四五一至六八一年那段嘔心瀝血的教義爭論期間，有兩件特別重要的大事，即第五次與第六次全宗教會議。在查士丁尼皇帝主持下，拜占庭正統派視爲第五次全宗教會議的第二次君士坦丁堡會議（五五三年）召開。查士丁尼重建的聖智（Holy Wisdom）大教堂，至今仍然矗立伊斯坦堡市中心，做爲拜占庭正統派的象徵，只不過它早已改頭換面，成爲一座伊斯蘭教清眞寺。爲爭取非卡爾西頓會議派的支持，五五三年的這次會議從塞里

⑫ *The Ascetical Homilies of Saint Isaac the Syrians*, [tr. Dana Miller](Boston, MA: Holy Transfiguration Monastery, 1984), *Homily* 48 (p. 230). Compare *Mystic Treatises by Isaac of Nineaeh*, tr. A.J. Wensinck(Amsterdam: Koninklijke Akademie van Wetenschappen, 1923), *Homily* 45, (p. 216).

爾的觀點，重新詮釋卡爾西頓會議，堅持採用多元教義的必要。會中指出，基督既具一種特性，又具兩種特性；基督既「來自兩種特性」，又「身在兩種特性間」，這一點極端重要。這兩套神學理論彼此相互制衡；任何使用其中一套而放棄另一套的作法，都是誤導。換言之，眞正重要的不是這種名詞用語的計較，而是在理解這些名詞時抱持的態度；我們必須超越文字局限，注意它們代表的現實。

五五三年的這次會議還通過「theopaschite」語言（談神所受苦難的語言），在第十條咒詛中宣稱，「我們的主耶穌基督，以肉身在十字架上受難，他是眞神，是榮耀之主，是三聖之一」（比較《哥林多前書》第二章八節）。五五三年的君士坦丁堡宗教會議就以這種方式，繼續進行四三一年以弗所會議未竟之功。就像以弗所會議在鼓吹「Theotokos」時，強調「神誕生了」一樣，五五三年的會議宣稱「神已死亡」。但在這兩次會議聲明中，都附加了「肉身」這項重要條件。屬神的基督並沒有經歷出生與死亡，因爲神既爲神，既無生，也不會死。將凡人生與死的經驗納爲自己經驗的，是三聖中的第二聖；而且基督在行這些事時，不是以做爲神的永恆狀態，而是以化身的屬性而行之。

如果說五五三年這次會議，繼續的是以弗所會議未竟之功，則第三次君士坦丁堡會議（六八〇～六八一年，對拜占庭基督宗教會而言，是第六次全宗教會議）堪稱卡爾西頓會議的繼續。爲使卡爾西頓會議派與非卡爾西頓會議派重修舊好，一項妥協方案在六二〇至六三〇年代間提出。這項方案說，基督儘管有兩種特性，但他只有單一的能（單神能論）與單一意志（單神意論），因爲在實用上，這兩種特性總是彼此連結在一起行動。經由這項方案，這項六八〇至六八一年舉行的宗教會議指出，由於沒有本身獨特的人能與人意，所謂人性只是一種非現實的抽象概念。基督的人性不是由屬神的基督在幕後操縱的一場傀儡戲，因爲化身爲人的救世主擁有眞正屬人的自由。經由這種方式，這次會議雖沒有爲莫普蘇埃斯蒂亞的狄奧多爾平反，卻重申了他的一項主要論點。參與這次六八〇至六八一年宗教會議的教長們於是達成結論說，化身爲人的基督有「兩種自然意志與兩種自然的能」；這兩種意志從不彼此對立，但其中屬人的意志無論任何時間，都自願順服於屬神的意志。

但當第三次君士坦丁堡會議舉行時，與非卡爾西頓會議派重新結合，成爲主要是理論的問題。這是因爲隨著伊斯蘭教勢力的突然崛起，東地中海的情勢已經面目全非。當穆罕默德於六三二年去世時，他的權威不出阿拉伯半島的一小塊地區。但他的繼承人在不到十五年間，擊敗了拜占庭大軍，席捲敘利亞、巴勒斯坦與埃及；不到五十年間，阿拉伯人兵臨君士坦丁堡城下，險些攻陷了這座大城；不到一百年間，他們更跨越北非，進入西班牙，迫使西歐在普瓦捷之役⑬（七三二年）爲生存而戰。基督宗教世界雖然僥倖存活，但

⑬譯注：Battle of Poitiers，加洛林王朝宮相、法蘭克王國的實際統治者鐵錘查理（Charles Martel）對抗從西班牙入寇的穆斯林，取得勝利（七三二）。據傳說，穆斯林的進攻被查理的騎兵在普瓦捷附近遭擊潰，阿拉伯人撤退，從此不再有穆斯林入侵法蘭克領土，查理的勝利有時被認爲對世界史具有決定性作用。

已經元氣大傷。亞歷山卓、安提阿與耶路撒冷三大教區已經陷入拜占庭之手。這表示，非卡爾西頓會議派據有的埃及與敘利亞地區，現在成爲帝國治外之區，因此就政治觀點而言，推動宗教和解的緊迫性已經不復存在。

卡爾西頓與非卡爾西頓會議派，都出現幾位著名神學家。在非卡爾西頓會議派這方面，特別具有影響力的人首推安提阿的塞維魯⑭。塞維魯是一位精明、洞察力強的思想家；他不是極端主義者，但他堅持不接受卡爾西頓會議論點。在卡爾西頓會議派這方面，最偉大的神學作者首推懺悔者聖馬克西姆斯⑮。馬克西姆斯與敘利亞人以撒同代，不過似乎令人難以置信的是，兩人彼此間毫無所知。馬克西姆斯在他的基督論中，堅持基督屬人意志的重要性；正因爲我們眼見基督眞實的屬人自由，眼見他不時無刻不與屬神的意志合作，基督才能爲我們樹立典範，讓我們人類可以效法。做爲神祕論神學家，馬克西姆斯用了筆名「大法官戴奧尼索斯」（Dionysius the Areopagite，約五〇〇年）的一位神祕論作者的觀點。更特定地說，馬克西姆斯也與十三世紀西方神學家登斯．史考圖斯（Duns Scotus）一樣，認爲即使人類從未陷入罪惡，神還是會化身爲人。救世主的降生於伯利恆，不只是神因爲見到人類墮落，而設計的一項臨時應變計畫而已；早在創世以前，它已經是神的永恆宗旨的一部分。馬克西姆斯因此在化身的問題上斷言：「這是偉大而不爲人知的神祕，這是神藉以創造萬物的眞福。這是早在造物行動展開以前已經預知的神意。」⑯但這位講究和諧觀的基督徒，不僅擁抱、概要點出了造物秩序的整體性與人類歷史的全面性，也強調基督的化身存在於每個人心中。像艾克哈特[17]一樣，馬克西姆斯也談到主的誕生於每個人的靈魂：「屬神的言語之神的意志，造成他在所有的時間，化身於每個人之中的神祕……透過那些獲得拯救的人，神祕誕生，化身為人，並使那生下他的人成為聖母，一直就是基督的意志。」[18]

不能接受卡爾西頓會議論點的基督徒，今天以下述六種自治教會的型態存在：

A. 敘利亞正統教會

B. 印度敘利亞正統教會（使徒多馬根據傳統，建立的敘利亞正統教會分枝）

C. 科普特正統教會（在埃及）

---

⑭ 譯注：Severus of Antioch，四六五？～五三八，希臘基督教修士、神學家，安提阿牧首，基督一性論派領導人物。

⑮ 譯注：St Maximus the Confessor，五八〇？～六六二，拜占庭基督教神學家。原為東羅馬帝國皇帝赫拉克利烏斯一世的廷臣，約六一三年為修士。馬克西姆斯力圖把宗教理論和實踐相結合，後世神學家中沒有人繼續就此進行探索，因而他可以說是基督教思辨哲學歷史上獨樹一幟的思想家。

⑯ *To Thalassius* 60, ed. C. Laga and C. Steel, Corpus Christianorum, Series Graeca 22(Leuven: Brepols, 1990), 75.

⑰ 譯注：Meister Eckhart，一二六〇～一三二八？，英語作Master Eckhart，原名約翰內斯・艾克哈特（Johannes Eckhart）。萊茵蘭神祕主義派創建人，德國新教教義、浪漫主義、唯心主義、存在主義的先驅。

⑱ *Disputed Questions(Ambigua) 7 (Patroliogia Graeca 91: 1084CD); on the Lord's Prayer*, ed. P. van Deun, Corpus Christianorum, Series Graeca 23(Leuven: Brepols, 1991), 50.

D.衣索匹亞正統教會

E.伊利特利正統教會（自一九九四年脫離衣索匹亞正統教會獨立）

F.亞美尼亞正統教會

這六種教會常集體通稱為「東方正教教會」（The Oriental Orthodox Church），以別於稱爲「東正教教會」（The Eastern Orthodox Church）的拜占庭（卡爾西頓）教會。儘管就語源而言，「東方」與「東」並無差別，但這種名稱上的區隔頗爲具實用。在過去，東方正教或非卡爾西頓正統派，一般稱爲「Monophysite」（一性論者）。這個名稱就本身而言可以講得通，因爲他們遵奉亞歷山卓主教聖塞里爾的訓示，認爲基督只有單一特性（雖然，或許「Miaphysite」這個名稱會比「Monophysite」更爲精確）。但「Monophysite」這個字可能有誤導作用，因爲在西方，「Monophysite」一般指的是「Eutychian」（優迪克派，即「否定基督具有人的完整屬性」者）；但如前文所述，東方正教的立場其實並非如此。由於他們本身一般也不喜歡自稱「Monophysite」，因此，我們最好避免使用這個字。

自一九六四年以來，東正教與東方正教之間，一直進行著一種前景頗爲可期的「對話」；這對話首先在非正式基礎上展開，之後成爲正式對話。一九八九年，雙方在埃及阿巴·比紹修道院（Amba Bishoy Monastery）舉行的會議中，強調彼此相互承認對方信的都是「最初幾世紀使徒時代一統教會的信仰」。較具體而言，他們說，雙方過去在基督論上的分歧已經解決；儘管使用的名詞不同，但雙方都相信基督既是眞神，也是眞人。他們呼籲，雙方應該在這個基礎上，以緊急優先要務的方式，現在就展開行動，重建兩個教會系統之間聖禮儀式的全面溝通。遺憾的是，這類行動迄未出現。

就這樣，由於五世紀與七世紀間出現的分裂，東方基督宗教會分裂爲三個團體：

A.東方教會（今天的人數約在二十五萬至四十萬之間）。

B.六個東方正統教會（今天的人數約有三千萬）。

C.拜占庭或東正教教會。經由北向擴展，這個教會的教區包括羅馬尼亞與大部分斯拉夫人地區。它目前以十四個自主或「自治」教會聯盟的形式存在，會眾可能達一億兩千萬。

3.君士坦丁堡與羅馬

現在我們要談到基督宗教世界分裂過程的第二個重要階段，即希臘東方的拜占庭正統教會，與拉丁西方的羅馬天主教會之間的分裂。爲幫助瞭解，首先我們不妨提出一個問題：在思考這個東、西方的分裂時，我們應視它爲一次**事件**，還是一種**過程**？無論如何，在過去，最「流行」的非專業觀點，是將這個分裂視爲一次事件，或者更精確地說，視它爲兩次相關事件。羅馬教皇尼古拉一世（Nicolas I）與君士坦丁堡教長佛提尤斯（Photius）在八六一至八六七年間衝突初起，第一次事件（或根據我們的觀點，稱爲「佛提尤斯分裂」或「尼古拉分裂」）於是出現。在這次事件上，「聖子」（Filioque）與教皇權限等引起分裂的兩大因素，都曾明確攤在台面上公開辯論，但事情沒有惡化到正式決裂的地步，羅馬與君士坦丁堡之間的交往也迅速恢復。然後到一〇五四年，教皇特使樞機主教洪貝爾[19]與君士坦丁堡教長米恰爾[20]相互咒詛，分裂於是「最終告成」。

但長久以來，專業人士一直認爲這種觀點過度簡化，容易造成嚴重誤導。我們不應將這個分裂視爲一次單一或兩次相關事件。套用牛津拜占庭問題名家多明尼加人賈維斯・馬修（Gervase Mathew）的說法，我們應視它爲「一種漸進、不斷變化的解體過程，或許直到十五世紀末才完成，或許在之後約一百五十年，才呈現現有形貌」[21]。只有將特定事件（如佛提尤斯與尼古拉在八六〇年代的衝突，或一〇五四年的相互咒詛）置於這種遠爲寬廣的「過程」中，我們才能對這些事件進行適當評估。誠如賈維斯神父所說，這種過程的源起遠比九世紀或十一世紀還要早，而且直到十七世紀甚至十八世紀初期才終於告成。

或許這種緩慢演變過程的最佳詮釋，套用另一位多明尼加名家伊維斯・康加（Yves Congar）的用語，是一種漸進的**疏離**（estrangement）。[22]早在分裂終於出現很久以前，希臘東方與拉丁西方彼此早已形同陌路；正因爲這種相互疏離，「佛提尤斯分裂」或洪貝爾與塞魯拉流斯之間的對抗，才具有如此嚴重的潛在凶險。這種疏離究竟在什麼時候演成正式分裂很難說；它當然沒有在單一時刻，同時出現在東地中海各地。東、西方教會的全面性大分裂，衍生自一連串地方性分裂，這些地方性分裂許多在一開始只是臨時性的。

在疏離過程中，遠比一〇五四年相互咒詛（雙方很快就將這次事件拋諸腦後）更重要的一次事件，是第四次東征十字軍軍人一二○四年洗劫君士坦丁堡的事件。可悲的是，如史蒂芬・隆西曼（Steven Runciman）爵士所說，這是「東方基督徒永遠不能寬恕、也永遠忘不了」的事件㉓。自此以後，在希臘基督徒眼中，拉丁教會不再是與希臘人在某些信仰與儀式上不同的基督徒，而是希臘教會與國家的死敵。不過必須記住的是，在一開始，邀

---

⑲ 譯注：Humbert，一○○○？～一○六一，法蘭西基督教樞機主教、神學家。其思想促進了十一世紀的教宗利奧九世和格列高利七世的教會改革。十五歲入本篤會隱修，與圖勒的布魯諾（Bruno of Toul）交好，布魯諾後來繼位成爲教宗利奧九世，一○四九年召洪貝爾到羅馬。此後一直到接下來幾任教宗在位期間，他都是貫徹教廷政策的主要人物。

⑳ 譯注：Michael Cerularius，一○○○？～一○五九，希臘正教會教士，一○四三年由拜占庭皇帝君士坦丁九世任命爲牧首。一○五四年教宗利奧派遣三名使者到君士坦丁堡談判與拜占庭帝國結盟事宜，米恰爾拒絕會見。談判過程中教宗利奧去世，使者之一的法蘭西樞機主教洪貝爾於一○五四年七月宣布判處米恰爾及其屬下人員絕罰；米恰爾則召開聖主教公會，將教宗使者一律處以絕罰。君士坦丁九世調解失敗，從此羅馬與君士坦丁堡徹底分裂。

㉑ 這段話摘自賈維斯神父一九四五年的某次演講，參見 *Eastern Churches Quarterly* 6:5(1946), 227；再版於 *Eastern Churches Review* 4:2(1972), 118.

㉒ 參見他的研究 'Neuf cent ans après: Notes sur le "Schisme oriental"', in *1054-1954: L'Eglise et les Eglises, Etudes et Travaux sur l'Unit? chrétienne offerts ? Dom Lambert Beauduin*, Collection Iréikon, vol. I (Gembloux: Chevetogne, 1954), especially 80-87.

㉓ *The Eastern Schism*(Oxford: Clarenson Press, 1955), 151.

十字軍進入君士坦丁堡的，是希臘人的一派；如果不是這項拜占庭陰謀，這件慘案或許永遠不會發生。但即使如此，無論如何，十字軍在這三天幹下的掠奪暴行都是錯誤的。

但一二〇四年絕非這項分裂的最終告成之年。在土耳其人於一四五三年佔領君士坦丁堡以前，教會曾不斷嘗試恢復一統。特別是第二次里昂宗教會議（Council of Lyons，一二七四年），與態度更爲嚴肅的費拉拉—佛羅倫斯宗教會議（Council of Ferrara- Florence，一四三八～三九年），教會的努力尤其積極。儘管這些嘗試都告失敗，但直到十七世紀，不僅在威尼斯治下，在奧圖曼統治地區，希臘與拉丁教派相互合作、甚至在聖禮方面相互溝通的例證仍層出不窮。耶穌會教士約瑟夫．貝森（Joseph Besson），在一六六〇年出版的一本書中，談到羅馬天主教會在近東地區的活動說，「希臘人與敘利亞人打開家門歡迎這些傳教士；甚至爲這些傳教士敞開他們的教堂與佈道講壇。教區牧師歡迎我們的協助，主教們懇求我們耕耘他們的葡萄園。」㉔最重要的是，在安提阿教區，這項分裂直到一七二四年才成爲一種既定而不變的現實；事實上，在敘利亞與黎巴嫩，天主教與東正教之間的溝通交流，從沒有完全停擺過。

費拉拉—佛羅倫斯宗教會議雖然沒能在羅馬與東方教會之間，建立一種一體遵行的大一統，但它確實促成（較精確的日期，是自十六世紀末以降）多個東方天主教會的建立，特別是在烏克蘭、斯洛伐克、黎巴嫩、羅馬尼亞，以及敘利亞等地的教會。這些教會的東方基督宗教會眾，繼續遵奉與正教一樣的習慣與崇拜儀式，但他們接受教皇的至高權威，而且與教廷全面溝通。他們經常為人稱為「Uniates」（希臘東正天主教教徒），意即接受與羅馬「Unia」（union，結合一體）的基督徒。但這個稱呼往往遭到惡質化的運用，特別是正教教徒常用它貶抑這些東方基督宗教會眾。因此就像「聶斯托留教會」與「Monophysite」一樣，最好避免使用這個稱呼。與東方天主教會區隔的，還有黎巴嫩的 Maronite（馬龍派）㉕，Maronite 與羅馬結合的淵源可以回溯到第十二世紀，早在佛羅倫斯會議之前很久。在東方基督宗教世界複雜的構圖中，還有第四個團體。與前文提到的東方教會、東方正教教會（非卡爾西頓派）、與東正教（卡爾西頓派）三個團體並列的，還有東方天主教會。這個教會在今天約有一千七百萬信徒。

希臘東方與拉丁西方的分裂不是一次單一事件造成的，也因此它的成因也非止一端。政治與文化因素扮演著重要角色。教會儀式的問題也是造成分裂的原因：例如，希臘人與拉丁人有不同的齋戒戒律，在聖餐禮上，希臘人用發酵的麵包（今天仍然如此），拉丁人則使用未發酵麵包，或稱「azyme」（無酵麵包）。影響更為深遠的是有關婚姻的教規差異。希臘人允許信徒在離婚之後再次結婚，拉丁人則不准再婚（但在東方，一個人無論離

㉔ J. Besson, *La Syrie sainte* (Paris, 1660), p.11; compare Timothy Ware, *Eustratios Argenti: A Study of the Greek Church under the Turkish Rule* (Oxford: Clarendon Press, 1964), 16-41.

㉕ 譯注：七世紀起源於敘利亞的一個基督教團體，據稱創始人為聖馬龍（St. Maro，卒於四〇七年）。

婚或喪偶，頂多只能結三次婚）。在東方基督宗教世界，教區神職人員都是已婚男子、為人父者；儘管他們必須在擔任神職以前先結婚，但就任以後，他們會照常與妻子生活在一起。只有正教的主教，從七世紀以降就必須獨身（至少從十四世紀起，他們根據規定，不僅必須獨身，還要信守修道三誓，直到今天依然如此）。另一方面，在拉丁西方，儘管獨身戒律直到十一世紀才嚴厲執行，教士們一般不能結婚，或至少必須與妻子分居。教區牧師是否可以結婚或必須獨身的問題，顯然對教會與社會的關係有重大影響。

政治、文化與教會規範無論對東、西方的疏離產生多大影響，但這些因素本身不會造成雙方分裂。這其間還涉及教義的議題，其中特別值得一提的有三個。首先，雙方對人死亡以後的狀態有不同解讀。希臘人對拉丁有關煉獄的教義有所保留，因為這是中世紀後期在西方形成的教義，特別是他們不喜歡赦罪的作法。但這項歧見不宜誇大；因為正教與天主教都極為重視為死者的禱告，雙方也都認為，我們無法明白解釋這類禱告如何有助於已逝的信徒，但我們深信它們確實有助。

較難解決的是另外兩個爭議，聖子與教皇權限。對於西方擅自在基督徒信條上添加文字的作法，正教表示反對，而且至今仍然反對。尼西亞與君士坦丁堡會議通過的基督徒原始信條（三八一年）只說，聖靈「來自天父」，西方則在條文上加了一個詞「聖子」（Filioque）。於是拉丁版本的信條就變成聖靈「來自聖父與聖子」。這項篡改會不會嚴重影響我們對聖靈人格與工作的瞭解？今天大多數西方基督徒對此表示懷疑；但拜占庭教會的基督徒相信它確有重大影響。他們認爲，無論如何，拉丁教會無權片面改變信條，因爲它是整體基督宗教世界的共同財產。以弗所主教聖馬可（St. Mark, Eugenicus）就在費拉拉－佛羅倫斯宗教會議中呼籲，「我們要求你們歸還這個象徵，歸還這個我們先父的崇高遺產。讓它回歸你們接到它時的本來面貌。」㉖

除「聖子」以外，還有教皇權限之爭。就正教而言，教皇當然是整體基督宗教世界的第一號主教，但他是平等教眾的第一人（primus inter pares）。他是基督宗教大家庭的長兄，不是最高統治者，特別是，他無權主張對東方基督教會的直接管轄權。在費拉拉－佛羅倫斯宗教會議中，另一位希臘發言人、尼西亞大主教貝薩里翁㉗就說，「我們其實沒有漠視羅馬教會的權利與特權；但我們也知道這些特權有其限制……羅馬教會無論有多偉大，它畢竟比全宗教會議與普世教會要小。」㉘

在今天大多數人眼中，正教與羅馬教會之爭的基本議題，就在於教皇的權限，但對拜占庭教會而言，關鍵性議題是「聖子」。費拉拉－佛羅倫斯宗教會議對這三個教義問題，

㉖引自 Joseph Gill, *The Council of Florence* (Cambridge: University Press, 1959), 163.

㉗譯注：Bessarion，一四〇三～一四七二，拜占庭人文主義者、神學家，後來成爲天主教樞機主教，對十五世紀學術復興有重要貢獻。

㉘引自 Joseph Gill, *Personalities of the Council of Florence and Other Essays* (Oxford: Basil Blackwell, 1964), 267. 後來，會議結束時，貝薩里翁同意羅馬天主教會的觀點，不過他在此所表達的是很典型的拜占庭看法。

在重視程度上出現的差異，不僅令人稱奇，也予人啓發。這次會議，是東、西方在共同轄區舉行的最後一次大型會議。在這次會議中，與會人士花了六個月時間（中間有過幾次中斷），討論在信條上加入聖子，以及聖靈運作的問題。會中約以兩個月時間討論煉獄，但花在教皇權限的討論時間不到兩星期。當然，當時會議已近尾聲，與會人士急著回家，匆匆結束議題也合情合理。

但在煉獄、聖子與教皇至高地位等特定議題外，還有一個難度更高、精準度與明確性也小得多的議題。希臘東方與拉丁西方對神學的性質，對宗教思想與論述理當據以規劃的方式，各有不同解讀。相對於拉丁的經院主義，正教的神學對法學類別的依存度較低，較缺乏系統，對理性與邏輯運用的信心也較差；簡言之，正教神學的神祕色彩較爲濃厚。謹引用耶路撒冷的希臘主教尼克塔流斯（Nektarios），在十七世紀中葉寫的一段話爲例：

在我們看來，你從神學中剔除了神祕的要件……在你的神學理論中，在言論以外、或超越探討範圍以外的地方是空的，沒有寂靜包裹著、沒有虔敬守護著的東西；每一件事物都可以討論……當你面對沒有人能夠凝視的奇景時，磐石中不會有讓你容身的穴；當你沉思主的榮耀時，主也不會伸手遮掩你。（參見《出埃及記》第三十三章二十二～二十三節）。㉙

這麼說對拉丁西方並不完全公平，因爲拉丁西方的神學一直擁有豐厚而具有創意的神祕傳統。但這段話反映了許多正教人士對他們所謂西方「理性主義」的保留。

二、發展

拜占庭基督教會的擴展，首先因非卡爾西頓會議派的分離，而在東疆受到限制，之後由於與羅馬漸行漸遠，西向的發展也無法進行，於是它朝北方擴展。從第九世紀中期起，君士坦丁堡的主教們針對斯拉夫民族，展開目標宏偉、而且大體上極爲成功的傳教行動。約於八六三年，主教佛提尤斯派遣帖撒羅尼迦（Thessalonica）的兩位弟兄，前往摩拉維亞（Moravia，約在今捷克）。這兩位弟兄名叫塞里爾與米索迪尤斯（Methodius），在正教傳統中，人稱爲「斯拉夫的啓蒙人」。在摩拉維亞本身，兩人的傳教只取得暫時成功，摩拉維亞的基督宗教教化工作，很快落在效忠拉丁西方的日耳曼教士手中。但在其他地方，塞里爾與米索迪尤斯，以及他們的信徒的努力耕耘，終於獲得持久成果，促成保加利亞與塞爾維亞在九世紀、俄羅斯自十世紀起皈依基督宗教。就這樣，這三個國家成爲正教家族的永久成員。

從一開始，正教教士在拜占庭帝國界外的傳教工作，就以使用當地土語進行教會禮拜

㉙ *Peri tis Archis tou Papa Antirrsis* (Iassy, 1682), 195.

儀式做爲傳教基本原則。在西歐各地，教會用語都是拉丁文，相形之下，拜占庭的傳教士將聖經與禮拜手冊都翻譯成當地人民慣用的斯拉夫文。斯拉夫人很快獲得神職任命，成爲牧師，經過適當程序，更成爲主教。這種重用斯拉夫語言與本土人士的作法，導致本土教會在斯拉夫應運而生，這些教會具有強烈的民族特性，經過一段時間，它們紛紛宣布自主，不再接受君士坦丁堡主教的管轄，不過在俄羅斯，這種現象直到十五世紀中葉才出現。

在今天的羅馬尼亞，國家教會的成形較保加利亞、塞爾維亞與俄羅斯遲緩得多。事實上在這個地區，基督宗教的源流可以回溯到羅馬在第二、第三世紀佔領達契亞㉚期間，較塞里爾與米索迪尤斯的時代早了很久。但直到七世紀末，教會儀式中才開始使用羅馬尼亞語，直到十九世紀，完全獨立的羅馬尼亞教會才告建立。在今天的正教教會中，羅馬尼亞教會是僅次於俄羅斯的最大教會，但我們往往忘了，主控羅馬尼亞教會的語言與文化，既非希臘也不是斯拉夫，而是拉丁文。因此，我們應視它爲一種**西方式**，而不是一種**東方**正教。

斯拉夫與羅馬尼亞教會，雖然深受拜占庭基督宗教影響，但同時又都各以本地色彩濃厚的方式，強調其正教信念。這些信念絕對源出於俄羅斯。儘管俄羅斯正教直到十九世紀中葉，才有了亞歷克西斯．柯米可夫（Alexis Khomiakov）這類本土神學家，但早從一開始，它在精神領域的創意就成績斐然。在基輔王朝㉛時代（十到十三世紀），俄羅斯宗教生活的一項重要特性，是它對基督神性放棄論的觀點，它對謙卑的基督的重視，它的憐憫精神，以及它對非暴力的強調。夫拉迪米爾・摩諾馬克（一〇五三～一一二五年）㉜親王，在寫給兒子的「家訓」（Instruction）中說，「不要遺忘窮人，要竭盡你所能支援他們。對孤兒要贈予，對寡婦要保護，不讓有權勢的人害人。對義人或不義之人，不要奪其性命，也不要讓他遭人殺害。基督徒即使犯了殺人重罪，也不要毀了他的靈魂。」㉝

未見於早期教會或拜占庭的一種新聖徒階級，出現在俄羅斯基督宗教世界：即所謂「憐憫聖徒」（Passion-Bearers）。這個階級的先驅是鮑里斯（Boris）與葛雷布（Gleb）兩兄弟。他們的父親，是俄羅斯第一位基督徒統治者聖夫拉迪米爾。在聖夫拉迪米爾去世之後，這兩兄弟遭長兄史維托波克（Sviatopolk）殺害。兩兄弟原可以抵抗，但爲了避免流血，他們不願拿起武器自衛。在記述這兩位聖徒的古「生活錄」（Life）中，葛雷布說，

㉚ 譯注：Dacia，古代多瑙河以北地區，大致相當於現在的羅馬尼亞。二世紀初羅馬人征服該地，大力開採其豐富的銀、鐵、金礦。

㉛ 譯注：Kievan Period，指基輔羅斯時代（Period of Kievan Rus'，八五九～一二四〇年），西元八六二年奧列格（Oleg）大公在基輔建立大公國，定希臘正教爲國教，爲第一個東方斯拉夫國家。

㉜ 譯注：Vladimir Monomakh，曾將羅斯托夫—蘇茲達爾（Rostov-Suzdal）地區發展成強大的公國，並成爲基輔大公。

㉝ In Serge A. Zenkovsky (ed.), *Medieval Russia's Epics, Chronicles, and Tales* (revised edn., New York: Merdian Books, 1974), 97.

「我寧可一個人死，也不願這麼多人捐出性命。」許多年以後，聖雄甘地（Mahatma Gandhi）對信徒有類似訓示；他說，「如果要流血，就流我們的血。」嚴格而論，這兩兄弟不能算是殉教的烈士，因爲他們是政治衝突下的犧牲者，並沒有爲基督宗教信仰而捐軀。但教會認爲，他們的無辜受害體現了基督的憐憫，於是追贈他們「憐憫聖徒」封號。他們是俄羅斯教會尊榮的最先兩位聖徒，這一點深具意義。

俄羅斯一直就是極端主義樂土，殘酷與暴力是這裡的標誌，但溫柔與謙和的憐憫同樣也是這塊土地的特徵。無辜與沒有防禦能力的人，特別是孩子的苦難（葛雷布在遇害時，還是一個孩子），尤其深爲俄羅斯正教重視。

三、神格化

在談過外在性分裂與傳教發展之後，我們現在不妨進一步討論正統基督宗教的內在生活。在拜占庭時代中期與晚期（比如說，從七到十五世紀），有什麼我們可以特別挑出加以說明的特性？它的中心主題是什麼？在幾個可能的選項中，我們且集中討論一項：神格化，即救贖與神聖化，也就是說，參與聖潔的人生，從而「成聖」或「通神」（theosis），（參考《彼得後書》第一章四節。）在這幾個世紀，基督徒對神聖的意義有了更深一層認知，對聖潔深入基督徒日常生活經驗的意識逐漸增加。這種發展可以從兩方面加以觀察：首先是有關聖像的爭議，這項爭議從七二六年持續到八四三年，中間幾次間歇；其次是十一世紀、特別是十四世紀神祕神學的演進。

破除聖像之爭，表面上是一種有關宗教藝術的歧見。反對聖像的論者問道，在教會與家庭陳設聖像，可以合法到什麼程度？（所謂「聖像」指的是任何代表基督、聖母、天使與聖徒的圖像，無論它以馬賽克、以壁畫、以木板畫、以金屬、以刺繡，或以其他材質的形式呈現。）如果可以陳設這些聖像，可不可以對之崇拜？是否應該不僅將它們視為飾品，還應該將它們視為上帝恩典的管道、認為它們擁有神力？我們能否尊崇這些形象，而不淪入聖像崇拜的罪惡？對於所有這些問題，第七次、也是最後一次全宗教會議，即第二次尼西亞會議（七八七年），都信心十足地給予**肯定**的答覆。

但破除聖像之爭是不是完完全全的宗教藝術爭議，甚至是不是以宗教藝術為主的爭議，都還頗有商榷之處。幾乎可以肯定的說，這項爭議的原因並不單純。有些現代學者認為，這是一項有關帝王意識形態、有關皇帝在社會與教會內部地位的辯論；但依我看來，這種地位之爭未必是主要議題。另一方面，在第八與第九世紀，這項爭議正反雙方的論者，無論支持或反對聖像破除，都認為這項衝突是早先有關基督人性之爭的持續；他們以不同的方式，互控對方是聶斯托留派（將基督一分為二），或優迪克派（認為基督不具人的完整屬性）。回顧起來，這些相互的控訴似有強加之罪之嫌，而且不能令人信服。爭議雙方都接受前六次全宗教會議的基督論論點，特別是他們都贊同卡爾西頓會議有關基督的詮釋，認定基督是存在於兩種完整性格的單一個人，既無分割，也沒有困惑。

如果破除聖像之爭基本上不是一項有關宗教藝術的辯論，而且也與帝王意識形態或與基督論無關，那麼它究竟爭的是什麼？或許最能解開這個謎團的作法，就是在本質上，將它視爲一種神聖在拜占庭社會佔有何種地位的爭議，這是我的中心要旨。彼得・布朗（Peter Brown）教授等人抱持的也是這種意見㉞。因這項爭議而起的問題略如下述：誰能控制神聖（the holy）？天國對人世應該有多大程度的影響？神聖可以在帝王與教會組織的控制下，受到局限嗎？或者說，神聖會以較不可測、甚至我們可以說，以較雜亂無章的方式，滲入人生的每一層面？

套用沙巴斯千・布洛克（Sebastian Brock）博士的用語㉟，主張破除聖像的人士，希望將神的「干預」局限在教士可以全面控制的某些特定領域，例如聖餐；他們認爲聖像不可能神聖，因爲沒有一篇特定祝禱是爲它們而做㊱。贊同聖像的論者對問題有不同的見解。在他們眼中，要使一件事物納入神聖領域，原本無需人類任何特定行動，因爲神創造的萬物，就基本本質而言就是神聖的。整個世界就是神的介入的表徵；整體物質領域，包括木、石、土、火、空氣、水與人體等等，都能透過聖靈之力而改觀、而榮顯。

在這項爭議的初階段，爲聖像辯護最力的大馬士革主教聖約翰（St John of Damascus，六五五～七五〇年），就一再堅持物質的神聖性。他不談有關聶斯托留派或優迪克派的技術論點，而以基督化身爲人的事實爲基礎，用一種簡單而直截的方式爲聖像辯護。由於爲神所創，世上萬物盡皆神聖，而且神在降生人世而用了有形人體時，更重申了這種本質上的神聖：

> 在過去，屬於精神而無形體的神是完全無法描繪的；但現在，由於神以血肉之軀降生人世，我可以爲神製作聖像，使他栩栩如生。我並不崇拜物質，但我崇拜造物的主，主爲我而成爲有形之體，主甘於降臨物質世界，並且透過物質促成我的罪贖……我以虔敬面對一切物質，因爲它充滿神的活力與恩典……不要輕侮物質，因爲它是有榮耀的；神造的一切莫不有榮耀……言語之神造了血肉，也神化了血肉。㊲

根據約翰的思維方式，我們甚至可以說基督徒才是唯一眞正的唯物論者，因爲唯有基督徒認爲物質擁有完整的神化潛能。

在破除聖像之爭後續的幾個世紀，世上萬物（特別是人體）的神化與聖靈承載能力的

㉞ 參見他的文章'A Dark Age Crisis: Aspects of the Iconoclastic Controversy', in *English Historical Review* 88(1973), 1-34; reprinted in *Society and the Holy in Late Antiquity* (London: Faber, 1982), 251-301.

㉟ 'Iconoclasm and the Monophysites', in Anthony Bryer and Judith Herrin (eds.), *Iconoclasm* (Birmingham: Centre for Byzantine Studies, 1977), 57.

㊱ 在更近期的東正教觀察中，聖像通常都受到特別禱文的祝福；不過這在第八或第九世紀時，還不是常態。

㊲ *On the holy icons* 1:16, 21:ed. Bonifatius Kotter, *Die Schriften des Johannes von Damaskos*, vol. 3, Patristische Texye und Studien 17 (Berlin/ New York: Walter de Gruyter, 1975), 89-90, 109.

議題，在新神學家聖西面（九五九～一〇二二年）㊳與聖帕拉瑪斯（一二九六～一三五九年）㊴的神祕神學論中，再次成爲熱門之爭。帕拉瑪斯是十四世紀中葉靜修派（Hesychast）一派的首要人物。㊵西面與帕拉瑪斯都是「經驗」神學家，他們相信人類有可能甚至在今生，就與升上天國的基督面對面的會晤，並享有與無處不在的聖靈的一種直接而有意識的經驗。他們進而認定，這項會晤與經驗，以一種主要是神光異象的形式呈現。這種聖徒在祈禱時看見的華麗榮光，儘管有時肉眼也能得見，但它既非短暫的造物，也不僅是物理之光而已；它是基督在他泊㊶變容時，身上發出的那種超自然之光。根據帕拉瑪斯的說法，這種光是三聖永恆、自存大能的顯聖。

他泊之光不僅可以照耀我們的靈魂，還能照耀我們的身體、以及整個物質造物。這種神的大能無處不在，充塞於宇宙萬物。帕拉瑪斯與十四世紀的靜修派信徒，就像六百年前聖像派論者一樣，由於篤信神在自然界的無所不在，由於篤信神聖的充塞於整個宇宙，特別重視物質的精神潛能。就此而言，大馬士革主教聖約翰、西面與帕拉瑪斯或許都稱得上是一種生態神學家，這使他們對我們這個時代，具有一種特定關聯性。他們印證了威廉・布雷克㊷「一切活物皆爲聖」的說法；他們還很可能進一步補充說，一切存在的事物，就若干意識而言，都是活著的。宇宙不是死寂的粒子，而是鮮活的臨在。

神祕的尊崇可能與教會注重聖事的生活脫節，這是基督宗教世界一直存在的一種風險。就大體而言，這種現象未曾出現在東正教。西面與帕拉瑪斯都強調聖餐的重要性，與帕拉瑪斯同代的西奈主教聖格列高利（一三四六年），則認定神祕禱告就是「形諸於外的洗禮」㊸。許多拜占庭神學家曾對聖體崇拜式發表過看法，例如大法官戴奧尼索斯、懺悔者馬克西姆斯、君士坦丁堡主教聖傑曼努斯一世（七三〇年）㊹、安迪達主教尼古拉

㊳譯注：St Symeon the New Theologian，拜占庭修士和神祕學家，與先於他的神學家傳福音的聖約翰和四世紀的聖格列高利相比，西面在理論上有所不同，故名新神學家。希臘靈修理論自二世紀末就不斷演變，自西面的奧祕神學展開一個新階段。

㊴譯注：St Gregory Palamas，希臘正教修士、神學家、靜修派的精神領袖和辯護人。出身於君士坦丁堡宗室，在帝國大學學習古典哲學，一三一六年不願投身政界而赴希臘東北部正教中心聖山（Mount Athos）隱修。一三三八年帕拉瑪斯撰寫〈爲靜修派辯〉（Apology for the Holy Hesychasts），該文爲靜修派奠定神學基礎。

㊵靜修派是尋求靜修默念的人，也就是透過不斷反覆祈禱來取得內心沉靜或沉默的人。

㊶譯注：Tabor，以色列北部著名高地。在下加利利地區，靠近埃斯德賴隆（Esdraelon）平原。據《聖經》記載，此山爲以色列將軍巴拉（Barak）在女先知底波拉（Deborah）激勵下戰勝迦南人領袖西西拉（Sisera）的戰場；又據傳說爲耶穌顯現聖容之處。

㊷譯注：William Blake，一七五七～一八二七，英國詩人、畫家、雕刻家，以及神祕主義者。

㊸*On commandments and doctrines* 113; in G. E. H. Palmer, Philip Sherrard and Kallistos Ware (eds.), *The Philokalia* vol. 4 (London: Faber, 1995), 237.

㊹譯注：Germanus of Constantinope，約六三四～七三二，拜占庭基督教君士坦丁堡牧首、神學家。其父原爲地方行政官，六六八年被君士坦丁四世處決，傑曼努斯反抗，結果被淨身爲閹人，後來受神職，在聖索菲亞教堂（Hagia Sophia）供職。七一五年他在正統神學派皇帝阿納斯塔修斯二世統治下升任君士坦丁堡主教，隨後宣布擁護正統信經，再次否定基督一志論。七二七年拜占庭皇帝利奧三世發動破壞聖像運動，他帶頭反抗，並於七三〇年憤而辭職，退居希臘家園。

（Nicolas of Andida，十一世紀），還有最重要的是卡巴西拉斯（一三二二～一三九一年）[45]，與帖撒羅尼迦的西蒙（Symeon of Thessalonica，一四二九年）。卡巴西拉斯在討論聖餐時寫道，「經由這項聖禮，我們成爲『他的骨中的骨，肉中的肉』（《創世記》第二章二十三節）……我們因而見到天國以什麼意識存在於我們心中！」[46]對拜占庭教士而言，聖體崇拜式是神祕生活的最高表現，是時間與永恆、是今生與來世的交會點；套用正教愛用的一句詞語來說，它是「人世的天堂」。

新神學家西面、聖帕拉瑪斯，以及卡巴西拉斯這類論者，都充分表明一件事。拜占庭後期幾個世紀的東方基督宗教，不但絕沒有奄奄一息或僵化不前，反而還積極活躍，充滿創意。拜占庭教會確實非常傳統，但他們奉行的教義一直就是一種活生生的傳統。

就這樣，我的瓶中之歌已到尾聲。諸位如果不滿，可以像兩個半世紀以前倫敦那所劇院的觀眾一樣，砸毀桌椅，在院外街頭放火洩憤。但作爲拜占庭儀式與崇拜秩序的愛慕者，諸位滿意會讓我更加開心。

（本文作者爲戴克雷亞〔Diokleia〕主教、牛津大學史帕丁〔Spalding〕講座講師）

---

[45] 譯注：Nicolas Cabasilas，希臘正教在俗神學家和禮儀制定人、拜占庭神學的傑出代表。他著述甚多，論靜修派的神祕主義和從神學角度論基督教徒的生活和崇拜。

[46] *The Life in Christ* 4; tr. C. J. DeCatanzaro (Crestwood, NY: St Vladimir's Seminary Press, 1974), 123-4, 148.

第五章

中世紀後期

亞歷山大・穆瑞

我們生活在一個對標準化名詞情有獨鍾的時代，像重量與長度，甚至「巧克力」一詞，我們也要求標準化。所幸這種對標準化的迷戀之情，沒有源遠流長、一直回溯到中世紀。也因此，所謂「高中世紀」（High Middle Ages）一詞，在德國與義大利可以意指相當不同的兩個時代，而我讀過的兩本英文書說，高中世紀指的是「中央中世紀」（Central Middle Ages），但兩本書所說的時代彼此隔了兩百年。這類例子俯拾皆是。所以我乾脆明說，這篇演說談的，是一〇〇〇至一五〇〇年間的西方基督教會。但或許我應該現在就補充說明一點：何以我對中世紀名詞意義的混淆非但沒有反感，反而表示慶幸。

我的理由是，中世紀的名詞，很容易限制人們的想像空間。以我們的主題而論，西元一〇〇〇年到一五〇〇年這段時期，包括了大部分我們視爲中古基督宗教特有的產物，如十字軍、經院哲學、哥德式建築等等，諸位很可以認爲我會以這些事物爲主軸，進行這篇演說。問題是，所有這些用語，如十字軍、經院哲學、哥德式建築等等，都是在中世紀結束以後，或至少在它們意在描述的事物出現過後很久（如十字軍），才成形的。大多數最重要的中世紀名詞，包括「封建主義」，還有（當然也是最重要的）「中世紀」一詞本身，情況都是如此。「Medium aevum」是文藝復興時代爲描繪中世紀而創造的又一新詞。中世紀的人，如果眞想到爲他們的時代訂一個名詞，絕對不會認爲他們生活在什麼與什麼之間，他們或許認爲自己生活在一切行將毀滅的**邊緣**（無論是福是禍），或許認爲羅馬帝國永垂無疆，一切不會改變，也或許還有一些人認爲，**他們**的時代就是文藝復興時代。他們再怎麼想，也不會自認生活在中世紀。換言之，你我既談到中世紀，就不可能不犯時代性錯亂。我們犯下的大多數時代性錯亂，可以追蹤到文藝復興與宗教改革，這是相當可以理解的。這最後兩個名詞與它們意指的時代都屬同一時代的事實，有助於我們找出這一切污染之源。當我們談到中世紀時，我們都成了文藝復興時代或宗教改革時代的人。

擴充與都市化

爲避開這些傳統的時代性錯亂，在談一〇〇〇年至一五〇〇年基督宗教世界這個主題的過程中，我要採取一種非傳統的作法，並邀請諸位與我同乘一個人造衛星（那種用來監測大西洋氣象的衛星），從高空綜觀整個主題全貌。我們一飛衝天。俯視那歷經五百年的小小基督宗教世界，我們看到了什麼？（置身星空，讓我覺得時代錯亂感沒有那麼強：但丁在一三〇〇年左右，也曾經想像自己從群星簇擁的天堂之國，俯視著人世。）我們看到一件碩大無比、在地面上觀察顯然很容易忽略的事物：在一〇〇〇年至一五〇〇年間，拉丁基督宗教世界的面積大了兩倍，人口增加了四倍。首先談面積：有圖爲證。圖三是一張衛星照片，顯示面積倍增，或幾乎倍增，或許我應該說，大了一又四分之三倍。我們從衛星上隱約可見的許多小點（不過由於雲層太厚，照片上照不出來），說明了人口的四倍漲幅。這些小點可能是不時出現的烽火在夜空造成的影像，或甚至這些小點本身就在起火（這類事件在當時頻繁得驚人），他們的燈火與燭光由於太昏暗，從如此高空見不到。我們

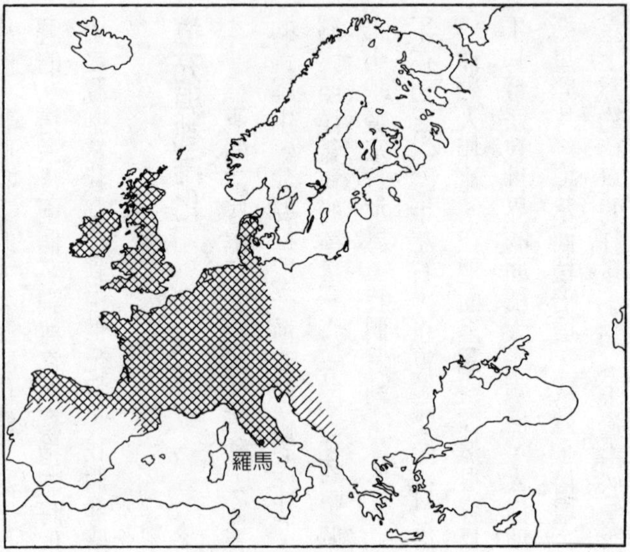

(a)

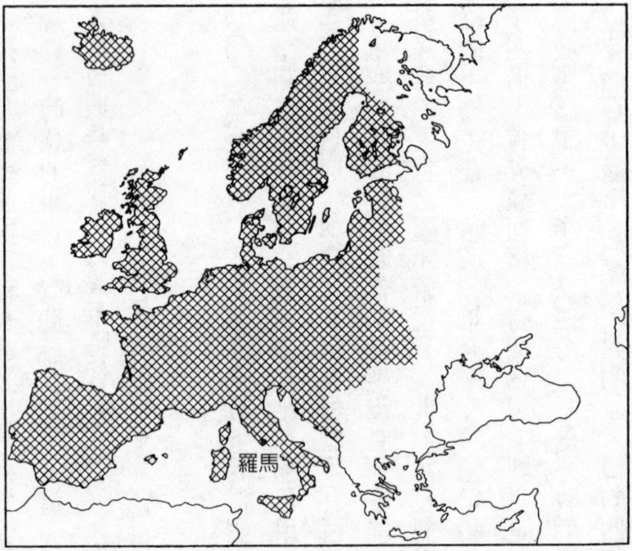

(b)

圖三：中世紀後期拉丁基督宗教世界的擴展：
（a）十世紀末葉 （b）十五世紀末葉

只能勉強見到的這些小點，都是城市。在這五百年間，這些城市擴展與加倍成長的速度比基督宗教世界還快。在一一〇〇年之後兩百年間，佛羅倫斯的人口暴漲了五倍，巴黎可能也不相上下，甚至尤有過之。但並非每一個中世紀城市都能如此飛速成長。有一些小城甚且消逝無蹤，而且無論大、小城市都曾備受人口打嗝之苦，在黑死病流行期間與過後不久（瘟疫復發）這種情況尤其嚴重。不過城市元氣漸復。到一五〇〇年，以拉丁基督宗教世界整體而論，我們可以相當具有信心地說，喬治．荷姆斯（George Holmes）於出任齊契利①講座教授，在這座大廳發表就任演說時，也曾這麼說②，如果到這個時候，這些城市還不能成就當年那種鬥志昂揚、進取而自信的少壯氣勢，城市中那些較富有的公民還不能生活得（引用皮科洛米尼③在訪問紐倫堡時說的話）「像個蘇格蘭的王」，文藝復興和宗教改革就不會出現。

先是擴展，接著是都市化。這是我們在衛星上看到的。我這篇演說的要旨就在顯示，出現在西方基督宗教世界大宇宙的這些巨變，如何在宗教認知與作爲上影響微宇宙的個人。我這就開始討論擴展，或者我應該說，先討論其中一半。擴展大體上可以區分爲阿爾

①譯注：Chichele，指亨利．齊契利（Henry Chichele），坎特伯里大主教（任期一四一四～一四四二年）。
②這場演講的完整名稱，如同所有現代文獻所提及的，放在附錄的〈參考書目〉第二八一頁之中。
③譯注：Aeneas Silvius Piccolomini，即教宗庇護二世（Pius II），一四〇五～一四六四，一四五八年被選爲教宗。

卑斯山以北與以南兩部。這兩項過程各有不同特性與影響，最好分別加以討論。由於南向擴展的影響比較立即，我從它先著手，從城市談起，最後談到北向擴展，所以採用這種奇怪的順序，（我希望）諸位自會在討論過程中明白。

南向擴展。首先討論基本資料。在一〇〇〇年的普羅旺斯（Provence），年輕人都能記憶，克魯尼（Cluny）的一位修道院院長，基督宗教世界最崇高修道家族的族長，如何在跨越阿爾卑斯山時，遭薩拉森（Saracen）山賊綁架勒贖。這些薩拉森人，是自伊斯蘭教誕生以來，斷斷續續一直打著的一場仗留下的產物。伊斯蘭教在這場戰爭大佔上風，地中海沿海地區與西地中海的所有島嶼，包括西西里（Sicily，從八二七年起）都陷入伊斯蘭教手中。伊斯蘭教徒並以西西里島為跳板，在八四五年組織軍隊洗劫了聖彼得堡。附近地區的基督宗教土地於是籠罩在隨時可能遇襲的陰影中，這些襲擊一般為的是抓奴隸。今天的義大利，還以一些地名，如「Punta Saracena」、「Monte Saraceno」或「Saraceno」等等，為當年事蹟留下紀錄。在一〇〇〇年左右，基督徒開始反擊。在西班牙，再征服（Reconquest）行動早在九世紀已經展開，到中古語言所謂「發現」使徒雅各的身體（發現的地點，因此稱為聖雅各〔Sant Iago〕），而呈風起雲湧之勢。但直到一〇五〇年以後，真正的大突破才出現。基督徒將邊界不斷往南推動，在一二四八年佔領塞維爾（Seville），包括巴利亞利（Balearics）群島，只有格瑞納達（Granada）因群山環抱之險，到一四九二年才落入基督徒手中。薩丁尼亞（Sardinia）與科西嘉（Corsica），早在一〇一六年義大利艦隊初次來到時已經臣服。在南方，征服者威廉④的表兄弟到一〇九一年，已將南義大利與西西里納入拉丁基督宗教版圖。一〇九六年我們所謂的第一次十字軍東征，將再征服行動（已經收復西地中海）擴展至東地中海。從義大利商業省思角度而言，獅心王理查⑤等人保衛基督宗教聖地的壯舉，造就了極可觀的資產價值。義大利船艦自此得以航向東方海域，從而前往埃及、敘利亞，最重要的是，它們可以前往拜占庭、各地港口，以及更多更遠的地區。

在西地中海，大多數南向擴展仍然持續，偶逢敗績也終能取勝。但就長程而言，拉丁基督宗教在南方的勢力，就像一隻斜掠過地中海海床的棉梟一樣，好不容易將西班牙包進基督宗教世界，卻將東地中海暴露在外。東界的長期受到制約，是土耳其人直接造成的產物。法蘭克十字軍於一〇九七年在安納托利亞（Anatolia）的相互殺戮中，首次遭遇這些來自大草原的民族。他們曾說，土耳其人是法蘭克人以外，全世界最好的人，只要能皈依基督宗教，土耳其人可以像法蘭克人一樣好。但土耳其人沒有皈依基督宗教。伊斯蘭教呼

④譯注：William the Conqueror，一〇二八？～一〇八七，諾曼第公爵（稱威廉二世，一〇三五年起）和英格蘭國王（一〇六六年起），中世紀最偉大的軍人和君主之一。他使自己成爲法蘭西最有勢力的封建主，然後又透過征服英格蘭而改變了該國的歷史進程。

⑤譯注：Richard the Lionheart，即理查一世，一一五七～一一九九，英格蘭國王（一一八九～一一九九在位）。他在位十年，僅五個月時間在英格蘭度過。他參加十字軍東征，防守安茹領地的事蹟使他成爲傳奇人物。

籲信徒要起而宣揚教義，皈依伊斯蘭教未久的土耳其人對此原原本本地奉行不悖。塞爾柱人（Seljuk，一個土耳其部落）於是在一〇六〇年代攻進富庶的拜占庭省份安納托利亞，將它納入土耳其版圖。第二波壓力來自土耳其另一支，於十三世紀來自北方埃及的馬木魯克人（Mamluk，基督宗教在巴勒斯坦建立的王國爲他們所滅）。之後，奧圖曼人從敘利亞北上，在要塞化的君士坦丁堡左近，形成愈漸洶湧的浪潮，這是第三波。當君士坦丁堡終於在一四五三年陷落以後，他們繼續前進，征服巴爾幹，在匈牙利攻城掠地，在令人談虎色變的一四八〇年，他們甚至佔領了南義大利的奧蘭托（Otranto）。斜掠過地中海海床的棉梟形象，完全不足以表達這項過程的性質。趕盡殺絕的屠城事件在此一過程中層出不窮。（奧圖曼人在攻陷奧蘭托以後，將當地大主教砍爲兩段。）

擴展的方式與過程

本文討論的本應是基督宗教信仰（Christianity）。但直到目前，我們談到的都是有關基督宗教世界（Christen*dom*）的事。事實上，中古拉丁字「Christianitas」涵蓋了這兩種概念。我們可以另找機會仔細研究這個字。但就目前而言，我們宜將這兩種概念加以區隔，觀察基督宗教世界的這些變化，對人們瞭解與奉行基督宗教信仰的方式造成的影響。我首先要談《聖經》上的一個字。或許我在求學的時候聽得不夠仔細，不過我的印象是，教師們說，中世紀的教士對聖經不感興趣。最應負起責任來解開這個謎團的，是伯莉兒・史梅利（Beryl Smalley）。她讓我明白（她顯然曾這麼說），中世紀教士關心的只是《聖經》以外的其他事物。他們的著述，主要是有關聖經書摘或選錄的評論或省思，或是針對神學問題所作有系統的解析（人們因此稱它為新神學，一一二〇年）⑥。就像所有權威文獻一樣，聖經也有一個問題。用例舉作法最能解釋這個問題。眼科醫生在檢驗你有沒有色盲時，會用一本小冊，小冊上印滿色彩繽紛的小點，這些小點形成一些數字，像「62」或「41」等等。但這些小點的色彩區隔很精微，如果你有色盲，將紅色看成藍色，你可能將「62」認成「25」等等。眼科醫生可以根據你見到的數字，判斷你有沒有色盲。換言之，同樣的點能造成我們不同的解讀，視我們的認知機制情況而定。這與聖經的情況完全一樣。聖經書頁上同樣的文字能造成不同解讀，視傳統、環境與讀者性情而定。這並不是說，解讀聖經沒有正確之道。那些彩色小點含蘊著一個正確數字，但解讀聖經的正確數字難得太多，因為聖經闡釋的不僅是數目與實體色彩而已；但要相信聖經的權威，我們必須相信解讀聖經確有正確之道。找出這種正確之道，也是教會所以存在的部分宗旨。

就這樣，拉丁基督宗教世界在中世紀的南向擴展，對基督徒解讀聖經的方式有兩大影響。第一個與戰爭有關。基督宗教以戰爭手段擴張南疆、以外交手段擴張北疆的說法，失

⑥伯莉兒・史梅利的其他著作資料，附於其作品集的 *Studies in Medieval Thought and Learning from Abelard to Wyclif* (London, 1981), 417-22.中

之過簡。讀過理查．佛萊契（Richard Fletcher）近著《歐洲的皈依》（*The Conversion of Europe*）一書的人就會瞭解，北方與東北方民族透過各種方式成爲基督徒：純武力手段只是偶一爲之，而且經常只據有一種背景角色，就像大多數外交行動一樣。不過對比依然鮮明，因爲在南方，武力是常態，是基督宗教世界擴展的方式。

這種對比也並非事出偶然。在北方，基督宗教世界挺進的對象，是經濟上與政治上發展程度不及它的社會，當地的異教徒統治者儘管心存嫉妒，儘管對基督宗教有所保留，但在一般狀況下，他們最後都會發現，基督宗教能夠提供《Which?》雜誌所謂的「最佳買賣」。他們既打不贏，就選擇加入基督宗教。南方情況不同。因爲在面對伊斯蘭教時，基督宗教遭遇到的是與它本身並無不同的對手。有知識的基督徒都知道，儘管面孔黑，語音怪，還有極盡誇張能事的宗教自信（根據民俗而有的那些性的放縱，更不在話下），阿拉伯世界奉行的宗教與他們本身的宗教極具淵源。基督徒理應尊重阿拉伯人的宗教。教皇格列高利七世於一〇七六年初，在寫給北非一位酋長的信中，談到這個話題。這位酋長那年派了一位主教候選人晉見教皇，請教皇授以聖職，以照顧酋長治下的基督宗教臣民。在回信時，格列高利說，酋長此舉充分突顯了神愛世人的憐憫，這是所有人類品質中最重要的一項：

神希望全人類都能獲得救贖，不希望任何人毀滅；在神爲世人訂定的品質中，最具價值者莫過於憐憫，神要世人彼此以憐憫相待，己所不欲者，勿施於人。

特別是基督徒與伊斯蘭教徒，尤應彼此憐憫相待：

特別是你的人民與我們的人民，尤其應彼此以這種憐憫相待，因爲我們雙方儘管方式互異（licet diverso modo），信奉的是一位神，我們都每天崇拜他，視他爲造物之主與宇宙的維護者。⑦

像相互憐憫的許多債一樣，這筆債有時也未見清償。同樣是這位教皇，兩年前曾呼籲基督宗教世界所有的騎士組織遠征軍，**對抗**伊斯蘭教徒。格列高利七世當時發出的，等於是一項拜占庭的「求救告急電」，說非信徒（pagani，意指那些塞爾柱土耳其人）已經侵入安納托利亞，「像宰羊一般屠殺了千千萬萬基督徒」。遇害的羊中，包括皇帝羅曼努斯四世（Romanus IV），他在一〇七一年的曼吉克（Manzikert）之戰中，與其他許多人一起死難。這項急電說，現在君士坦丁堡本身也受到威脅，而且這座基督宗教世界的要塞未必

⑦ *Registrum Gregorii VII, bk 3, no.21; ed. E. Caspar, Das Register Gregors VII.* Monumenta Germaniae Historica, Epistolae selectae [separatism editae], vol. 2(Berlin, 1955), p.288, lines 11-14.

不會陷落⑧。格列高利主張籌建遠征軍的這封信，寫於一〇七四年。它標示著騎士們拯救聖地構想的誕生。二十一年以後，第一次十字軍東征實現了這個構想。

根據福音書記載，在聖殿的警衛即將逮捕耶穌時，聖彼得拔劍砍下一名警衛的耳朵。耶穌要彼得放下劍，爲警衛療治傷耳，並束手就擒。有人說，和平精神縱非基督宗教的心靈，必也離此心靈不遠。既如此，面對與基督宗教精神類同、同是一神教的伊斯蘭教，基督徒又如何以一種認可戰爭的方式解釋聖經？這個問題說來話長，有關文獻著述也極多。其中經典之作仍然首推卡爾·艾德曼（Carl Erdmann）的《十字軍理念之源起》（*The Origin of the Idea of Crusade*）。特別由於在納粹主政時期（精確年代是一九三五年）的德國出版，這本書尤顯可貴。而且除非它出自作者本能，你從書中看不出來日耳曼舊神瓦丹（Wotan）的靈魂所以進入教會，是因爲亨利三世在一〇四五年進行教皇體制改革以後，日耳曼人得以進入教會最高權力中樞所致。這或許是部分原因。但艾德曼知道還有其他原因，也在書中寫了出來。基達爾（B.Z. Kedar）的《十字軍與使命》（*Crusade and Mission*），是更接近現代的一本有關著作。書中更明確地指出，從第八到第十五每一個有關世紀，基督徒在戰爭的問題上都有各式各樣的觀點，有人贊同、有人反對，還有數不清的條件與保留。事實上，就一般而言，這情況與我們今人在核武問題上看法南轅北轍的情況頗相類似。主戰的一造並沒有忽略聖經，只是以一種非反戰的意識讀聖經。舉例說，基督要彼得放下劍的這則故事，顯示基督的門徒一定隨身佩劍。在《新約聖經》中，不難找到其他經文（例如爲一位百夫長顯現奇蹟）以佐證軍隊在若干環境下的合法性，至於《舊約》，這類例證更加不勝枚舉。

教義傳承和環境影響

撇開日耳曼舊神的因素不計，讀到這些經文的當代神學人士，受到兩大因素影響：教義上的傳承與環境。直到這時爲止，教義傳承反映了基督宗教歷史全部進程。基督宗教沒有訂定本身的政治邊界。基督降世以前，異教徒統治者既拜《舊約》猶太諸王相互爭戰之賜，也在這些爭戰的阻礙下，建立羅馬帝國，爲自己設定了政治邊界。基督徒與這些爭端全然無涉。在最早三個世紀，基督徒與國家高壓政治的唯一關聯，就是受它的迫害，當年基督徒展現的無比堅忍，遂成爲基督宗教歷史傳統的核心，而烈士們英勇殉教的事蹟也成爲信徒們每日聖禮崇拜的對象。隨後變化出現。四世紀之初，君士坦丁皇帝成爲基督徒，帝國與教會結合在一起。任何一造必須與另一造妥協。在基督宗教這方面，這意味教會必須重估政府的合法功能，包括「正當」的戰爭權。有一派歷史學者甚至回溯既往，爲羅馬的征服尋求合法性，認爲這是神的計畫一部分，就像《舊約》一樣，目的也在爲基督宗教做準備。基督宗教與羅馬帝國的婚約又持續了三個世紀，直到這個政治帝國終於在六世紀

⑧ *RegistrumI*, bk 1, no.49; ed. Caspar, 75. 14-19.

末解體爲止。到這個時候，基督宗教有關戰爭的雙重傳承已經根深柢固，與後日奉爲權威的一些文獻，如查士丁尼的羅馬法典等等，共同成爲中世紀法學者的法源。

這種雙重傳承傳到格列高利七世與他的支持者手中，他們將它朝戰爭那面更推進了一步。這是因爲第二個因素——環境——使然。當時的環境有些屬於內部政治範疇，例如主教的維持和平角色，教皇與帝國的競逐等。但無論如何，最重要的環境問題還是與邊界以及伊斯蘭教有關。基督宗教與伊斯蘭教的歷史性差異在於，後者**必須**營建它本身的政治邊界。穆罕默德的啓示出現在一個多神社會的心腹地區；他受到迫害，必須逃亡，在六二二年他從麥加出亡麥地那，並且在麥地那建立武力，成功自衛。在穆罕默德於六三二年去世以後，歷經三代經營，伊斯蘭教版圖佔據了歐亞與北非大片土地。版圖西端更囊括基督宗教羅馬帝國南疆的大部分領地。也因此，就政治面而言，基督宗教相對於伊斯蘭教處於劣勢。有歷史認知的基督徒，無論是否認爲實際可行，或基於他們對基督宗教教義的特定詮釋，於是知道他們必須有所作爲。從這兩種傳統的歷史看來，伊斯蘭教徒在對「正當」戰爭的認可上，條件比較寬鬆。根據所謂「聖戰」（jihad）理念，伊斯蘭教徒對戰爭正當性確實也有一套詮釋。但根據這兩種傳統的歷史判斷，伊斯蘭教比基督宗教更接近講究軍事解決的一端，塞爾柱人的作爲就是例證。隨著情勢逐漸反轉，基督宗教與伊斯蘭教在十一世紀的對抗，使基督宗教也朝著軍事解決的方向邁進。

軍事倫理的崛起是基督宗教的一項轉變，促成這項轉變的是基督宗教的南向擴張。第二項轉變與組織以及法律有關，特別是與羅馬權威的增長有關。這項轉變同樣也是長期發展的產物。人們一度大體上同意，羅馬帝國因日耳曼人入侵而在五世紀崩潰。在一九三五年，比利時歷史學家亨利・皮蘭尼（Henri Pirenne）指出，「羅馬霸權」（Romanitas）直到八世紀才結束，在中世紀史學掀起翻天覆地的劇變。皮蘭尼的理由是，做爲羅馬命脈的經濟（根據他的說法）直到八世紀才被毀。這項經濟命脈仰仗的是跨越地中海的貿易。羅馬人稱地中海爲「mare nostrum」，意即「我們的海」，他們的金融經濟、城鎮與大世界的文化，都與這種貿易掛鉤。只要貿易持續，這些特色也持續，貿易一停頓，這些特色也無疾而終。皮蘭尼說，扼殺這種貿易的，不是日耳曼人有限幾次不很起眼的行動，而是伊斯蘭教在第七與第八世紀的大舉入侵。這些入侵行動，使半個地中海淪入一種敵對而充滿自信的文化，入侵的伊斯蘭教徒人數既眾，說的話也讓人聽不懂。

皮蘭尼的理論幾乎與我一樣老。這項理論歷經幾場戰爭洗禮，多少有些變形。但中世紀史學者仍必須精研這項理論的事實（再加上其他一些更具說服力的理由）顯示，他的立論要旨確實有理：地中海貿易是一項基本因素，而這種貿易式微了。這一點已足以證明皮蘭尼的論點有助於本文推理。在一〇〇〇年過後，義大利城市再次伸入地中海地區，重振當地貿易。根據皮蘭尼的理論，羅馬帝國應在之後一百年間復甦。看吧！它從水中冉冉再現，果然復甦了。只是這一次它（就像一度活生生的有機體，長期蟄伏水中的情形一樣）只能以羅馬教皇的個人形式，像魂靈一般再現。

讀者或許會說，用經濟角度解釋格列高利的改革，需要舉一些具體事實爲證。我們自然能舉若干這類證明：卡斯提爾⑨諸王每年支付克魯尼人的一千金幣年金，到一〇七七年增加了一倍；我們也知道，在若干義大利城市，宗教改革者與新興商業利益之間有掛鉤。但別忘了我們置身於衛星上。如此巧合規模太大，不容我們視而不見。我們不得不將目光轉向那靈魂，那格列高利教皇領導的精神羅馬帝國，找尋它的主要特質。

第一項特質與羅馬主教有關。他們對至高教權的主張早已存在，但這時有了新重點。以聖經語言來說，這時突顯而出的彩色小點圖型，畫的是《馬太福音》十六章十八節中所述、基督對聖彼得的授命。格列高利七世與他的支持者，認爲這項授命適用於羅馬一切主教，並以這段經文爲基礎，建立巨大的教義理論軍火庫。格列高利去世後約三十年，義大利的復甦進一步提升了羅馬的至高權威，這一次的地點在波隆納。約於一一四〇年間，格拉提安⑩在波隆納頒布「法令」（Decretum），爲宗教法規（使教會結合爲一種基督宗教社會的法律規範）注入新意義。爲填補既有宗教法規的許多漏洞，格拉提安重新運用當時重見天日未久的羅馬帝國法。羅馬法律傾向於統一宗教法規，並且強調將舊羅馬時代最高審判官（即「王子」）的至高權威，賦予新羅馬主教。有鑒於宗教法規在十二世紀享有的無比精密，羅馬法無疑將教皇地位推向又一高峰。它不僅是征服者奧古斯都，也是頒布法令的查士丁尼的魂靈。

這種精神羅馬帝國的崛起，爲歐洲史帶來極大衝擊。就現實政治而言，它造成的最重要的後果是，再沒有任何純政治的羅馬帝國後繼政權能在歐洲土地上立足。最有資格的繼承人是日耳曼那些「羅馬皇帝」。直到約一二五〇年，這些皇帝一直做著這種嘗試，還在一一五七年將他們的封號加上「神聖」兩字，以顯示他們的帝國與教皇的一樣神聖。但這些作爲使他們捲入義大利政治，而事實證明，在教皇有意縱容下，這些作爲造成的損傷過重，他們必須付出的代價也過於高昂。於是一二五〇年以後，這些日耳曼君王經過逐步調整，終於承認他們應將阿爾卑斯山視爲南疆，應集中力量往東發展，進行報酬較高的長期投資，他們因此終於在東方成就了殖民事業。持續兩個世紀的教皇與帝國之爭，爲兩造同樣帶來重創，但就政治角度而言，有一個非常重要、影響深遠的結果。在關鍵性的國家形成階段，西歐演成一種多國家、但只有一種共同意識型態的局面，而不像世界史上其他時代、其他地區一樣，出現一個半神聖的超級國家。

精神新帝國興起之後果

這是最直接的政治後果。精神羅馬帝國的文化果實也同樣豐滿充盈。像大多數文化推廣運動一樣，這項運動也依靠一種精英階級（希臘文稱爲 klērikos），即教士。一〇五九年

⑨譯注：Castile，西班牙中部地區，古時爲一王國。

⑩譯注：Gratian，約十一世紀末～一一五九?，義大利修士，教會法學創始人。本篤會修士，約在一一四〇年編寫《教會法合參》，通稱《格拉提安教令》（Decretum Gratiani）。

的宗教改革會議，使教皇的推選成爲純屬教士的事務；對教士而言，這項會議同樣重要，因爲它使教士必須獨身的舊規復活。儘管違規事例不斷，但教士們大體都能謹守這項規約，一種普世性、講拉丁文的集團從而確立，它與世俗社會分隔，同時經由僅適用於他們本身的律令（privilege的字面意義爲「私法」）彼此結合。這項獨身規約有許多好處。理查・紹森（Richard Southern）爵士在近作《經院人道主義與歐洲的統一》（*Scholastic Humanism and the Unification*）中，極清晰地指出其中一項：它使格列高利教會獲得一個向非教士貴族推銷的決定性賣點，因爲教士獨身有助於節育，能保護貴族階級。

羅馬教權與拉丁語教士精英集團的坐大，合而導致這個精神新帝國的興起。新帝國興起的主要後果，我要分三點來談。首先，海外用兵反映在國內的，就是迫害境內非法之徒。穆爾（R.I. Moore）在《一個迫害社會的形成》（*The Formation of a Persecuting Society*，牛津出版，一九八七年）一書中說，十二世紀的西歐人，逐漸成爲更具自我意識的基督徒（有別於過去只有地方與種族忠誠意識的基督徒），那些就若干方式而言，屬於「非」基督徒的人，日子也愈加難過。所謂非基督徒包括猶太人，特別是異教份子；他們遭到愈來愈狂熱的迫害，而且往往成爲暴力下的犧牲品。這項論點要旨不錯，不過我們不應忘記，暴力不是教會立法專家發明的，就整體而言，教會的法規是當時社會上去除暴力的主要影響力量。暴力本身早已存在，而且具有地方性，例如將惡靈附身的人活活燒死，就是其中一種極端暴力形式。教士們做的（而且只在爲了驅逐異教，而採取極端手段時才會這麼做），只是就勢而爲，利用暴力爲教會構築一個保護層去保護教會，就像豪豬身上的刺一樣。在一二三一年對阿爾比派⑪異端份子之戰結束後，成立的宗教裁判所，就是最佳例證。宗教裁判所是羅馬法公訴罪犯的一種標準程序。在十三世紀，在世俗王權權力擴張浪潮下，宗教裁判所原本就是勢不可免的產物。在阿爾比派之戰那場找錯對象的大屠殺事件結束後，教會領導人希望訂定一套程序，確使遭到起訴的是「罪有應得」之人。

同時，在那些芒刺保護下的豪豬內，羅馬領導的教會締造了兩項不很壯觀、但更具實質性的成果。其中一項與教育有關。拉丁文的學習（稱爲「grammar」，即我們「文法學校」的前身），不僅獲得需要人才的統治當局鼓勵，有意就業的青年也心嚮往之。辦學於是蔚然成風，不僅新學府，如牛津大學等紛紛成立，而且以一種微妙的方式，經過幾代演變，轉化了教育內容，並產生了一些令人稱奇的矛盾。其中有些矛盾出自拉丁語言本身。在宗教改革的頭一世紀，教會全力推動拉丁語言的普世性，以消滅萌芽中的本國土語，如盎格魯—撒克遜語。普世性的目標達到以後，拉丁文卻成了激烈反教會論文的運用工具，這種現象無疑在十四世紀已經出現。拉丁文造成的另一矛盾，是基督宗教學者的吸收異教徒有

⑪譯注：Albigens，一譯清潔派，主要在十一、十二世紀以法蘭西西南部地區阿爾比鎮爲中心的一種形式的基督宗教信從者。阿爾比派是從三世紀的摩尼信徒轉變而來。摩尼是波斯國的一位宗教導師，他的思想逐漸沿著商道傳到歐洲，特別是義大利和法蘭西。他們相信，地上的生活是善（精神）與惡（物質）的鬥爭。阿爾比派相信靈魂轉世。這一派受到羅馬教廷和宗教裁判所的譴責，於十三世紀初被十字軍所毀滅。

關古代的思想。教士愈是用心改善他的教會語言，愈是容易受到西塞羅與塞尼加這類異教典範人物的影響。異教哲學彷彿瀚海，不斷輕拂經院思想之岸，偶爾還會造成氾濫。不必等到十五世紀佛羅倫斯文藝復興運動，早自格列高利七世以降，這類狀況已經所在都有。我還想談的一種矛盾，與某些超自然的信仰有關。早從不可記憶的遠古時代起，有人已經相信世上有一種在夜間四處飛舞的女巫。十二世紀，獲得社會尊崇的教士對這種說法嗤之以鼻，認爲它是異教無知老婦之見。但愈來愈多的人得以一窺藝文堂奧，這類說法也中人愈深。到一四八六年，著名獵巫手冊《女巫之鎚》（*Malleus maleficarum*）的多米尼克會⑫作者，已經差不多將會飛的女巫視爲一種信心條款。

精神羅馬帝國崛起造成的三個重大結果，我們已經討論了迫害與教育，還剩最後，也是最大的一個，我們只能稱它爲基督教義，而且強調的是「基督」兩字。我指的是，基督宗教所以有別於其他一神教之處，指的是基督教義的核心：一位神爲拯救所有願意接受他的人，不避艱苦，來到莽莽人世，化身爲人。後格列高利教會，無論在知識面與實際面，都見證了這種獨特的基督教核心教義。柯林·摩里斯在他所著《教皇王國》（我對這本書有關教皇王國的立論無法苟同，但對書中其他部分鼓掌叫好）中，形容十二世紀神學「博奧精深地以基督爲中心」，認爲在十二世紀神學中，基督呈現一種「歷史性耶穌」的形象。他從苦行修道與民間崇拜作爲中，舉出若干佐證的例子。以前者而言，例證包括基督五聖傷（Five Wounds of Christ），與有關耶穌生、死其他層面的論文。以民間崇拜而論，我們見到十字架、聖餐儀式，以及對馬利亞的崇拜，從十二世紀起廣爲流行。摩里斯認爲，對馬利亞的崇拜使人更加崇敬歷史性的耶穌。針對這個立論，我有一點補充解釋。隨著教會法律地位愈益健全，一些桀驁不馴的基督徒可能懷疑耶穌究竟站在哪一邊。他站在天國老闆一邊嗎？馬利亞的奇蹟強調的是窮困潦倒的耶穌，需要母親無條件的愛。與馬利亞在一起，你可以安心，她會站在你這一邊。

同樣有關基督的強調，在經院神學中也清晰可見。坎特伯里主教聖安塞姆（St Anselm），在一一〇〇年前不久寫的那篇極富影響力的論文〈神何以化身爲人？〉（Cur Deus Homo?），只是一系列討論基督化身問題論文中的一篇，這些論文有些顯然針對猶太人（猶太人不接受）而作，有些則否。十二世紀神學家反覆嘗試詮釋三聖間的平衡，特重基督之情顯露無遺。他們甚至創設三聖主日（Trinity Sunday），而令有些人心想，一定還有**第四**聖，即三聖一體。一二一五年舉行的第四次拉特蘭會議⑬，針對這個目的在會議報

⑫譯注：Dominic，一譯多明我會，別名黑衣兄弟會。天主教四大托缽修會之一。一二一五年由聖多米尼克創立。他於一二〇六年在普魯伊勒（Prouille）成立女修道院。多米尼克根據奧古斯丁的規章爲他的門生制訂規則，開辦第一處教團於土魯斯。一二一六年獲教宗洪諾留三世批准。多米尼克會從一開始就實行退省默念與積極工作相結合的方針，修士過集體生活。

⑬譯注：Lateran Council，七～十八世紀天主教在羅馬拉特蘭宮舉行的一系列會議。一一二三年、一一三九年、一一七九年，特別是一二一五年舉行的會議最爲重要。第四次會議確立了聖體（「變體論」）的學說，表明中世紀教宗的立法權力達到頂峰。

告第一條詳述教義，爲這些嘗試做了結論。

這次會議意義重大。如果說精神羅馬帝國有一個頂峰，一二一五年拉特蘭會議當之無愧。前三次會議於十二世紀召開，地點都在羅馬聖若望・拉特蘭（St John Lateran）教堂。一二一五年拉特蘭會議擁有超越一切中世紀宗教會議的代表性：與會高階教士來自基督宗教世界各個角落，總數高達千餘人。而它的精神領袖英諾森三世，以及鉅細靡遺的規會議條款，都可圈可點。英諾森爲義大利貴族，年輕時代曾在巴黎功讀神學。當時，巴黎以基督爲重心的神學，已經演爲一種歷史學者所謂的「聖經－道德學派」。這派人士包括（早在成爲坎特伯里大主教以前，已經以神學知名的）英國人史蒂芬・蘭登（Stephen Langton），他們因爲特別重視聖經對道德與政治的實用影響，例如對貿易、戰爭、刑罰以及婚姻等家庭問題的衝擊，而聞名於世。這種實用性的強調（將神的事引入人世的作法），深深刻印在青年英諾森心中。離開巴黎以後，他寫了一本他最廣爲世人閱讀的書（如今仍有一百四十餘本傳世），討論彌撒，將「變體論」指出的彌撒中心神蹟，與基督化身的神蹟相比。在這兩項神蹟中，神都降臨血肉的人世⑭。有了這種背景，英諾森在成爲教皇後，以「基督代理人」（Vicarius Christi）做爲他的主要頭銜，自不足爲奇。

英諾森宗教會議的七十一條條款，可說是他在巴黎所學的實際延伸。其中有些條款針對異端邪說，或針對蠻橫的迷信而訂，例如有一條禁止教士在神裁判法中扮演任何進一步的角色。有一條爲保護婚姻而訂，禁止人們以吹毛求疵的近親主張（當年是離婚的主要依據）訴請離婚。絕大部分條款的設計，目的只在使教會適當運作；它們就各級教士的教育、選用、與紀律問題，就如何鼓勵民眾宣揚「神的話語」，就如何告解等等，做出無數規範。最能顯示這次會議中心思想的，是法規第二十七條的一個短句：「靈魂的正確評定，是藝術中的藝術」（Ars atrium regimen animarumr）。我們知道這種思想源自四世紀希臘神父聖格列高利．納吉安森（St Gregory Nazianzen），經由九世紀加羅林王朝改革派（事實上，這些改革派人士像祖傳之靈一樣，影響著英諾森的許多改革理念）輾轉而至，它的意義也因此更加突顯⑮。

都市向主教奪權

以上就是我們從衛星上見到的、基督宗教南向擴張的第一種結果。接下來，我們討論那些小點，即城市。我要再次引用不久前提到的亨利．皮蘭尼，以及他有關晚期羅馬帝國的理論。在舊羅馬帝國政治勢力逐漸往君士坦丁堡萎縮的情況下，羅馬等西方城市的治理責任，逐漸旁落主教之手，這些主教從都市發號施令，統治著他們的「主教轄區」

⑭ M. Maccarrone, *Studi su Innicenzo III*. Italia Sacra: Studi et documenti de storia ecclesiastica, vol. 17 (Padua, 1972), 341-431. Manuscripts:425-31.

⑮ J. Alberigo and others (eds.), *Conciliorum oecumenicorum decreta*, 3rd edn.(Bologna, 1973), p. 239, line 25-6. 第四次拉特蘭會議的信條翻譯，可參見 H. Rothwell (ed.) *English Historical Documents*, 1189-1327 (London, 1975), 643-76.

（dioces，套用帝國世俗行政區用詞）。十一世紀商業的復甦為這些城市注入新活力，也帶來一些深遠的影響。第一個影響是增加了主教與教士們的財收，但這種情況未能持久，因為它使教會神職商業化，終於引發反彈，促成格列高利七世的改革。我在前文曾說，改革派獲有一些新興商業利益的支持，只有當這兩種勢力彼此需求時，商界對改革派的支持才得以持續。但商業利益很快壯大，自我組織成為獨立公社，並且在每一個城市發難，奪取當地主教世襲的龐大地產與司法管轄權。

在義大利，這種主教權勢中落的現象，約於一一〇〇與一三〇〇年間出現。我們所以知道，是因為我們眼見這項過程的始末，還偶爾能從中瞥見若干端倪。我們還能以一種由後而前的反推方式，清晰見到它的主要例外，即羅馬。像義大利其他主教一樣，羅馬主教也承繼龐大的世俗司法管轄權。與其他主教不同的是，這時的羅馬主教擁有一種世界性功能，也因為這種功能過於重要而保有管轄權，讓地方競爭勢力徒呼負負。建立羅馬公社的運動未曾稍停，但它的鬥爭總是以血腥暴力終場，一一五五年學者革命家「布雷西亞的阿諾德」⑯，一三五四年中世紀墨索里尼（Mussolini of the Middle Ages），里恩佐的柯拉⑰的鬥爭，都是這類例證。羅馬的公社運動繼續進行，而且一直是教皇的一根在背芒刺，但芒刺本身不會殺人。在這項過程中，教皇的早期中世紀結構一直維持到一八七〇年。

同樣的程序之後也在北歐出現，這一次與主教競奪權力的不是城市，而是勢力崛起的君王。但這些君王很瞭解，他們必須與本身的、非獨立的城市步調一致，也瞭解義大利人在這些城市的捷足先登。不過這項規則同樣也有顯而易見的例外。在北歐，萊因蘭（Rhineland）大主教區的黑暗時代結構，一直延續到現代。這是因爲，在日耳曼發展史上幾個關鍵性世紀，沒有出現強大的國家性王權壓制這些大主教，而造成這種現象的主因是，萊因地區最大的三位大主教都是帝王選派人（Elector），他們處心積慮，不讓王權勢力過於壯大（一旦發現有王朝坐大，這些選派人會設法改換這些王朝）。就這樣，舊結構依然持續。路德之恨惡曼茲（Mainz）大主教，就是基於這種背景。

要瞭解這種都市向主教奪權的現象對基督宗教的影響，我們先回到《聖經》上。福音書說，基督與他的使徒都很窮。反對主教權勢的人說，主教與教士既然都不窮，他們的權勢是一種篡奪，應該迫使他們成爲窮人。在我們探討的這五百年間，這項議題持續發燒，史學家稱它爲貧窮運動。不過我們不應盡信字面上的解釋。絕對實情是，許多主教與教士

⑯ 譯注：Arnold of Brescia，一一〇〇?～一一五五?，義大利激進派宗教改革家。原是布雷西亞修道院院長，一一三七年參加群眾起義，反對主教曼佛雷德（Manfred）的政治措施。他主張整頓神職人員和廢除教會的世俗權力，因此一一三九年被教宗英諾森二世譴責爲分裂教會份子。

⑰ 譯注：Cola di Rienzo，一三一三～一三五四，義大利民眾領袖。一三四七年召開人民議會，任護民官。他改革賦稅，改組司法和行政機構，要把羅馬變成「神聖義大利」的首都。一三四七年擊退羅馬貴族的進攻，殺死大貴族八十多人。貴族聯合起來反對他，迫使他辭職。一三五〇年前往布拉格，尋求查理四世皇帝的援助。可是，查理卻把他交給大主教管制。一三五二年獲釋。

確實是窮人，特別是在遭到清算之後，他們更加一貧如洗。新出爐當局必須不斷約束他們的部屬，以免他們的教會窮得無以為繼。在主教最為貧窮的法國西南部，阿爾比派異端份子竄起、茁壯的事實，足以讓我們警覺貧窮運動一項扭曲的因素。阿爾比派異端份子所以坐大，不因為他們宣揚的都是客觀事實，而因為他們的訊息，為新都市利益集團提供了向主教奪權的意識型態砲火。這些所謂異端份子與他們的同路人，大多獲有貧窮運動的奧援，他們首先在義大利發難（如前文所述，學者革命家「布雷西亞的阿諾德」，之後在北歐幾個王國起事。最著名的英國異端份子首推韋克利夫（Wyclif），他要求沒收教會財物。一三七七年，教皇譴責韋克利夫，說他的理論「除了幾個名詞上的變動」，與義大利大奪權派、帕杜亞的馬西格里奧（Marsiglio of Padua）的理論如出一轍。

所謂我們不應盡信貧窮運動字面上的解釋，並不是說它說的完全不對。貧窮運動包含一些真實性不容置疑的宗教表達形式。以最具決定性的方式做出這種區隔的，仍然是英諾森三世：他經過一番遲疑，認可了阿西西的聖方濟（St Francis of Assisi）的教會。在這篇中世紀基督宗教發展史的論文中，我直到現在才提到這位中世紀最受鍾愛的代表人物，似嫌稍遲，只是談到這裡才談到他出場的地方。若不是因為他建立的教派，我們永遠不會聽說聖方濟的大名，若不是因為教會與主教，特別是羅馬主教，我們永遠不會聽說聖方濟教派，因為一連許多羅馬主教都與這個教派有積極而切身的關係。這些羅馬主教所以這麼做有許多原因，我謹舉其中最緊要者加以解釋。

這一切都源起於教皇根據拉特蘭會議決議，持續推動中的「改革」方案。在實用層面上，這項方案的成功與否，取決於一個不很起眼的階層，即教區牧師。以地緣位置劃分基督宗教世界而建立的教區，在約一一〇〇年已大體齊備。每個教區各有它的牧師，負責崇拜、禱告、與聽取告解。這在理論上如此。但這其間有兩個問題，一是質，一是量。就質而言，只要參考法雷利．傅林特（Valerie Flint）所著《法術在中古初期歐洲的崛起》（*The Rise of Magic in Early Medieval Europe*）一書，就能瞭解問題之一般。中世紀初期的許多牧師同時也身兼術士（若非如此，則他們何以在神裁判儀式中爲鐵與水「賜福」？），這似乎荒誕得令人難以置信，但有關證據卻多得令人不得不信。接著談到量。教區劃分大體齊備的一一〇〇年，與城市如雨後春筍般出現的年份大致相仿。無論是否兼爲術士，都市牧師面對的會眾人數日增，到了令他們窮於應付的地步。彷彿質與量兩個問題還不夠惱人，格列高利的改革派這時也加了進來，要求牧師必須符合高標準檢驗，還鼓勵民眾批判那些不符標準的神職人員。根據難得一見的幾件有文獻紀錄的個案，我們知道這類環境有時能鼓勵異端，也看得出它們定必造成了這種後果。牧師真空狀態於是出現。幾次拉特蘭宗教會議嘗試塡補這些眞空，也在若干程度上收效。我們確實知道，儘管批判浪潮洶湧，好的教區牧師確實存在。但我們也知道，好的牧師人數過少，不足以支撐實現改革派理念所需的結構。

聖方濟就在這一刻，彷彿天賜甘霖般登上舞台。**他**當然「身無分文」（Poverello），他的一生傳奇成爲資本主義歐洲一項永續的財富。但我意不在此。聖芳濟所以成爲牧師教會的天賜甘霖，因爲事實證明他是修道士（行乞）教派的起始點。他不是唯一身無分文的教士，不過在表現這種理念的形式上，他與其他教士不一樣。約與聖方濟教派成立同時，博覽群書的西班牙教士多米尼克賣掉他所有藏書，將得款捐給慈善事業，竭盡所學批判阿爾比派異端份子，並在過程中糾集信眾。他與聖方濟的運動彼此相互影響，一個以純貧窮的理想化爲號召，另一個則以其法治技巧爲標榜（多米尼克會教派爲法治技巧的先驅，他們創造「修道士」〔friar〕一詞，有意使修道士脫離單純的聖階而獨立）。到十三世紀中葉，卡米萊（Carmelites），奧古斯丁修道士（Augustinian Friars），還有一些較小的教派，如持續不久的塞克兄弟（Brothers of the Sack，他們住在牛津，舊居現址爲東門酒店〔Eastgate Tavern〕）也與聖方濟和多米尼克會教派聯手。

東門酒店位於當年牛津區的邊緣，這是修道士教派典型作法。這麼做也有其用意。大多數修道士修道院延城市邊緣而設，不僅爲了城郊土地較爲廉價，也因爲當地教區活動較爲單薄。主教與資深修道士仔細在城鎮之間選定修道院院址，依照城鎮人口決定修道院規模，就像今天的超市計畫委員會一樣。這些修道院的成立動機，從它們的活動中清晰可見。修道士以解決城市教區問題爲宗旨，是一種新類型的教士。他們集體傳教，與今天全科醫師集體作業、支援醫療保健系統的方式一樣。修道士提供的優勢，包括他們在學習與修行上的相互支援，最重要的是他們收費低廉，因爲他們無需養家，而且以守貧爲一種美德。聖方濟的嚴守貧窮，很快成為典範。不到三代，大多數修道院開始收租（由於放利遭到禁止，收租成為生產性投資的主要形式：牛津大學靠的就是租金）。方濟的肖像仍然掛在牆上，以一種意喻、有時還以一種實質的方式，提醒所有修道士固窮，他們所以必須如此一貧如洗，正為了要他們「以窮人的面貌」（usus pauper）為世人服務。修道士沒有什麼讓商界眼紅之處。但怪的是，商人非常喜歡修道士。一二五七年，一位大主教在為比薩（Pisa）方濟修道院舉行的一次募款佈道會中，因為說了一句「聖方濟畢竟是一位商人」，而險些被轟下了台。他或在場其他人似乎都沒有想到一件事：方濟原來從過商，但對商業理念深惡痛絕。

老派的教士是另一回事。他們對修道士很是嫉妒，既眼紅修道士的地位，又覬覦他們的收入。在一開始，老派教士想盡法子找碴。中世紀最暢銷法文詩集《玫瑰浪情》（*The Romance of the Rose*，約寫於一二八三年）作者珍・戴米昂（Jean de Meung），幾乎就住在巴黎多米尼克會修道院隔鄰。身為老派、所謂「世俗」教士的他，對於這些鄰居的趾高氣揚忍無可忍，於是展盡才華，寫了一本極盡刻薄尖酸的諷刺作品《假像》（*Faux Semblant*），以及諷刺詩「偽君子」（Hypocrite），幾乎無所掩飾地挖苦了一位多米尼克會派修士。《假像》頗具影響力，英國詩人喬叟（Chaucer）曾以「贖罪券販者」（Pardoner）為題，在《坎特伯里故事集》（*The Canterbury Tales*）中大量引用書中情節。諷刺往往是對成功的一種不很情願的反應，這就是例證。到一三二五年，在整個歐洲，修道士教派總計已有成員九萬人，其中四分之一爲附屬女子修道院成員。[18]世俗教士不久也以一種略帶矛盾的情感，開始購買、閱讀和使用從各教區修道士作者雲湧而至的各種書籍，包括多米尼克會暢銷作者古勞米・培洛（Guillaume Peyraut）的《善惡全書》（*Summa virtutum ac viciorum*），佛拉金的詹姆斯（James of Voragine）的《黃金傳奇：聖徒生活概略》（*Legenda aurea*）（這兩本書都有數以百計手本傳世）等等。它們都成爲教士們標準讀物，非教士的選讀更加無庸贅述。印刷術問世以後，它們流傳得更廣。

大約在一四五〇年，多米尼克會教士強尼斯・奈德（Johannes Nider），以一本名爲《戒律》（*Praeceptorium*）的道德戒律手冊，加入上文提到的這些暢銷書之林，在有些地區還賣得比它們更好。奈德的名字顯露了他的出身：他是德國人。我於是要提到我們從衛星下望的另一項觀察所得：基督宗教世界在北方的擴展。這項擴展早在一〇〇〇年以前已經展開，但由於必須依靠殖民區情況的緩步改善，它對基督宗教的影響不如南方那麼立竿見影。羅伯・巴雷特（Robert Bartlett）在《歐洲的形成》（*The Making of Europe*）一書，對這項過程有精到的描述：它有些像是美國的蠻荒西部，但它是一種蠻荒東部。在這裡，沒有那些主教收租的舊羅馬城市，有的只是創業家、伐木工、新草原，還有稱爲斯拉夫人的奇怪民族。波西米亞到十四世紀、波蘭到十五世紀，都有了飛躍的經濟成長。同時，北地中海（當然，我指的是波羅的海與北海）已經成爲日耳曼漢撒（German Hansa）[19]的「我們的海」。直到十五世紀，荷蘭、丹麥與浩漢佐倫普魯士（Hohenzollern Prussia）崛起，憑藉享有國家保護的船隊，才對日耳曼漢撒的地位形成挑戰。所有這些出現在東北部的發展，當然也影響到西北部的都市生活。因此獲利最豐的，首推勤勉的法蘭德斯（Flanders）人，他們進口廉價食物（從新開發的草原進口，有些像我們今天家樂氏（Kellogg）的玉米片），從遠方的新市場進行採購，從而造成勃根地公國那種浮誇的文化；惠金格（Huizinga）在名著《中世紀的式微》（*The Waning of the Middle Ages*）中描繪的，正是這種文化。

地理與精神層面之轉變

北方大世界就這樣變了。它對基督宗教有兩個層面的影響，第一個是教會重心北移導致的自然地理層面的影響。大約在一三〇〇年，巴黎那個肆無忌憚的王朝爲故王路易九世（Louis IX）封聖，尊他爲聖徒路易，爲王朝近年來較世俗的一些兼併憑添一圈光環。腓力四世（Philip IV）根據這一點，公開挑戰教皇的權力、金錢與司法管轄權等基本權威，並且取勝。這項勝利使法國步入典型現代國家之道。從一三一六年起，教皇權力核心在這項發展的自然牽引下北移，來到亞維農（Avignon），亞維農教皇的法國盟友於是使它成爲一個國家教會（這次不是古羅馬皇帝了）的精神象徵。這象徵原本模糊，但到一三七八年愈

⑱ K. Elm, 'Verfall und Erneuerung des Ordenswesens im Spätmittelalter', Veröffentlichungen de Max-Planck-Institut für Geschichte, 68 (Göttingen 1980), 188-238, on p. 195.

⑲ 譯注：漢撒（Hansa，德語爲Hanse）一詞是中世紀德語，意爲「行會」或「協會」。

來愈具體，因爲義大利人在這一年展開反撲，計畫重建羅馬教廷，教皇權於是分裂，出現兩位教皇，一在羅馬，一在亞維農。（據說，法王查理五世在聽到這個分裂的消息時，興高采烈地說，「這下我既是國王又是教皇了。」）之後三十七年，這次大分裂醜化了基督宗教世界，使教會陷於半癱瘓狀態，分裂結束時，國家教會的形象變得更加鮮明。一四一五年舉行的康斯坦斯（Constance）宗教會議，癒合了這項分裂創傷，並呼籲「改革」教會。十五年以後，它的後繼人在巴斯勒（Basle）的會議中繼續推動改革。但這些改革大多數針對削減教皇權力而做，一旦與會教士返家，除了世俗統治者以外，沒有人執行改革協議。這些統治者運用老謀深算，認可那些有助於強化本國教會的改革。保守派義大利人認爲，當宗教會議選在瑞士、而不在拉特蘭集會時，狀況正是如此。當康斯坦斯宗教會議於一四一五年罷黜義大利的反教皇若望二十三世時，德國一位有歷史見解的教廷學者，將此舉與奧圖大帝在九六三年罷黜若望七世之舉相提並論。權力又重返北方。

一四一七年，康斯坦斯會議與會人士無異議通過，選出古柯隆納（Colonna）家族的一位羅馬人爲教皇，即馬丁五世（Martin V），將他安置在羅馬，然後精疲力盡地返回家園。復辟往往令人失望，這一次也不例外。他們重建的只是微不足道的一小部分。大分裂已經奪走教皇國際營收的半壁江山（法國那一半），各國政府正忙著瓜分剩下的另一半。教皇只能靠它舊時的後院（教廷）維生，憑藉與重商的北鄰（佛羅倫斯）勉強維持的結合關係，苟延殘喘。我們稱這種結合爲文藝復興。文藝復興時代的佛羅倫斯，以及它那些偉大的銀行家，有許多膾炙人口的故事；以梅迪奇（Medici）為例，曾為利奧十世與克里門七世兩位教皇提供銀行服務。出現這許多故事並不意外，因為藝文與人文自信原是文藝復興時代文化精髓所在。我們因此遺忘了北方，忘了梅迪奇遠遠落在奧格斯堡（Augsburg）的傅格斯（Fuggers）之後，只是歐洲第二大銀行家。傅格斯的銀礦與金礦利益深入殖民的北方與東方。令梅迪奇供奉的第二位教皇吃盡苦頭的查理五世，主要依靠傅格斯的財力，才能在一五一九年登基。教皇財務狀況呈現驚人對比。他們的財源逐漸地方化，政治影響力也隨而轉入地方。馬基維利（Machiavelli）會說，教皇領地只有一個義大利國，我們可以補充說，只有一個幾近於馬基維利式的權謀之國。

教會地緣位置的移轉，也造成一種心態上的轉變。我們且回到前文所述修道士教派。在天主教調適城市生活與心態的過程中，修道士曾率先而行，他們現在自然而然地也成為天主教進入忙碌的北歐的橋梁。隨著王權與城市聯手壓制主教，他們專注精神的作法也在類似狀況下植根。修道士的精神力透過許多管道流向北方，其中大部分隱藏在有關教皇與國王的那些頭條大事幕後深處。舉例說，人們可以不斷從修道士的傳道中獲取新教訓；相對於告解，則似乎已經黔驢技窮，再也無法發人新的省思，因為世面到處有售告解祕訣手冊，教人如何告解，以及告解些什麼。文化主題同樣在這裡呈現。聖誕頌歌是其中之一。聖誕頌歌源起於方濟派的義大利，經由十四世紀的萊因地區多米尼克會教派，傳到愛爾蘭與英國的方濟教派。談到英國方濟教派。有沒有人曾經認眞查證，萬鈞劇力與精奧神學交織、令人嘆爲觀止的威克菲德神祕劇（Wakefield Mystery Plays），是否出自英國方濟派修士手筆？或許値得我們深研、最寬廣的精神主題，是中世紀教會中眞正重視沉思的會眾：女信徒。包括修道士在內的男性，經常爲各種雜務忙得分身乏術。但修道士的業務中，包括爲教派女子分會服務。以傳道爲例。傳道造成的效應是兩方面的，我們很可以說，萊因多米尼克會教士（如艾克哈）據以成名的「神祕論」，是他們在向注重沉思的多米尼克會女教徒宣教的過程中得來的⑳。在中世紀最後兩百五十年，女教徒封聖所佔比率甚大，要解釋這種現象，我們也必須談到這些修道士。其中一些著名女性，如多米尼克會的塞伊納的凱瑟琳（Catherine of Siena，卒於一三八〇年），事實上就在修道士教派之內，甚至一些比較獨立的女性，也與修道士教派有相當聯繫，如瑞典的布麗姬（Bridget of Sweden，卒於一三九七年），她的封聖就得一位多米尼克會傳記作者之助。㉑

如果說這種出現在北方的心靈教會發展，完全是修道士的成果，難免錯失了重點。理由之一是，無論値不値得諷刺，修道士並非每個人都行事端正。有時教派本身就有引起非議之處。但基於另一個理由，憑藉對基督人格、對個人單純的強調，以及它相對擁有的彈性，修道士倡導的獻身形式極具影響力。都市心靈教會的一項重要證言，出現在非教士社團，這些社團有的與當地修道士有關係，有的則否。在所有這些教會中，非僧侶可以參與修道士著述中出現的那些重要奉獻形式，教會現存藝品，如萊曼史奈德（Riemenschneider）與維·使陶（Veit Stoss）的石灰木雕，可以爲證；這些藝品有些是社團贊助製作的。有些心靈教派幾乎與修道士全無瓜葛，最著名的例子是加爾都西教會㉒。這個教派雖早在一〇八六年已經建立，在一三〇〇年後才開始茁壯，而且儘管採取隱世的行事方式，它仍然在中世紀末期教會造成巨大影響（百分之八十以上的中世紀加爾都西教會的建立，以及它們百分之九十以上的著述，出自一三〇〇年以後，而且不出我們所料，都來自阿爾卑斯山以北）。

最後，與加爾都西教會牽扯在一起、與修道士也有間接關係的，是在這些宗教改革前心靈運動中最具影響力的現代虔信派㉓，以及它的旁支共生兄弟會（Brethren of the Common Life）。我所以說「間接關係」，是因爲這個荷蘭心靈運動對修道士抱持反對立場，有些修道士因此設法加以制壓。但任何人，只要涉獵過一定的方濟派心靈著作傳統

⑳ H. Grundmann, *Religiöse Bewegungen im Nittelalter* (2nd edn., Hildesheim, 1961), 524-38.

㉑ A. Vauchez, *La Sainteté en occident aux derniers siècles du moyen age, d'après les process de canonization et les documents hahiographiques*. Bibliothèque des Écoles françaises d'Athènes et de Rome, vol. 241 (Rome, 1981), 427-8.

㉒ 譯注：Carthusian，天主教隱修會之一，一〇八四年由布魯諾成立於法蘭西境內格勒諾布爾附近的沙特勒斯。加爾都西會修士嚴格節制自我，獨居與世隔絕；在俗會士過集體生活。總會所在地「大沙特勒斯」釀造著名的甜露酒，以利潤所得資助在各地所辦慈善事業。

㉓ 譯注：Devotio Moderna，又稱新虔信派，十四世紀末至十六世紀天主教內部的一派，他們強調默思和內省，不重視儀式和表面行爲，摒棄十三、十四世紀著重思辨的靈修理論。

（如十三世紀新手教士奧格斯堡的大衛），必能在現代虔信派教派最著名的作品《效法基督》（*The Imitation of Christ*，約寫於一四二六年），覺察到心靈著作的論調。我指的傳統，也可以稱爲「經驗」心靈傳統，因爲它講究實事求是的建議，由老一輩信徒基於眞實人生經驗，傳遞給新一輩心靈信徒。就這種意義，與其他一些層面而言，現代虔信派擁有中世紀心靈教派、西多會[24]、加爾都西教會，以及修道士的最佳基因。它同樣也將這些基因傳給改革與後改革時代的基督宗教。《效法基督》一書不僅流傳極廣（至今依然不衰），喀爾文、伊納爵與伊拉斯謨斯[25]派信徒，也都在共生兄弟會經營或鼓勵興辦的學校中就讀。

我以一種物質變化（這變化規模之大，遠在太空之上也能見到）的形式，向各位介紹中世紀基督宗教，這麼做似是有意將宗教經驗縮減爲一種經濟功能，忽略了自由意志，以及它內在對神的反應（基督宗教眞義所在），從而有唯物辯證論者之嫌。但我不能確定基督宗教歷史都與自由意志、與內心對神的反應有關。由於這些巨變事實上影響到我們對我們宗教職責的理解方式，甚至影響到我們的祈禱，就像當年一樣；也由於這些變化規模過大，讓人往往視而不見，我認爲身爲歷史學者，我有責任發掘它們，觀察它們對你、我等等微世界的影響，以及對中世紀人們的影響，而後者才是我們眞正議題所在。

有一天，我或會進一步討論這個問題，討論自由意志，以及給予它屏障，使它免於星辰、物理或社會環境干擾的各種力量。這在我們的目標時代是熱門話題，特別是十三世紀末與十四世紀（根據藝文判斷）尤然。我首先半指控地，爲自己加了一個遺忘這個話題的控罪，又以巨變應是歷史學者課題為由，替自己脫罪，最後我要說清楚一點：我沒有忘記它，它事實上一直都在那裡。它存在數以百萬計基督徒的日常生活之中：修道士用本國語言向這些人佈道，要他們善待妻子，不要因貧窮而喪志，不要忘了人皆有一死。它也存在虔誠信徒心目之中，這些信徒無需聽取這些教訓，仍能感受神對他們的要求之深。這類信徒留下一些紀錄。這些紀錄顯示，在我前文所述這個議題的核心，是神的意志之下的個人意志，是最高度的行事良知。

我最後要舉兩個例子為證：一個出自十一世紀一位出身鄉間的南方人，另一個出自十五世紀一位出身城市的北方人。前例是奧斯塔的安塞姆㉖，在義大利教會殖民潮中來到北方。這股殖民潮，透過經改革的修道院，為半野蠻的諾曼第人帶來宗教信仰，為英格蘭帶

㉔譯注：Cistercian，一〇九八年由聖羅貝爾所領導的本篤會修士在法蘭西境內西多成立的修會。西多會實行嚴格的戒規，強調獨居、絕財和簡樸。

㉕譯注：Erasmus，一四六六～一五三六，荷蘭人文主義者。曾在奧古斯丁修道院修習神學，一四九二年受神職，為司鐸，任坎布雷主教的私人祕書。一五一九年發表他的主要論著《箴言集》，是一部大膽揭露教會弊端的著作。一五一六年首次將希臘文《新約》加以翻譯，一五一九年編定聖哲羅姆的文集。

㉖譯注：Anselm of Aosta，即聖安塞姆，一〇三三～一一〇九，義大利神學家和哲學家。入諾曼第的貝克大隱修院，一〇七八年升任院長。一〇九三年任坎伯里大主教。因教會權利問題先後和威廉·魯弗斯及亨利一世發生衝突。他是奧古斯丁的信徒，為早期經院哲學的主要人物，特別以對於上帝存在的「本體論」證明和贖罪理論傳世。

來兩位大主教。安塞姆是這兩位大主教中的第二位，他在一一〇四年，爲友人托斯卡尼女伯爵瑪提達（Matilda）寫了以下禱文：

至高的神……
願我能棄絕一切你所禁止的言行，
謹遵、奉行你的一切指令。
願我能根據你的意旨，
相信與希望，愛著，活著。㉗

第二個例證來自坎皮斯的湯瑪斯（Thomas á Kempis）。他的「效法」作爲包括以下這篇禱文：

鍾愛的天父，你什麼都知道；人的良知中，沒有任何事物能逃過你的注意，而且你還能洞燭機先……哦，主啊，讓我知道我應該知道的，讓我愛我應該愛的；讓我讚美最能取悅你的，珍惜在你眼中珍貴的，摒棄你厭惡的。㉘

依我看，這一切沒有多少改變：歷史學者看不出有什麼唯物的東西，特別是一位從衛星俯視的歷史學者，尤其看不出什麼。當然，如果他能從衛星向上觀察……但果眞如此，他就不只是一位歷史學者而已了。

（本文作者爲牛津大學學院〔University College〕教授和講師）

㉗ B. Ward (tr. and ed.), *The Prayers amd Meditations of Saint Anselm* (Harmondsworth, 1973), 91. Date: R. W. Southern, *Saint Anselm. A Portrait in a Landscape* (Cambridge, 1990), 111-2.

㉘ Tr. B. I. Knott (London, 1963), 166. 在我的版本裡，第一句是將一段較長的句子濃縮而成。

第六章

宗教改革：一五〇〇～一六五〇

戴爾麥・麥庫洛克

西方拉丁基督宗教世界在十六世紀出現的動亂，是自一千年前羅馬帝國的拉丁與希臘兩部分道揚鑣以來，出現在基督宗教文化上的最大斷層線。人類應該如何在世上運用神權的問題，造成西方社會嚴重分裂，他們甚至爲了什麼是人的問題爭得不可開交。

這項爭議在天主教與新教之間造成的鴻溝，仍然刻劃著正教以西的歐洲；對大英帝國而言，北愛爾蘭是最明顯的例證。但各式各樣態度、假定和生活習慣上的差異，充斥在歐陸各角落，信奉新教的普魯士與信奉天主教的鄰國波蘭，就是一例。歐洲實際宗教崇拜活動的式微，使我們更有必要解釋造成這種持續多樣性的理由。天主教與新教的共同拉丁傳承，已經超越它們在十六世紀的爭議，成爲塑造歐洲認同的事實因素，而且這項傳承還將繼續塑造歐洲對現代世界其他地區的影響。現在，我們在歐洲聯盟中，首次見到自宗教改革以來，我們的西拉丁傳承有望一統的可能性。我們需要瞭解當時的狀況，才能在二十一世紀中，爲我們自己找到一種健全、合宜的認同。

此外，十六世紀宗教改革的故事，不僅與小小的歐陸有關而已。在拉丁基督宗教歐洲的共同文化四分五裂的同時，歐洲人在美洲、在亞洲與非洲海岸建立勢力；他們的各種宗教派別也在這些地區複製。這種多樣性在美國造成一種綜合新局；衍生自十六世紀宗教實踐的熱忱，推動了美國生活。宗教改革，特別是以英國新教形式表現的宗教改革，創造了這個世上碩果僅存超級強國的核心意識型態。宗教改革式的思想方式，今天在歐洲本土大體上已走入歷史陳跡，值此之際，它在美國文化、在非洲與亞洲基督宗教世界中依然鮮活。

宗教改革各造，都有許多令現代西方人，包括現代基督徒嘆息之處。中世紀末期的基督宗教，以及志在毀棄它的主流新教，都自稱已經透過神經由耶穌基督向人展現的愛，找出一套解除人類焦慮與罪惡之道，但儘管如此，兩者卻都是充滿恐懼、焦慮與罪惡的宗教。宗教改革的爭議，主要在於人類應該怎麼做，才最能享有神的這種愛，主要在於人類行爲舉動中，有沒有什麼可以影響神、使神將人類救出永恆失望深淵之處。幾位爲天主教與新教同樣排斥、遭到邊緣化的論者，針對這些問題做出幾項最有意義的答覆。他們對天主教與新教雙方共有的一些冷酷的作法提出質疑，認爲人類或許有更具建設性的新作法可以與神溝通，與神互動。

在過去，宗教改革予人的印象往往就是少數幾位大人物的事蹟，其中主要包括馬丁・路德①、胡立克・茨溫利②、約翰・喀爾文③、伊納爵・羅耀拉、湯瑪斯・克蘭麥④、亨利

①譯注：Martin Luther，一四八三～一五四六，德國宗教改革家。曾在奧古斯丁會修道院三年，一五〇七年獲授神職。一五〇一～一一年訪問羅馬，爲贖罪券的銷售而憤慨，從此開始其宗教改革家的生涯。一五一七年寫出斥責贖罪券的《九十五條論綱》，並將其張貼在維滕貝格教堂大門上。此舉引起爭論，羅馬教廷召他去解釋被他拒絕。後來他更加大膽地抨擊教宗制度，並公開焚燒譴責他的教宗訓令。他的著作被下令銷毀，並被國家下令禁止活動。奧格斯堡帝國議會舉行時，梅蘭希頓代表他參加並提出《奧格斯堡信綱》，標誌德國宗教改革運動（一五三〇）的頂點；他翻譯的《聖經》譯本是德國文學的一個里程碑。

八世，以及幾位教皇。實際上，這些人物只是宗教改革故事的一部分，這故事的其他內容還包括民俗感情的動向，平民百姓生活方式的緩慢變化，以及土地新貴對政治與世襲統治的關切。百年來，民俗層面已經成爲宗教改革研究一項再探索的主題。不過，我們不應忘記，宗教改革主要談的是理念。近年來，對宗教改革之前的拉丁教會進行的研究，得出一項結論說，當時的教會並不像新教徒描繪的那麼貪腐而無效，而且它大體上能滿足中世紀末期人民的精神需求。艾蒙．杜菲（Eamon Duffy）在所著《神壇的剝奪》（*The Stripping of the Altars*）一書中，針對英國國教（公認是中世紀歐洲特別有組織的一部分）有極透徹的說明⑤。

這些新近發掘的省思，更加突顯了改革派所提理念的重要性。他們攻擊的，不是一個行將就木、迫切需要改革、也因此可以讓他們輕易得手的教會，但儘管如此，他們的訊息仍能激起這麼多人的想像力，終於擊敗舊有教會結構代表的權勢與成功。理念的意義極端重大；它們擁有屬於自己的獨立力量，它們具有腐蝕性與毀滅性。宗教改革所以能撼動整個歐洲，理念的力量也是原因之一：宗教改革派運用通用的拉丁文（當年所有受過教育的人，都用拉丁文說、寫），可以跨越較小規模的文化與語言障礙，傳播他們的訊息。基於這個理由，我將以絕大篇幅討論宗教改革運動中，少數幾位關鍵性思想家的思考，以及他們造成的影響。他們分別是路德、茨溫利、喀爾文與羅耀拉。

研究宗教改革的人都會發現，這段過程有幾個危機點：幾個原本可以使整個故事朝另一方向發展的轉捩點，但這些點的出現，決定性地將故事拉上一個特定進程。以一五一七年爲例，這一年，官方教會以改革爲宗旨的拉特蘭會議，在沒有多少建樹的情況下草草收場；同年，路德以社會改革象徵的姿態，成爲中歐矚目的焦點。另一個危機點是一五二五年。路德的挑戰引發的民眾激情，這時已經積壓了七年而達到高潮，任何事件似乎都可能發生：但最後的結果是，德國農民的叛變失敗，民眾普遍產生希望幻滅之感。一五四一～

②譯注：Huldrych Zwingli，一四八四～一五三一，瑞士新教改革家。一五〇六年任神職，成爲瑞士傭兵牧師。一五一八年當選爲蘇黎士大教堂民眾神父。反對發售贖罪券，主張改革教義，得到國內當局支持。一五二四年因在聖餐禮問題上否認任何形式肉體存在而與路德派決裂。

③譯注：John Calvin，一五〇九～一五六四，法國基督教新教改革家。他在巴塞爾發表《基督教原理》（一五三六），影響很大。在日內瓦經法雷爾（G. Farel）引導，參加了宗教改革運動。改革家們宣布一項《新教信仰綱要》，強調用嚴謹的道德代替自由放縱。他是回歸正宗神學的始祖，爲基督教新教留下兩份遺產：一是把新教教義系統化，一是制訂了新教教會的規章制度。

④譯注：Thomas Cranmer，一四八九～一五五六，坎特伯里大主教。一五二三年任聖職，成爲神學輔導教師。由於建議亨利八世向基督宗教世界的各大學呼籲解決他的離婚問題而贏得這位國王的歡心，得任王室牧師。一五三三年任坎特伯里大主教，「按照慣例」表示向教宗效忠。一五三六年他宣告亨利與凱瑟琳，以及和與安妮．博林的婚姻無效，並批准亨利與安妮（克利夫斯）離婚。曾大力負責出版《公禱書》（一五四九、一五五二）。亨利死後，他推行新教的變革。他一向不問政治，但是贊同不由瑪麗而由格雷郡主繼位的方案（一五五三），後來他爲此被指控有謀反罪而被處死刑；被燒死之前，他撤回了被逼簽字的七份認罪書。

⑤E. Duffy, The Stripping of the Altars (New Haven and London: Yale U. P., 1992).

四二年是另一轉捩點。各派重修舊好、以文明手段解決宗教爭議的展望，這時原本極佳，只是最後終以失望與徒勞無功收場。一五四一～四二年之後三十年間，雙方打了幾場不具決定性的仗，到一五七〇～七二年間，出現在歐洲不同地區的一連串各別政治危機，在北方造成有利新教、在南方造成有利天主教的局面。自此以後，北方與南方的故事愈形零散，開始呈現不同調的動向。

老教會：一四九〇～一五一七年

老教會是一種宗教組織，它非常有效地將歐洲結合在一起，並且在單一結構中包容了龐大的宗教多樣性。有關統一的象徵隨處可見：拉丁語、教皇的行政組織、具有統一結構的教派、法蘭克福書展等國際性大事等等。從冰島到塞維爾，教皇在教會事務中都有發言權；在歐洲極西、蓋爾人居住的愛爾蘭西海岸，國際性的修道士教會可以贊助舉辦宗教復興運動盛會。但教會結構內也出現了若干緊張情勢。教皇面對一個政治意外事件的問題：誠如亞歷山大·穆瑞在第五章所述，從一四九〇年代起，教皇發現自己已經走上西歐兩大王朝交戰的岔路，一是哈布斯堡，一是瓦盧瓦⑥王朝。他們的權力鬥爭主要爲了競奪義大利，也因此，教皇必須保護自己的領地，並且像義大利任何其他統治者一樣，被迫結盟。他必須極力巴結哈布斯堡，並以同樣手段籠絡瓦盧瓦。處於高昂的戰費以及籠絡開支之間，他的財源極度短缺。在路德的一五一七年抗議事件中，這是一項重要因素。

西歐這兩家兄弟王朝之間的軍事衝突，所以造成更加痛苦的後果，是因爲當時基督宗教西歐的邊界，正遭伊斯蘭教入侵的威脅。在極西地區，基督徒節節勝利，正在西班牙不斷逐退伊斯蘭教的擴張。基督宗教在這個地區的勝利，不僅毀了伊斯蘭教文化，也毀了當地的猶太教文化。西班牙猶太人被迫散居地中海各地，留在境內的猶太人不得不否定他們的認同與文化。西班牙的基督教會特別自信，特別偏執與好戰，這在拉丁西方是一種特例。但在東方，信奉伊斯蘭教的奧圖曼帝國對歐洲步步進逼。一五二〇年代，它在匈牙利擊潰了一整個王國；之後又因宗教改革之爭，中歐地區的拉丁基督徒無力團結，奪回這些失土。在其後三百年間，伊斯蘭教勢力常存亞德里亞海地區，拉丁基督徒也組織了前幾次東征行動。這些事件的後果，直到今天仍揮之不去，前南斯拉夫境內的血腥衝突就是例證。

希望與恐懼：一四九〇～一五一七年

對拉丁歐洲的基督徒而言，這段期間什麼事最重要？當然，就是救贖之道。西歐從最

⑥譯注：Valois，封建末期至近代初期（一三二八～一五八九）統治法國的王室，繼卡佩王朝（Capetian dynasty）促進了統一法國和集中王權的事業。瓦盧瓦王室係卡佩家族支系，始於瓦盧瓦的查理，因其父卡佩王朝的國王腓力三世於一二八五年將瓦盧瓦的土地分封給他而得名。

初幾世紀的各種神學傳承中，發展出煉獄（purgatory）論，這是基督宗教史上最成功的一種神學概念：世世代代、數以百萬計的人，因這種概念而獲得滿足。基督宗教對來生景象的解釋，從來不曾令人滿意，而煉獄的概念爲這項事實提供了有效的補救之道。在最早先的形式中，煉獄概念包含天堂與地獄，這兩種呈強烈對比的命運，前者代表極端喜樂，後者代表極端悲苦。這種形式的問題在於，它與我們的自我意識不符。我們絕大多數人沒有極善或極惡的自我經驗，我們知道自己並非十全十美，我們希望做得更好些，一切如此而已。一旦有了這種自我意識，我們死後究竟應該享有永恆喜樂，還是忍受無盡愁苦？針對這個問題的一項合理答覆是，憐憫的神除了給我們六、七十年人生以外，還讓我們死後處在一種修行、做苦工的狀態，以匡正我們那些小小污點，中世紀拉丁教會稱這種狀態爲煉獄。

也因此，煉獄是一種令人大放寬心的理論。它賜予人類一種意識，讓人類認爲，他們可以爲本身的救贖盡一份力。他們可以禱告，可以做善行：事實上，他們的禱告就是善行。他們可以聘請教士爲他們禱告，特別是在做爲最高禱告形式的彌撒，尤其如此。所有這些作爲都能使他們死後，不必花那麼多時間在煉獄中修行、行善，就能進入天堂。整個教會系統於是成爲一種工業，一種煉獄工業，一種生產禱告與崇拜儀式的大工廠。無論神學家對這項概念有何解釋，一般百姓因此認爲他們可以設法減除煉獄之苦。或許將煉獄理論根植內心深處的，是北歐人而不是南歐人。但當問題發生時，對這項概念反抗最力的，無疑是北歐人。

原因是，煉獄有一個大問題。基督宗教一直標榜說，它的核心眞理出自神意，神爲了讓人瞭解，透過書面形式，即《聖經》，將神意告知於人。但在《聖經》這本合集書卷中，很難找到任何有關煉獄的文字。當然，有創意的聖經學者能找出相關引證，因爲如果有必要，他們總能從聖經中找出他們要的。但對絕大多數人而言，讀聖經就像唸詩一樣，讀著聖經故事，尋找圖像與寓意。在以正常方式閱讀經文的世界，這種讀聖經的做法沒有問題，但在十五世紀，一種讀經的新態度出現：很蠢的是，時人爲它加上了人文主義標籤。

什麼是人文主義？基本上，它是一種對古希臘與古羅馬思古情懷的重現。西歐人反覆回到這段過去，追求靈感；他們在十二世紀曾這麼做，在之前好幾世紀的查理曼大帝時代，他們同樣也曾這麼做。但現在，這麼做的效應比過去任何時間都強，因爲可資他們發掘的過去更多了。更多古代書稿文物流入一般學界，部分文稿由希臘人帶往西方，以免它們淪落入侵的奧圖曼土耳其人之手。由於西方採用了中國人活版印刷的概念，這些文稿能以較過去快得多的速度出版發行。它們的出現，揭開了一些原本人們視而未見、可以運用在當代的知識寶庫，它們造成一種令人興奮的感覺，讓人相信若能重拾歐洲已經遺忘的理念，就能改革社會。

但必須注意的是，所有這些激情完全基於文字，要使這些文字發揮最大意義，就必須精確而嚴密地閱讀它們，評估它們在當年製造它們的那種社會環境中可能有什麼用意。因此，所謂人文主義者，基本上就是一位文稿編輯人與評論人。而最具核心重要性的文稿就是《聖經》。就像他們從希臘與羅馬文學中汲取世俗知識一樣，基督宗教人文主義者也應該精研來自神的這項最偉大的恩賜，以取得神聖的知識。他們終於注意到，神在透過《聖經》向世人傳達眞理時，似乎不甚重視做爲中世紀末期主要救贖理念的煉獄。

人文主義者在眞實古文學中追尋眞理的熱忱，還造成一項額外枝節。西方教會採用的聖經是拉丁文聖經（Vulgate Bible），它譯自希臘文與希伯來文，這是一項不爭之實。過去在拉丁歐洲，即使最有學識的人，懂希臘文的也極爲稀少：事實上，他們之中懂希伯來文的比較多，因爲在中世紀的拉丁歐洲，基督徒面對的爭議對手主要是猶太人，而不是希臘人。在這種情況下，拉丁文聖經的使用不是問題。但能夠透過使徒保羅當年使用的語言，在文稿上直接面對使徒保羅，對人文主義者是一大震撼，而且是令人欣喜的震撼。對極度欠缺這種直接經驗的中世紀西歐教會的權威，這項震撼造成什麼影響？正教沒有歷經宗教改革洗禮的原因之一是，他們從一開始就使用母語寫成的《新約聖經》，從不必面對一種類似的權威調適。

但就短程而言，人文主義似乎不但對教會不具威脅，還能協助教會解決它的問題。有關最早期教會的新資訊泉湧而至，人們開始以新方式觀察教會。一種樂觀、甚至帶有嬉戲的意識開始出現，人們對教會與世俗政府的新可能性充滿信心。一五一二至一七年羅馬拉特蘭宗教會議中推動的改革案，以及伊拉斯謨斯、湯瑪斯·莫爾（Thomas More）以及主教約翰·費雪（John Fisher）等人文主義者的國際信譽與友誼，都是這種樂觀、自信情懷的表徵。但古羅馬時代基督宗教作家、五世紀的希波人奧古斯丁，仍然是西方基督教會在神學問題上的主要依據。奧古斯丁的神學理論，主要強調人的軟弱與缺陷，與神的純潔和華美兩者之間的悲劇性對比。奧古斯丁在人類命運問題上是一位悲觀論者，他唯一感到樂觀的是，神有可能出於憐憫與愛心，而決定救贖一部分沒有價値、不斷沉淪的人。相對於東正教神學，奧古斯丁絕對是拉丁西方的神學標竿。主流新教徒受奧古斯丁影響之深，不下於傳統西方教會。當年令奧古斯丁迷戀的人性悲劇意識，這時也讓令一個人嚮往不已，他是德國奧古斯丁派僧侶，名叫馬丁·路德。

新天堂與新人世：一五一七～一五二六年

路德的抗議，原本針對的不是煉獄的概念。事實上，在他反叛羅馬權威多年之後，或許到一五一七之後十二、三年，他仍然對煉獄深信不疑，直到他發現煉獄概念不容於他的基督宗教信仰計畫爲止。在這段期間，路德強調的是一些較次要、許多忠實信徒一致認定需要改革的問題：中世紀救贖過程的枝節。特別引起爭議的一項枝節是贖罪券的販賣。經教會認可發出的贖罪券，可以赦免罪行的懲罰：它們既表彰了神對罪人之愛，也透過實際形式，證明神愛經由教會權力轉嫁於人。

但贖罪券有兩點引起路德憤恨：一點較次要，另一點很重要。次要的是這項概念的鄙俗：赦罪的福賜竟然可以出售，而且由教皇本人的教會當局出售，以一種卑劣的手段向德國信徒籌資。除了路德，許多人對這種做法也深惡痛絕，售券籌資活動在一五一七年尤其卑劣。但更具基本重要意義的是，路德發現教會有關救贖的概念，與他閱讀奧古斯丁與《新約聖經》的心得相衝突。教會的赦罪權是一種宣示，指人世間也有權力機構，能夠影響人在死後來生的命運：它是教會具體救贖手段的一部分。贖罪券甚至開始提出精確數字，說明購買此券的人，可以在煉獄中少停留多少時間。這種觀念既冒犯了神的莊嚴偉大，也有損人類罪惡的絕對完整性。路德深感自己罪惡重大，認定一輩子不可能做得讓神滿意。他對救贖問題的答覆與奧古斯丁一樣：接受這種事實，依賴神的恩賜，寬恕人，赦免人的罪愆。基督的受難於十字架，就在於經由贖罪行爲宣揚這項恩賜，這是神接受的唯一贖罪行爲，因爲這是化身基督的神本身所做的行爲。《哈巴谷書》第二章第四節，與《羅馬人書》第一章第十七節都說，「惟義人因信得生」，也就是說，要信十字架上死難的基督。這是一種令人釋放、大快人心的理念，因爲它結束了宗教儀式的專橫，結束了教會對人類心靈的外在需索。或者應該說，當時人們是這麼認爲的。

路德就此以奧古斯丁與保羅的著述爲根據，宣示一個中心主題；但他的宣示行爲很快演成一場叛亂，因爲官方教會對他的抗議，採取高壓、獨裁的因應行動。路德本人也因此不得不對教會的缺點，做更激烈的思考。他已經接受他完全有罪：這使他享有一種似非而是神的自我權利意識，而且如果教皇告訴他，他的替神行道是一種錯誤，那麼教皇一定是神的敵人。更惡劣的是，教會已經僭越了神的聖禮儀式，將它們變成一種愚弄世人、要他們相信教會的把戲。這項眞情告白，使這個把戲所有的受害人感同身受：不僅是拉丁學者，也包括德國平民百姓。他爲他們翻譯《聖經》，還在譯文中加注本身見解，以使他強調釋放的訊息確能深入人心。他成了改革的象徵，他在歐洲各地，跨越不同語言的障礙，激起熱情回響。最虔誠的基督徒因這項訊息而憤怒，因爲它告訴他們，他們都被教會騙了，他們勤做禮拜的結果，卻徒然使自己像個傻子一樣。

但路德主張多大程度的改革？哪些事物需要改革？許多平民百姓，特別是那些爲了生計、起而反抗地主與政府新需索的人，尤其認爲路德對權威的抗拒，顯示神對人類罪行的最後審判已經展開，一切權威都在崩潰。末日已至，每個人都有責任加速推動神的計畫，協助推翻神的那些身居高位的敵人。一五二五年，反抗統治者與教會領導人的叛亂事件，使整個中歐一片動盪。叛亂遭到殘酷鎭壓，爲如此亂象感到駭然的路德，對統治者的狠毒表示痛恨。保羅致羅馬人書信中的又一段文字，使路德深受啓發：「在上的當權者，所有的魂都要順服，因爲權柄無不出於上帝。」（《羅馬書》第十三章一節）時人認爲，這是宗教改革運動最重要的一句經文。這時，許多人文主義學者恐慌之餘，不敢再談宗教改革，其他學者則獻身於有秩序、有系統、有模式的改革行動。這些行動在此時此刻尤爲必要，因爲對許多驚惶、憤怒的歐洲叛徒而言，改革派宣揚的似乎是一種騙局，改革派背叛了他們。路德與支持者散播宗教解放訊息的努力，於是在各地遭到懷疑、批判。他們必須想辦法推動這項改革。

討好主政者：一五二六～一五四〇

他們的做法是討好主政者，即歐洲的世俗領導人。教會領導人，即主教，大部分處在守勢，不會叛離舊有組織；但世俗統治者很可能樂意支持他們的改革運動，因爲這項運動強調服從與秩序的神學理論，還帶來一種重新分配教會財富的機會。在瑞士蘇黎世，另一位名叫胡立克・茨溫利的改革派，已經在教會與主政者之間建立一種非常親密的盟友關係，俾在與路德同樣的基礎上，推動改革理念。從一五二〇年代初期起，茨溫利的教會事實上就是蘇黎世市政當局，蘇黎世市政官員可以舉行辯論，以決定聖餐的性質，就像他們可以爲蘇黎世湖的航行、或爲下水道排污的處理工作訂定規則一般。路德這時也發現，他在兩方面仰仗德國統治者的支援：一方面靠他們對付不願改革的一般民眾，再方面也靠他們對付神聖羅馬皇帝查理五世。查理五世處心積慮，想毀滅路德與路德的整個改革計畫。事實上，改革運動正因爲這些統治者的支持，而有了一個標籤。一五二九年，一些支持路德的統治者，對帝國會議（Imperial Diet）大多數決議提出抗議，「抗議教徒」（Protestant，即新教徒）就此得名。

就這樣，在一五二五年過後那段期間，農民革命造成的慘痛印象，使歐洲不再可能出現一次全面而統一的群眾革命。主政者的宗教改革於是出現：領導新教（抗議教會）運動的，是受過神學教育的大師，以及國王、親王、市議員等各種統治階層。不過當年仍有許多激進派人士，提出他們本身對宗教改革的作法。蘇黎世宗教領袖茨溫利在排斥過去的作法上，表現得比路德更有系統、更合邏輯得多。這項事實使一些瑞士人極受鼓舞，他們在茨溫利有關聖餐與洗禮的思考上，進一步加以發揮。茨溫利反對這些聖禮儀式能帶來救贖的想法；他強調，這些儀式是已經獲得神賜的基督徒，對神表示崇信的宣誓。根據茨溫利的理論，聖禮主要是基督徒為神做的事，而不是神為基督徒做的事。在一些熱心人士眼中，這意味基督宗教的洗禮，應該是一種受洗人有意識的、展示信心的行為。嬰兒顯然不能展現這種信心，因此只有成人才能受洗。嬰兒的洗禮完全沒有價值，因此，基於良知，追求眞正洗禮的人，應該獲得眞實的新洗禮。敵視這些激進派的人（不是激進派本身），於是稱他們為再洗禮派（Anabaptists）。

見到別人如此推論他自己的理論，茨溫利惱怒異常，因為這項推論與他的另一神學理念衝突：蘇黎世教會包含整個蘇黎世城。如果認為只有成人才能受洗，就等於將社區的整體一分為二，一為信徒，一為非信徒。如此一來，所謂整個社會都應該是教會一部分的假定將告破產，而茨溫利與路德，像教皇一樣，都堅信這項假定。於是，就在老教會開始迫害執政者宗教改革倡議人士的同時，蘇黎世也對再洗禮派展開迫害，將他們丟入當地河流中淹死。再洗禮派被逐出一般社會。他們因此也開始強調他們與一般社會的差異。在向

《聖經》求取指示時，就像路德當年一樣，他們也很正確地注意到，如果《聖經》中《使徒行傳》等書所言不虛，早期基督徒曾自絕於一般社會之外。《使徒行傳》中提到，基督徒將一切財物公有共用。根據《馬太福音》的紀錄（第五章三十四節），耶穌基督說，「完全不可發誓」。十誡說，「不可殺人」。根據這些紀錄，再洗禮派建立了屬於他們本身的小小世界，在這樣的世界中，一切財物公有共用，沒有人做那些政府要求的宣誓，當統治者迫令他們時，他們也不拔劍反抗。對統治者而言，再洗禮派這些作為令他們既忿恨，又恐懼。因為根據《羅馬書》第十三章第一節的說法，統治者指望於人民的是順服。

更令統治者惶恐的是，有些激進派堅信，他們的新社會命定要透過武力手段，在末世中成長壯大。他們聽見耶穌在《馬太福音》中說，「不要以為我來是要給地上帶來和平；我來不是要帶來和平，而是要帶來刀劍。」（《馬太福音》第十章三十四節），他們還要協助上帝，完成他在《啓示錄》中的政治計畫。於是，在一五二五年中歐農民暴亂發生後不到十年，來自極西方低陸諸國的團體，開始與其他激進派會合，逐漸聚集在德國城市明斯特⑦。他們成千累萬地開始雲集；他們接管了當地，他們頗具魅力的領導人宣布明斯特為新耶路撒冷。路德派與天主教會組成的聯軍包圍了他們。由於城內逐漸絕糧，在圍城壓力下，激進派的這場革命成為夢魘；他們也成為十六世紀的赤色高棉。他們的波布（Pol Pot，赤柬領導人）是個荷蘭青年，名叫詹．布克宗（Jan Beuckelszoon），或稱萊登的約翰⑧。信徒們為他挨餓，為保護他而死亡，他卻在成群妻妾簇擁下，過著窮奢極侈的生活。

最後，明斯特的激進派遭到圍城軍殘暴的鎮壓。原本好戰的激進派開始逃避正常社會，變得安靜而不好戰。但在歐洲那些心有餘悸的統治者心目中，明斯特仍是一個始終揮之不去的夢魘：由於萊登的約翰，平和而溫順的再洗禮派信徒慘遭酷刑，有人被活活燒死。

激進派對西方基督宗教的挑戰，事實上比這次事件更長程，也更精微。有些激進派開始對基督宗教應該與權貴結盟的假定提出質疑。早自君士坦丁大帝起，一千年來，與權貴結盟大體上一直是基督宗教的作法。有人懷疑，這世上究竟是否應該只有一個教會，是否應該在信仰問題上採取高壓箝制，眞理是否應該只有一個典範性認知。有人研究《聖經》，結果找不到教會所說、記錄在《聖經》的一些理論，特別是三位一體（Trinity）。有人繼續在《聖經》中找尋據教會所說，但《聖經》裡面絕對找不到的理論，例如成年人才能受洗。有人做成結論，認定《聖經》不是神的眞理的終極指標，認定神對人說話，只是隨興之所至。總結而論，在宗教改革中獲勝的或許是激進派，因爲所有這些概念，今天都能在做爲主政者宗教改革後裔的教會中見到，甚至在反對改革的羅馬教會中也能見到。

⑦譯注：Münster，德國西部北萊茵─西伐利亞州城市。一五三四年宗教改革運動中的激進派再洗禮派宣布在明斯特成立「千年王國」。一五三五年明斯特被攻佔，一五三六年再洗禮派「國王」萊登的約翰和他的兩個同謀被處死。

⑧譯注：John of Leyden，一五〇九～一五三六，荷蘭再洗禮派領導人。做過裁縫、商人和旅店老闆，後以善演說而著名。在信奉再洗禮派後前往明斯特，成爲再派運動領袖，建立「千年王國」，實行一夫多妻制和商品社會。

為爭取統治者的支持，主政者改革派仍奮戰不休。他們在法國與哈布斯堡遭到挫敗，但在德國和斯堪地納維亞半島大部地區獲勝。他們在英國取得一項奇怪的勝利，因為英國國王、那位極度剛愎的亨利八世，發現與改革派結盟，有助於他玩那些稀奇古怪的婚姻遊戲。在大臣湯瑪斯．克倫威爾⑨與大主教湯瑪斯．克蘭麥的默許下，亨利逐漸放棄了愈來愈多的老式崇拜系統。在斯拉夫人的中歐，路德教會似乎較傳統教會更佔上風，特別因為匈牙利王國化為一片廢墟的情勢，尤為各式各樣宗教改革帶來生機，各別貴族也以不同方式進行改革。在這段期間，針對教會與國家關係提出的最值得注意、顯然也最成功的一項解決辦法，是前多米尼克會派修道士馬丁．布塞爾⑩領導的史特拉斯堡（Strasbourg）改革運動。由於布塞爾在面對改革派眾多爭議時，總是極力求取共識，加以史特拉斯堡地處歐洲貿易與文化心腹，當時的史特拉斯堡儼如宗教改革前途所繫的中心。實際結果是，由於軍事挫敗，史特拉斯堡黯然退出歐洲領導舞台，其他角逐者於是相繼上台。

修好的遲滯：一五四〇～一五五三年

不過一開始，在一五四一至四二年間，情勢曾一片大好。在這兩年間，儘管和解行動最後多以失敗收場，令人大失所望，但各派重修舊好、以文明手段解決宗教爭議的前景仍極為光明。羅馬教會中抱持開放態度的人文主義領導人，設法與改革派叛徒取得共識，但雖然擁有神聖羅馬皇帝的熱情支撐，他們還是無法將雷根斯堡會議中提出的一項重大修好案付諸實施。在那以後，強硬派在羅馬的聲音愈來愈響，一些重要的南歐天主教改革派人士，於是倉皇北遁，求取新教保護。德國統治者兼主教赫曼·馮·韋德（Hermann von Wied），計畫在科隆舉行一項宗教改革會議，這項由馬丁·布塞爾介入的會議結果流產；它如果成功，原可以爲其他主教提供一個榜樣，讓他們知道如何在舊結構中尋求中間的改革之道。人文主義溫和派的時代就此逝去。羅馬教會在一片打倒改革派的勝利呼聲中，於一五四五年開始在特倫托（Trent）舉行宗教會議。跡象顯示，老教會這時已找到本身的動能，拾回了自信。

這種新心態以耶穌會（Society of Jesus）爲核心。耶穌會是一個西班牙激進派宗教熱情帶動的組織，領導人是曾是軍人、來自巴斯克地區的伊納爵·羅耀拉。像路德一樣，伊納爵也有一種信心危機，但他的危機使他反路德之道而行：伊納爵沒有因此反叛教會，而像軍人一樣，服從神在世上的代理人，即教皇。他最先打算前往聖地，爲基督宗教而戰。由於這個構想遲遲未能實現，伊納爵開始計畫發起戰鬥，以激發像他本人一樣的教會子民的精神狂熱。耶穌會對新教發動的精神之戰並非一帆風順，但到一五四〇年代末期，政治

⑨譯注：Thomas Cromwell，約一四八五～一五四〇，英國政治家。以別號「僧侶之鎚」聞名。

⑩譯注：Martin Bucer，一四九一～一五五一，德國新教改革家。一五二一年脫離多米尼克會，與一當過修女的女子結婚，定居史特拉斯堡。當路德與茨溫利就聖餐問題發生爭論時，他採中間路線。一五四九年到劍橋大學任神學教授，影響了一五五二年《祈禱書》的寫作。曾多次嘗試調解當時各宗教派別之間的衝突。

情勢似乎終於站在他們那一邊。神聖羅馬皇帝開始整治那些信奉新教的統治者，並在一五四七年將他們擊潰；他還結束了史特拉斯堡的宗教改革進程。在那一刻，由亨利八世幼子愛德華六世主政的英國，似乎將執掌主政者宗教改革的兵符；但愛德華於一五五三年去世，英國斷然拒絕了他選定的繼承人珍・葛雷（Jane Grey）王后，而擁立信奉天主教的瑪麗為王，英國領導宗教改革的希望於是幻滅。路德於一五四六年去世，當時茨溫利久已撒手人寰。神在《聖經》中表示的意旨，似乎無望實現。世界末日並未到來。許多人不再相信這個訊息。事情該怎麼做？

在一五五〇年代領導新教走出陰霾的，是一位流亡的法國人，他在歐洲漫遊，後來在因緣巧合下來到日內瓦。這人名叫約翰・喀爾文。他或許一直不怎麼喜歡日內瓦，但他覺得上帝使他來到這個城市，必有特定宗旨，於是他勉力在日內瓦留下來，在當地宣教。他出師不利，被趕出日內瓦，但他因此有機會前往史特拉斯堡，觀察宗教改革的實用之道。當日內瓦人面對亂局，極力召他重返時，喀爾文已經作好準備，在日內瓦營造一個更好的史特拉斯堡。喀爾文花了許多年時間，才確立自己在日內瓦的地位，而日內瓦人為恐丟失顏面，再也不敢將他逐出城外。最後，或許我們可以視為悲劇的一次事件發生，喀爾文的大名也因此響遍全歐洲。一五五三年，一位著名的西班牙激進派知識份子來到日內瓦。這位西班牙人名叫麥克・塞爾維特⑪，他像喀爾文一樣，也是一位流亡人士。塞爾維特認為，《聖經》中找不出一段文字可以佐證教會傳統的三位一體神學概念；他已經遭到教皇的宗教裁判所定罪，罪名是異端邪說。喀爾文認爲他責無旁貸：必須將塞爾維特處死。雖然喀爾文希望處以砍頭等較憐憫的刑罰，日內瓦當局還是將塞爾維特綁在樁上燒死。就這樣，喀爾文確立了一件事：在代表主流傳統基督教教義方面，新教與天主教一樣，爲維護傳統而絕不手軟。

爲示言行一致，喀爾文寫了一本他稱爲《基督教建制》（*Institution of the Christian Religion*）、一般稱爲《建制》（*Institutes*）的教義教材，之後並加以反覆修訂。寫這本書的用意，在於爲宗教改革運動建立天主教的地位：教皇既反對宗教改革，就是反基督，新教徒才是眞正的天主教徒。喀爾文以神的計畫的宿命論爲由（路德也如此認定，但未加以強調），說明宗教改革所以失敗的原因。如果如路德所說，救贖完全操控在神的手中，人的一切作爲全屬徒勞，則根據邏輯推論，神應該會就個別的救贖做成決定，而不考慮個別人的一生事蹟。神會決定救贖一些人，以邏輯推斷，也會決定爲一些人定罪。神的宿命安排因此具有雙重意義。不聽《聖經》訓示、不根據《聖經》行動的人，顯然會遭定罪。因宗

⑪ 譯注：Michael Servetus，一五一一？～一五五三，西班牙醫師、神學家。一五三一年發表《論三位一體論的謬誤》攻擊正統教義，並指出，道是永恆的，道是上帝自我表現的形式：聖靈則是作用於人心的上帝的運動、上帝的力量：聖子是永恆的道與凡人耶穌的結合。一五四六年把他的觀點加以充實，寫成《恢復基督教義的本來面目》，將手稿送交法蘭西宗教改革家喀爾文。該文經過改寫於一五五三年在維埃納祕密印行一千份。

教改革訊息未能完全成眞而造成的失望，因這項宿命論而稍減。好消息是，神的選民不可能不獲救贖。選民論變得更加重要，也愈發令喀爾文派信徒歡欣鼓舞。

在良知上，喀爾文走的是改革派中間路線。瑞士與路德派信徒之間，因聖餐意義何在的問題而出現的分裂，令喀爾文哀傷，他於是根據馬丁・布塞爾在史特拉斯堡訂定的架構，爲這個問題提出他本人的解決方案。他的方案讓大多數瑞士人滿意，但奮力捍衛路德神學傳承的那些德國教會領袖不肯買帳：他們像教皇本人一樣，堅持聖餐中的麵包與酒，呈現的是基督的肉與血。就這樣，喀爾文團結新教、一致對抗羅馬的嘗試，最後頗具反諷意味地，反而導致新教更深的分裂。路德的忠實信徒逐漸將新教運動推向北歐，包括北德與斯堪地納維亞半島。在其他地區，喀爾文的《建制》憑藉令人折服、強有力的立論，使各式各樣教會感到路德的改革作得不夠徹底。其他重要神學家也與喀爾文站在同一陣線，討伐強硬派的路德派信徒。這些神學家包括流亡波蘭主教詹・拉斯基（Jan Laski），曾是義大利明星佈道家的彼得・馬提・佛米格利（Peter Martyr Vermigli），魅力十足的浪遊客史考特・約翰・諾克斯（Scot John Knox）等等，他們往往對這種分裂表示遺憾，但也認爲他們別無其他選擇。經由一些較謹慎的過程，成立較久的瑞士新教教會，也與喀爾文派聯手。所有這些社團，就此在路德派以外，建立了第二個新教認同：改革教派。在十六世紀中葉，使宗教改革運動走出猶豫與失望陰霾的，就是這些改革派基督徒。路德派仍然在說德語的斯堪地納維亞文化中靜止；改革派基督宗教則在極富多樣性的語言族群與社區中，廣爲傳揚。

宗教戰爭：一五五三～一五七〇年

在主政者宗教改革的推廣過程中，喀爾文教派特別顯示了一種新的好戰與叛逆的精神。喀爾文受路德啓發甚多，像路德一樣，他也是標榜《羅馬書》第十三章第一節所示順服的神學家。但在日內瓦建立他的教會之際，喀爾文刻意使教會結構與日內瓦既有城市當局有所區隔，他在這方面比路德更加謹愼。他有明確意象，認定神的子民能爲自己做決定：他的教會有自己的主見，就像反對教皇的舊教會一樣，對世俗權力也同樣抗拒。這在日內瓦不是問題，因爲喀爾文已經在當地取得政治主控權，教會與國家大體上立場一致。但在其他地方，人們可能將喀爾文爲教會結構訂定的藍圖照單全收，而忽略了國家的意圖或法令。喀爾文於是警覺到，他倡導的成了一項強調軍事革命的運動，信徒們深受鼓舞，因爲他們相信，他們是神爲了對付反基督而揀選的大軍。

這些強調革命的改革派領導人，實際上往往是反叛國王而起事的貴族，而不是再洗禮教派那些卑微的信徒，他們的反叛行動也因此更加有效。貴族懂得駕御傳統忠誠，對有意在實質上搗毀舊教會的暴民，貴族對他們的毀滅性熱情也有一套控制之道：成群暴民雲集，決心對反基督宣戰，他們用易於上口的流行歌曲調，高聲唱著大衛詩篇，搗毀教堂的彩色玻璃窗，推倒雕像。這效應極爲驚人。在喀爾文有生之年，法國的改革派新教徒展開對法王的挑戰，法王在打了五十年仗之後，才將動亂弭平。其他改革派活躍份子在深感受辱之餘，將蘇格蘭的天主教女王趕下寶座，他們在北荷蘭推翻天主教西班牙的統治，他們以好戰手段讓東歐土耳其人既害怕又困惑。儘管信奉新教的英國女王伊麗莎白（她在神學觀點上，幾乎與她的父親亨利王一樣執著）對改革派抱持敵意，但英國國教仍深受改革派虔敬的風格影響。

拜改革派所賜，到一五七〇年，歐洲分裂的現象愈加顯著。一五七〇年左右出現在歐洲各地的一連串個別政治危機，使情勢在北方有利於新教徒，在南方有利於天主教徒。基督徒被迫做出決定，或至少是，他們的統治者迫使他們接受統治者所作的決定。他們必須遵奉的，是哪些教條？是奧格斯堡的告解（Confession），與路德派的協議規約（Formula of Concord）？是海德堡的教理問答（Catechism）與改革派的其他告解？還是特倫托會議發表的教令（Decrees）？歷史學者為這項過程加了一個雖不討喜、但或許不得不然的術語標籤，稱它為「告解化」；換言之，就是為個別教會（這些教會過去在自我認知上，採取較具彈性的作法，也不曾為他們本身追求各別的認同）建立固定的認同與信仰系統⑫。告解化代表重建統一拉丁教會的努力已告失敗。

一五七〇年以後，出現於北方與南方的兩極化故事，可以用西班牙帝國兩支海軍艦隊的命運作為代表：一支艦隊戰績輝煌，另一支被毀。西班牙地中海艦隊一五七一年在勒班陀（Lepanto）擊敗土耳其艦隊：這是伊斯蘭教勢力在向西歐擴張的過程中，最具決定性的一次重挫。在北方，西班牙另一支艦隊於一五八八年在英倫海峽遭遇英女王伊麗莎白的海軍，因戰術錯誤而落於下風，又遭北海與大西洋的風暴打散，羅馬天主教征服新教英國的夢想於是永遠幻滅。之後的問題，在於這兩半歐洲的確切邊界究竟在哪裡，因爲天主教哈布斯堡王朝的勢力遙跨北歐與南歐。十六世紀中葉的戰端，最後導致天主教與新教在一五五五年的停戰協議，並反映了當年的現實：與天主教作戰的新教徒，大體上都是路德派信徒，使劃界的問題更加嚴重。十六世紀末，作爲第三勢力的改革派崛起，他們的會眾基礎往往是從路德派出走的基督徒。改革派在一五五五年的協議中沒有任何地位。這種不安終於醸成一六一八年全歐洲的大戰。歷經三十年戰火，疲憊不堪、滿目瘡痍的歐洲，才終於建立一種宗教邊界，並且大體上延續至今。

在南歐，活力重振的老教會，與哈布斯堡王朝幾位統治者結盟，往往有人稱這股勢力爲「反宗教改革」勢力，或許，稱它爲「天主教改革」會更加妥切。在這個世紀結束時，西班牙哈布斯堡王朝成爲第一個世界性強權，其勢力除澳大拉西亞⑬以外，遍及各洲。拉

---

⑫關於告解，參見 H. Schilling, *Religion, Political Culture and the Emergence of Early Modern Society* (Leiden: Brill, 1992); 至於文本，請參見 M. A. Noll (ed.), *Confessions and Catechisms of the Reformation* (Leicester: Apollos, 1991).

⑬譯注：Australasia，澳大利亞以及塔斯馬尼亞諸島、紐西蘭、新幾內亞（包括新不列顛）、新喀里多尼亞、萬那杜等地的合稱，常用以指赤道以南、南緯四十七度以北的大洋洲所屬地區。

丁基督宗教透過在美洲、亞洲、與非洲的天主教傳教活動，向全球展開的第一次大規模宣教於是出現。在這段期間，新教徒猶爲認同問題而苦苦掙扎，無暇顧及跨向界外宣教的事。天主教各個教派，以及獨樹一幟的耶穌會，成爲羅馬天主教傳教的先鋒，特別是在遠東，他們的宣教更超越了西班牙帝國軍事力量的界線。在遠東，這些傳教士必須在沒有高壓政治支援下，宣揚基督宗教，而他們宣教的對象，又是擁有悠久文化背景、信仰精深度不下於他們的當地人民。這些人民自會質疑，這種來自歐洲的宗教，對他們究竟有什麼好處。今天，全球各地基督徒在對外宣教時，都會面對的問題是：基督徒對基督宗教教義作何解釋？基督宗教有多少部分，反映的是特定時代形成的特定態度？它的聖經訊息，在傳向另有其他聖經的其他文化時，收效又如何？而首先面對這些問題的，正是羅馬教會。這些問題撼動了歐洲基督徒在亞洲建立的第一批教會，不同傳教士提出的解答也不同。在一開始，比較保守的答案獲得當局贊同，這些在亞洲的教會也變得比較故步自封。問題並沒有解決。

就這樣，歐洲在十七世紀之初，成爲一個分裂得很深的社會。不僅羅馬天主教與新教，路德派與改革派之間也出現分裂。英國國教同樣令人看得一頭霧水：它究竟是改革派世界的一部分，還是如少數國教信徒所說，它是一種獨特的、比較傾向傳統天主教的教會？英國國教的這種認同衝突，是英倫三島在一六四二年爆發內戰的主因之一：在這場內戰中，新教徒與新教徒作戰，以決定英國宗教未來的型態。就短程而言，約翰．喀爾文的信徒獲勝；他們在一六四九年砍下英王查爾斯一世的頭，將喀爾文派強調抵抗的神學理論發揮到極致。但由於對英國人民而言，他們的政權過於嚴肅，過於拘謹，也由於他們找不到一個可以取代王室、獲得人民愛戴的當局，他們最後終於失敗。英國共和政體（Commonwealth）與奧立佛・克倫威爾（Oliver Cromwell）廢止聖誕節，拆毀五月柱（慶祝五朔節時所立、飾有花及彩條之柱）。英國人民拒絕在聖誕節開店營業，最後，他們迎回查爾斯二世，重新立起五月柱。查爾斯重建的英國國教，就改革派氣勢而言，顯然遠非戰前舊觀。英國國教經過這場英倫三島二十年內戰的洗禮，於是有了新認同，貼上了盎格魯國教（Anglicanism）的標籤：它既與改革派、也與羅馬保持距離，而且準備承受這種模稜兩可帶來的後果。

任何在一六〇〇年訪問歐洲的人，都能清晰見到它的分裂。時光本身的逝去，在歐洲不同地區有不同的意義。排斥聖徒權力的新教社會，研製出一種沒有聖徒日的新年曆；假日不再是紀念聖徒的聖日，而成爲新教節慶。在英國，新教傳承、每年一度的烽火節，仍然提醒英國人，不忘他們當年曾擊敗西班牙艦隊，讓羅馬天主教推翻英王與國會的計謀無法得逞。相形之下，忠於羅馬的歐洲，又找了一些新聖徒與新節慶，以強調對天主教的忠誠。羅馬天主教會的禮拜儀式，變得更加燦爛，更加突顯這個上帝教會的權力與富麗堂皇，與當時強調假日齋戒的社會尤顯格格不入。當教皇格列高利八世在一五八二年十月十五日改革曆法時，儘管這是一項遲來的科學匡正行動，但新教認爲它是邪惡教皇的又一項陰謀，而不予理會。於是，歐洲的時鐘與日曆這時也分家了。羅馬在曆法改革上雖做了正確的決定，在伽利略事件上，卻犯下嚴重的科學錯誤。伽利略發現地球繞著太陽運轉，而非太陽繞地而轉，但羅馬當局強迫他否定自己這項發現，因為羅馬教會作為知識泉源的權威，因此一發現而遭到挑戰。

但應該指出的是，新教教會對這項新科學觀察的懷疑，不下於天主教會。因為羅馬教會與主政者改革教會之間，類同之處甚多。無論在《聖經》詮釋上有多少歧見，雙方都以《聖經》的宣示做為基督宗教教義基礎。挑戰這類終極權威的人，如激進派基督徒或伽利略，會發現自己在教會眼中成為神的敵人。同樣的，在天主教與新教競相創建道德社會的情況下，在宗教改革雙方，歐洲都成為一種嚴厲規範的新社會。伊拉斯謨斯向歐洲君王，提出大哉之問：「國家如果不是一座大修道院，又是什麼？」⑭他要求統治者將權力深植人民生活之中，要求教士為統治者提供一切支援。當新教將舊修道院集體關閉時，伊拉斯謨斯提出的這個問題愈形緊迫。雙方都著手拆除妓院（妓院經中世紀教會認可，作為社會的一種安全閥門），都加緊壓制男同性戀。除馬丁·路德與西班牙宗教裁判所（這是一種奇怪的組合）之外，雙方都鼓勵對所謂女巫，即所謂魔鬼爪牙的迫害。大批處決罪女巫的事件，在宗教改革時代第一次出現。雙方都懷疑、蔑視其他宗教，不過新教徒比較傾向於容忍猶太教，因為他們發現猶太教聖經理論是對付天主教的利器。

現代歐洲社會的人，很難理解宗教改革之爭對十六世紀人們有多重要。當時的歐洲人，何以只因在麵包與酒是否或如何轉為聖體的問題上，只因在有關耶穌基督神性與人性的問題上，與對方意見不合，就決心相互燒殺、迫害？這是我們必須瞭解的問題。在探討這類問題時，我們絕不能抱持一種知識或情緒優越性的態度。二十世紀的歐洲，正因為新世俗意識型態優越感作祟而導致血腥暴行，特別有鑒於此，我們尤應愼之戒之。焦慮與一種不完美的意識，似乎是人類本性，無論教徒或非教徒皆然。古人針對這些人類苦痛提出的解決之道，在今人看來或許不合理，但它們值得我們尊重，值得我們嘗試理解。如果不能瞭解宗教改革的究裡，我們可能也提不出一個更進一步的問題。拉丁基督宗教的後裔信眾，何以自我走出傳統信仰系統的束縛，而在世界文化中獨樹一幟？啓蒙運動如何從馬丁·路德的精神苦難，與他對奧古斯丁傳承的沉思中應運而生？不過這個問題要留待下一章、由其他人來解答了。

（本文作者為牛津大學教會史教授）

⑭ *Opus Epistolarum Des. Erasmi Roterodami*. Ed. Percy S. Allen, H.M. Allen and Heathcote W. Garrod (12 vols., Oxford 1906-58), 3, p. 376, l. 560: 'quid aliud est civitas quam magnum monasterium?' 我很感謝詹姆斯·伊斯特教授（Professor James Estes）提醒我注意到這個地方。

第七章

十七世紀末與十八世紀

珍・蕭

劍橋神學教授唐・庫匹特（Don Cupitt），在他的一九八四年英國國家廣播公司（BBC）系列講座，以及同時發表的書《信仰之海》（*The Sea of Faith*）中，想向世人證明「世俗化進程的緩慢，科學，以及之後《聖經》與歷史性批判的衝擊，更趨向於人本核心的展望轉型，與其他信仰的遭遇，最後還有至今尚未完成的、邁入現代的驚人轉型」，對基督教教義的影響。他為這些出現在十八世紀、出現在啓蒙運動期間的知識與社會運動找出根源。庫匹特認為，啓蒙運動的批判性思考，對「基督宗教超自然教條」的衝擊「非常嚴重」；他說，「從此以後，神學家一直設法療傷止痛，但他們自己也承認效果有限」。因此，對啓蒙運動繼承人、傑出學者庫匹特而言，我們如何走到今天這個地步的理由很簡單：啓蒙運動那些重批判的思想家，使我們得以從過去的迷信中解脫。也因此，舉例言之，現在在思考中世紀與近代神權概念時，「我們必然察覺到，當年人們對神的萬能，竟有如此幼稚的幻想」①。經過啓蒙運動的解放，加以對我們本身進度的充滿信心，我們可以邁步向前，相信庫匹特心目中那種非現實主義的神。

諸位今天來到這裡，聽我在「我們如何來到現在這個地步」系列講演中，談十七世紀末與十八世紀；在座有些人、甚至許多人可能認為，我會談科學革命，談法國哲學的懷疑論，談上教堂人數的不斷遞減，談法國革命中至少有一些人展現了激進派無神論政治，或許我會採取一種就歷史角度而言，略有不同的路線，但用意仍在於獲致與唐・庫匹特類同的結論。但二、三十年來，有關這段時期的歷史研究，已使我們對所謂「啓蒙」運動的認知大幅改變。研究科學、醫藥、性、種族、理念、社會、文化，以及政治與宗教的歷史學者，仍然認爲十八世紀是一個重要的轉捩點，認爲西方在這段期間改弦易轍，邁入現代，但他們同時也表示，這個轉型故事並非我們過去想像的那麼簡單，也並非所有情節都那麼甜美、光明。較新的學術研究將啓蒙運動過程中更廣的參與族群納入考量，從而揭發這項運動中許多不爲人知的一面。這些族群包括平民百姓與社會精英，包括非洲人與歐洲白人，包括女人與男人，包括那些參與宗教活動、而不是撰寫宗教理論的人。

這些新學術研究，使我們對十七世紀末期與十八世紀的基督宗教史，從而對啓蒙運動對今天基督宗教世界的影響，產生不同思考；我希望能略加列舉、說明，讓在座諸位對這種新學術有所認識。特別是，我計畫將這篇演說的重點，集中在英國（它與歐洲其他地區，以及與全世界的關係）與美國，我希望這麼做的理由，能在演說過程中逐一明朗。

法國哲人和沙龍的影響

蔚爲主流的啓蒙運動模式，其實植基於法國境內事物發展的方式；「啓蒙運動」一詞，大體上與法國，以及伏爾泰②、狄德羅③與孟德斯鳩等法國所謂革命哲人（philosophes）

①Don Cupitt, *The Sea of Faith, Christianity in Change* (London: BBC, 1984), 7,9,10.

②譯注：Voltaire，一六九四～一七七八，法國作家，十八世紀歐洲啓蒙運動主導人物，本名阿魯埃（F. M. Arouet）。

的作品有關。這些革命哲人的理念，代表一種精英的、懷疑的世界觀。在他們眼中，理性的人才是宇宙中心。他們有些人認爲，宇宙是一個如鐘錶般運作、井然有序的大世界，由天國的鐘錶巧匠創造；還有人認爲宇宙純爲物質，由永恆的事自生，與所謂神完全無涉。對這許多哲人而言，基督宗教的教義不過是胡言亂語，教會不過是一種欺壓人的機構。伏爾泰就這麼寫道，「宗教機構存在的唯一目的，就在於讓人保持安份，讓人憑藉德行獲得神的福賜。宗教中的一切事物，若不能以此爲目標，都必須視爲異類，或視爲危險。」

許多法國革命哲人，特別是伏爾泰，都提倡宗教容忍，都強調他們會抨擊任何形式的宗教偏頗。但實際上，他們所謂宗教容忍，指的是一種容忍自由思考、容忍他們認可的任何理性宗教形式的意願：任何形式的基督宗教，只要經他們視爲非理性，他們會立即譴責，羅馬天主教尤其首當其衝。啓蒙運動的時空背景，多少說明了這些哲人的態度。誠如麥庫洛克教授所說，宗教改革辯論在歐洲許多地區引發長期而慘痛的流血事件，而法國國王對羅馬天主教的死忠，意味宗教在法國成爲一種絕對獨裁，路易十四在一六八五年的廢除南特詔書（Edict of Nantes，宣示對法國新教徒的容忍），更使情況變本加厲。

我們於是可以找出唐·庫匹特所舉的啓蒙運動模式：它出現在十八世紀法國的沙龍，呈現於哲人（即法國受過高等教育的精英階級）的著作之中。它是新科學與哲學理念，以及老舊過時的宗教兩者之間的大對決。不過，儘管這種法國模式果然能說明法國的情況，我們用這種模式，卻無法瞭解當年歐洲其他各地，或甚至更遠的角落對基督宗教的態度。

而許多年來，歷史學者一直誤導我們，讓我們相信法國模式也適用其他各地。

英國公共範疇之興起

爲求對比，也爲了提出一種不同的「啓蒙運動」模式，我們將目光轉向英國，因爲現在一般同意，「啓蒙運動」首先出現在英國，它的內容涉及我們經常稱爲「科學革命」的知識脈動，涉及洛克④這類哲學家的作品，涉及出現在新興公共範疇中的自由討論與理念示範。是的，我們很可以將笛卡爾「我思故我在」的理性哲學，視爲啓蒙運動思想的基礎。但在笛卡爾的作品在祖國法國引起重視的同時，甚至在此以前，他的融入英國哲學與文化已經形成爭議。

在一六四〇與一六五〇年代、內戰與英國共和政體那段時而艱辛的歲月，牛津、劍橋與其他地區的學者，爲響應哲學發展而集會討論。在劍橋，笛卡爾作品的英譯引起激烈的哲學辯論。在牛津，佔得上風的是機械自然哲學：當時羅伯·波以耳（Robert Boyle）與羅伯·胡克（Robert Hooke）發明打氣筒，這是一種進行新實驗所需的典型裝備，也因此

③譯注：Denis Diderot，一七一三～一七八四，法國文學家、哲學家，由於主編《百科全書》並在哲學、倫理學、戲劇及美學理論、文藝批評、小說、科學思辨及政治學諸領域作出傑出貢獻而成爲啓蒙時期的巨人。一七四六年發表第一部作品《哲學思想錄》，對基督宗教進行無情的攻擊。

④譯注：John Locke，一六三二～一七〇四，英國經驗主義哲學家。

成為造就「確實」科學知識的核心法門。但根據科學革命的說法，知識往往是個別科學實驗家與思想家的產品；而在劍橋、牛津的這些知識，不只是個別實驗家與思想家的產品而已，它是公共知識，所有表示有興趣的人都可以加入辯論、討論，做有關示範。我想，波以耳很可能多次在女王巷（Queen's Lane）的牛津咖啡館（成立於一六五四年）示範他的打氣筒。那是一個科學、宗教和哲學相互關聯的世界，如果想一窺這個世界，想瞭解科學方法如何發明、如何開始運用，諸位不妨閱讀伊安．皮爾斯（Iain Pears）一九九七年極精彩、極富想像力的小說《指標的實例》（*An Instance of the Fingerpost*），這本書的背景就是一六五〇年代的牛津。

十七世紀末期的英國，見證了公共範疇的崛起；對於這種自由、公開討論理念的作法，我想，在座每一位都會視為理所當然。這種公共範疇透過新媒體的發展，應運而生。所謂新媒體，指的是廉價印刷文化、咖啡館、公園、可以借書的圖書館，以及皇家學會（Royal Society）這類機構。皇家學會在一六六二年通過皇家章程（Royal Charter）而成立，前身就是前文所述、一六五〇年代學者們在大學的那些集會。皇家學會於是成為歐美學者網路的重心，這些學者透過學會發行的《學會紀錄》（*Transactions*），可以相互討論彼此的構想與實驗。形形色色的新媒體，擴充了溝通與辯論的傳統手段（例如講壇與集會場所）。只要政治氣氛合適，它們原可以在任何地方發展，但剛掙脫內戰亂局、渴望注入新活力的英國，首先為它們創造了環境。

由於英國因應宗教、容忍與政治問題所採的方式使然，公共範疇也首先出現在英國。在造成情緒性與政治性重創的內戰期間，無數新的新教教派成立，每個教派都強調各自的主權。內戰結束後，宗教容忍與和平成為英國的主流意願，約翰．洛克在有關容忍的著述中，對此有詳盡描繪。此外，查爾斯二世，更精確地說，詹姆斯二世的信奉羅馬天主教，也引起英人恐懼，擔心法王路易十四在海峽對岸推動的專制作法，也會在英國出現。英國領導人於是為達成一種憲政解決而鋪路，卒導致所謂「光榮革命」。在這場革命中，來自荷蘭、信奉新教的威廉⑤，與他的英籍妻子瑪麗，在不流血政變中登基。這項憲政解決，在王權、國會與教會三者之間求得平衡，並保障了言論自由與宗教容忍（但只是有限度的容忍）。這些都是十八世紀許多法國革命哲人夢寐以求的事，但它們首先出現在英國，英國還造就一批哲人，影響、塑造了法國啓蒙運動思想。法國革命哲人發現，洛克所提、一切知識皆以觀察與經驗為本的理念，讓他們反覆爭辯；他們還發現，在抨擊教會的聖潔性或基督宗教的腐化時，他們引用的往往是約翰．托蘭德⑥這類激進派英國自然神論者

⑤譯注：William of Orange，一六五〇～一七〇二，尼德蘭聯省共和國執政（一六七二～一七〇二，稱威廉三世），以及英國國王（一六八九～一七〇二），與女王瑪麗二世共治到一六九四年她過世。他曾指揮歐洲大陸反對法王路易十四世，並在大不列顛確保了新教和議會的勝利。

⑥譯注：John Toland，一六七〇～一七二二，引起爭論的自由思想家。他的唯理論哲學和政治著作使他在英國宮廷成為一名受寵信的官員，並迫使教會歷史學家認眞考慮有關《聖經》正典的問題。

（deists）的作品。

科學與宗教之互動

也因此，時下的歷史思考認爲，早期啓蒙運動出現在英國，它由宗教辯論與理念應運而生，也從事這類辯論活動。科學與宗教並不對立：皇家學會的會員中就有許多教士，而且大多數會員也都同意，對大自然的觀察有助於宗教眞理的發掘，還能確立正確的宗教信念與作法。或許，英國啓蒙運動的國內色彩也比較濃厚，它的對象是一般人民與他們的宗教作法。我用一個故事來說明這幾點。

一六九三年十一月二十六日傍晚時分，住在倫敦的十三歲女孩瑪麗・梅拉（Marie Maillard）在讀《聖經》時，跛腳在瞬間不藥而癒。這天白天，她在走路回家時，還曾遭當地頑童嘲弄，並向她丟土，令她爲自己的跛腳懊惱不已。她吃完晚餐，讀著《馬可福音》第二章，耶穌治癒癱子的那段經文，突然她的大腿骨響了一聲，「就在同一刻，我也開口說，夫人，我痊癒了」。她來回雀躍著，向羅蘭夫人（Madame Laulan，與梅拉住在一起的一位法國貴婦）顯示她挺得很直的背脊，還有這時兩邊已經對稱的臀部。梅拉是新教徒，她與家人爲逃避迫害，在一六八九年從法國來到倫敦。她天生就是跛腳，因爲一個腫瘤使得她走路時傾向一邊。新教幾位名醫都說她已經不可能痊癒。

這是個動人的故事，說明曾將神蹟拋在一邊、認爲那是「天主教玩藝兒」的新教徒，在宗教改革一百五十年以後，又開始接受神蹟的可能性。事實上，這次事件在閱讀《聖經》時發生，而且沒有任何可疑的中間人物介入，我們很可以稱它是一次完美的新教神蹟。消息傳開以後，至少有三位住在倫敦的婦女（兩位是浸信派，一位是國教派）因受梅拉的鼓舞，也決定讀《聖經》，希望奇蹟也能降在自己身上。結果是，三位婦女都說，她們顯然無可救藥的病（分別是癱瘓、跛腳以及一種惱人的皮膚病）都奇蹟一般痊癒。

不過，如果觀察梅拉事件造成的更廣泛的反響，我們能找到一套事例，說明十七世紀末英國科學與宗教、醫藥與政治之間的種種關係。因爲梅拉不僅鼓舞了另幾位較低層的新教婦女起而效尤，她還引起女王、至少三位國教著名主教、倫敦市長，以及詹姆斯・韋伍德（James Wellwood）等醫生的注意。韋伍德是皇家外科醫生學會會員，他對這件案例發表的談話，向我們透露了科學與宗教在英國啓蒙運動初期的一些互動。韋伍德說，「我坦承，這件（治癒的）案例有一些我不很瞭解的事，如果有人認爲它歸因於一種高於或超脫自然之道的因素，我也不會生氣。」事實上，他將這件案例視爲一種科學與宗教的神祕。「如果情況果如所述，如果它確實是奇蹟，則上帝爲什麼要行這項奇蹟？（我既永遠無法判定）我必須承認……如果我不知道有關大自然的一切神祕，我對造物者的祕密所知就更加少之又少了。」⑦對這件案例感到興趣的幾位主教，也表示同意：奇蹟仍有可能出現，

⑦ 'Letter of Dr. Wellwood' in *An Exact Relation of the Wonderful Cure of Mary Maillar* (London, 1730), 44-5.

但新科學也明白顯示，完整而適當的證據總是有其必要的。之後，關注梅拉案的人，檢驗了她治癒了的身體，還向所有在事件發生前後都認識梅拉的人，蒐集大批證供。有關奇蹟的適當證據確實至關重要，但如果奇蹟的眞實性果獲這些證據「驗證」，但奇蹟仍然遭到否定，則懷疑論與非宗教論的危險性出現，而這些危險，與照單全收一切宗教現象所展現的「狂熱」與「迷信」（套用現代語言），危害一樣重大。對我們大多數人而言，如果在觀察十八世紀人們對奇蹟的態度時，我們運用的「試金石」是大衛．休姆⑧極端懷疑論的作法（他著有《有關奇蹟》〔*Of Miracles*〕一書，一七四八年出版），我們應該記住，休姆在一場冗長的、有關奇蹟的辯論尾聲中提出這個立場，它不代表辯論中的主要立場，它代表的，正是大多數「理性」英國國教與非傳統派信徒所擔心的「非宗教論」。主教與醫生在梅拉案採取的立場不足爲奇。他們的作法，與皇家學會許多會員在十七世紀末與十八世紀採行的如出一轍。皇家學會會員，當年爲了結合新哲學與基督宗教核心教義，並且運用科學方法「檢驗」一切引起爭議的現象（例如奇蹟），就曾經這麼做過。在梅拉一案中，主教與醫生的任務，正是在新教徒與自然神論者（我在下文對他們還有補充說明）這類激進派哲人的懷疑論之間，取其中道而行。新教徒的宗教熱忱過於激昂，過於情緒，也過於偏執己見，而激進派哲人的自由思考，則爲人視爲對教會的一項威脅。如果盎格魯式的啓蒙運動果然存在，它有如下標榜：信仰必須經得起公開、理性、而科學的檢驗⑨。

我們見到，時下許多有關宗教與科學的項目，採取的正是這種作法。坦波頓基金會

（Templeton Foundation）刻正在一家美國醫院進行的祈禱效果的研究，就是一例。這項研究以一千二百位動心臟手術的病患爲例證，羅素・史坦納（Russell Stannard）在近作《上帝實驗》（*The God Experiment*）中，對此有詳述⑩。其中有些病患獲得祈禱，而且也知道有人在爲他們祈禱；有些病患獲得祈禱，但不知道有人在爲他們祈禱；還有些病患未獲祈禱，至少未獲特別禱告團隊的祈禱。這項實驗對我們而言很有意義，因爲啓蒙時代英國對宗教與科學關係的主流態度，在這項實驗的作法中具體體現。或許在十九與二十世紀的許多領域，科學與宗教之間都出現嚴重分歧，但現在從事科學與宗教工作的學者，似乎又呈現結合這兩種學科的趨勢。而在十七世紀末與十八世紀，這兩種學科是學者必修的課題。

宗教崇拜活動

我現在要將話題轉到精神與宗教崇拜，因爲瑪麗・梅拉在這個故事中的《聖經》閱

⑧譯注：David Hume，亦譯休謨，一七一一～一七七六，蘇格蘭哲學家和歷史學家。一七三四年寫出他的傑作《人性論》（一七三九～四〇）。以英格蘭物理學家牛頓爵士的科學方法爲典範，並以英格蘭哲學家洛克的認識論爲基礎，試圖描繪心靈是如何獲得知識的，並得出結論：不可能有關於實在的理論，也不存在關於超越經驗之外的任何事物的知識。

⑨關於梅拉故事的進一步探討，請參見我的作品 *Miracles in Enlightenment England* (Yale University Press 即將出版)。

⑩ Russell Stannard, *The God Experiment* (London: Faber, 1999), 特別是第一章。

讀，引起虔誠禮拜的議題。在人們眼中，十八世紀一直不是一個特重宗教虔誠的時代。當我在一九八○年代計畫以十八世紀英國基督宗教爲題，撰寫博士論文時，許多人表示訝異：在那段時期，哪有什麼値得寫的宗教崇拜活動？答案是，値得寫的題材很多，包括英國境內的，跨越各教派的，還有其他各地等等。近年來的研究顯示，十九世紀教會與福音歷史學者，爲突顯他們本身創意，而對十八世紀刻意貶抑，過去有關十八世紀英國教會生活的印象，例如教堂門可羅雀、牧師無精打采、祈禱文味同嚼蠟等等，與事實並不相符。十八世紀教會仍是教區認同的焦點，誠如一位觀察家所述，「全體村民擺出最好的臉孔，展現出最潔淨的習慣，聚集在一起」，它仍是社會的重心。支撐著這種全社區性公開儀式的，是家庭禮拜與私下的聖經閱讀。佈道選集，如羅伯·奈爾森（Robert Nelson）所著《英國國教喜慶與齋戒手冊》（*A Companion for the Festivals and Fasts of the Church of England*，在整個十八世紀再版了無數次），以及其他以共禱書爲基調的書籍，都持續暢銷。務實的基督宗教成爲主流，慈善與義行，基督宗教知識的傳揚，以及嚴厲的道德標準成爲信徒生活的重心。在有些基督徒心目中，美德寓於慈悲善行之中，而不在於有關罪惡、悔悟與基督代禱的任何特定神學信念。

十八世紀中葉美以美教派的復甦，常爲人視爲針對遲鈍、無效的英國國教，而出現的一種反動。毫無疑問，約翰·衛斯理⑪與他的同道，透過有關救贖的佈道，在合理而務實的基督宗教未見蹤影之處獲取了人心。他們善於在新擴的都會與工業化地區進取，因爲英國國教在這些地區建立的教區教會還過少。他們在傳播福音時，也願意運用不尋常的方法，例如露天佈道，以及女性教士特別在行的逐門逐戶式的傳福音。但儘管如此，這種復甦並不是因爲英國國教停滯不前而有的一種反動，因爲再怎麼說，衛斯理與他的信眾採用的許多作法，包括宗教社團、唱詩與嚴格的道德紀律等等，都直接取材自英國國教（衛斯理終其一生一直是國教成員，直到他去世以後，美以美才正式分裂）。也因此，十八世紀中葉美以美的正確定位，應該是泛歐洲、跨越大西洋的一項宗教復甦大環境的一環；這個大環境強調的是「心靈的宗教」，或感性虔信派。

無論羅馬天主教或新教，都於十七世紀與十八世紀初期，在歐洲各地發展出各式感性虔誠。一種道德標準極嚴厲的心靈教會，以詹森主義⑫爲名，崛起於十七世紀的法國；幾個羅馬天主教國家（法國、西班牙、與義大利）還出現一種更神祕的虔誠形式，稱爲寂靜主義⑬。對寂靜主義信徒而言，心靈在屬神的方面是完全被動的，人的一切活動都是與神溝通的阻礙。詹森主義與寂靜主義都因爲在宗教實務與心靈理論方面的創意，而與羅馬天主教起了衝突。另一方面，新教虔信派也以幾種有意義的方式發展著：十七世紀末的英

⑪譯注：John Wesley，一七〇三～一七九一，英國福音會教徒和衛斯理派創始人。

⑫譯注：Jansenism，天主教的非正統派別，主要於十七、十八世紀出現在法蘭西、低地國家和義大利。該派主要倡導人是先任盧萬大學神學家、後任伊普爾主教的詹森。他的觀點見於在他死後發表的《奧古斯丁論》（一六四〇）。

國，清教虔信派轉向感性與情緒，從班揚（Bunyan）的作品，與當時許多新教徒的心靈自傳中，就能見其一般。路德的虔信派也有了許多重大轉變，出現在摩拉維亞派（Moravians）的變化只是其中一環罷了。在摩拉維亞，主要人物是尼古拉．金曾道夫⑭，他強調信仰的經驗特性。經由這種方式，摩拉維亞派能夠淡化過去的宗教爭議，因爲個人現今的基督經驗才是重點所在。

就這樣，在十八世紀最初幾十年，西歐大多數宗教社團，都受到若干形式心靈宗教的影響，在許多個案中，還因心靈宗教而重現生機。這些心靈派強調，宗教不是腦子、而是心靈的事。美以美在英國的復甦，就得力於這種泛歐洲的現象。約翰與查爾斯．衛斯理，一七三五年以傳教士身分往訪北美的喬治亞，與摩拉維亞傳教士會晤。在一七三八年返回倫敦以後，兩人與倫敦摩拉維亞派取得聯繫，經驗到摩拉維亞派與其他虔信派信徒強調的那種赦罪保證。約翰．衛斯理在日記中，對他那次著名的奧德斯蓋特（Aldersgate）經驗，有如下記述：他感到「心田奇怪地暖和起來」，感到自己獲得保證，基督已經除去「我的罪惡，免我於罪與死之罰」。

宗教復甦在北美

宗教復甦也在北美出現，它也影響到美以美在英國的復甦，也受到美以美這項復甦的影響：約翰與查爾斯．衛斯理，以及喬治．懷特斐（George Whitefield），都曾以傳教士身分多次往訪北美，特別是懷特斐曾在北美進行多次旅行佈道。第一次大覺醒運動（Great Awakening）於十八世紀中葉襲捲整個殖民地。受到德國的虔信主義，新英格蘭、蘇格蘭，以及荷蘭的喀爾文主義，以及英國衛斯理亞美利安主義的影響，教義多樣化與國際接觸成爲這項復甦大潮的特性。「教士們彼此之間的私人書信，在大西洋兩岸的公開場合中閱讀，創造了一種『共同禱告會』，使一七四〇與一七五〇年代的復甦尤顯格外充滿活力。」⑮宗教復甦的作法包括巡迴佈道，巡迴佈道以心靈爲訴求，將人們關心的生與死的問題控制在宗教實務上，並運用人們對奇蹟與超自然干預的渴望。在二十世紀末期的北美盛極一時的電視佈道，很可能源出於提南（Tennent）兄弟這類十八世紀中葉佈道家的活動。

吉伯特、約翰和小威廉．提南三兄弟，是新澤西州費城長老會教士，都表示經歷過超自然的附體、異象與奇蹟，並且認定它們是神對人類事務直接干預的證據。吉伯特染上一

⑬譯注：Quietism，基督教靈修理論之一。謂純眞在於靈魂的無爲沉靜，人應當抑制個人的努力以便上帝充分施展作爲。此詞通常專指西班牙司鐸莫利諾斯（Miguel de Molinos）所倡導的理論。

⑭譯注：Nickolaus Zinzendorf，一七〇〇～一七六〇，是宗教改革家和社會改革家、德國虔敬派的重要人物。他特別關懷波希米亞和摩拉維亞逃來的難民，他們都是參加弟兄聯盟的教徒，因受迫害而離鄉背井。金曾道夫幫助他們在海爾亨特（Herrnhut）建成摩拉維亞派信徒聚居點。

⑮Jon Butler, *Awash in a Sea of Faith. Christianizing the American People* (Cambridge, MA: Harvard University Press, 1990), 179.

種惡疾，認爲自己能夠康復就好像《聖經》中拉撒路（Lazarus）的復生一樣。約翰在一場重病期間，懇求面見基督，結果果然獲得此一異象。小威廉在爲參加聖職考試而苦讀時患了重病，經宣布死亡之後，被放在一塊板上停了三天。他的喪禮也宣布了，但就在這時，他睜開眼睛，發出呻吟，逐漸康復。幾年以後，他夜半夢醒，發現一隻腳的腳趾全掉了，除了惡靈作祟以外，這事顯然找不到其他解釋。所有這些故事，不僅爲提南三兄弟的傳道，也爲大西洋兩岸無數宗教刊物提供了豐富的題材⑯。

這不是十八世紀美國唯一的宗教脈動。事實上，幾十年以後，美國立國先祖在發動美國革命、起草獨立宣言時，所採取的理性宗教立場，與它大不相同。受到英、法啓蒙運動哲學理念影響所致，十八世紀末期美國的重要人士，相當理想主義地認爲，若能結合理性與宗教思想與實務的自由（必須劃分教會與國家，才能獲得這種自由），就能確使理性的基督宗教精神佔得上風。美國第三任總統湯瑪斯．傑佛遜（Thomas Jefferson），在他的《維吉尼亞記事》（*Notes on Virginia*，一七八七年）中寫道：

> 理性與自由探討，是對付錯誤最有效的辦法。只需稍予管制，它們就能支撐眞宗教，並且將每一個僞宗教送上法庭，受它們的調查與考驗。它們是錯誤的天敵，而且只與錯誤爲敵。

他繼續寫道，「理性與實驗一直流於浮濫，錯誤也因此都能逍遙法外。需要政府支持的，是錯誤本身。眞理可以自明。」傑佛遜在一八〇三年寫給費城醫生兼政治領袖班哲明・魯斯（Benjamin Rush）時，稱自己反對的是「基督宗教的貪腐……但不是耶穌本身的眞正箴言。我是基督徒，不過只是耶穌希望世人做的那種基督徒」。班哲明・富蘭克林（Benjamin Franklin），一七九〇年在致耶魯大學校長艾茲拉・史泰斯（Ezra Stiles）的信中，也有類似的看法：「至於拿撒勒人耶穌，我認爲他留給我們的道德系統與宗教之佳，堪稱前無古人，後無來者；不過據我瞭解，這宗教已經出現各種腐化情事。」

傑佛遜與富蘭克林表示的，都是一百年前，英國自然神論者於一六九〇年代首先提出的一種概念。這種概念是，基督教會的建制，特別是頗遭物議的牧師，已經腐蝕了基督宗教，但一個人如果能發揮運用理性，就能在耶穌的道德教訓中，找出基督宗教眞正核心所在。在現實歷史中走了一遭的耶穌，能爲人生提供一種理性而道德的架構。這種概念將基督宗教萎縮爲一種道德系統，在精神或宗教崇拜面僅有極少訴求，或完全不具訴求。整個十八世紀，學者們都在推動這種學術性省思，特別是英國的學者，尤其力圖以一種歷史性與批判性作法詮釋聖經經文；這種作法當然導致十九世紀初期德國的歷史耶穌運動。對十八世紀一些人士而言，這種歷史性的耶穌未必是神。富蘭克林在寫給史泰斯的那封信中就

⑯強・布特勒在 *Awash in a Sea of Faith.* 第一八四至五頁中提及這些故事。

說，「與英國大多數異議派一樣，我也對他（耶穌）的神性有若干疑慮。」⑰富蘭克林指的，當然就是唯一神教派（Unitarian）。這個由異議人士組成的教派崛起於十八世紀英國，它的宗教與政治理念極度交織，從十八世紀末期威廉・戈德溫⑱與瑪麗・華斯東克拉夫⑲的激進著作中，即可見其一般。

傑佛遜與富蘭克林或許在政治與宗教自由的問題上，有一些很有道理的啓蒙運動理念，但這些理念未能將全體人民納入其中。自從以政治實體形式創建於十八世紀以來，有關認同與宗教的矛盾就一直是美國心腹之患。直到今天，標榜多元文化的美國迄無力解決這些矛盾。奴隸制更加突顯這些矛盾。構建於啓蒙運動理念之上的美國，有意將一個族群排斥在它所宣揚的自由與權利之外，這個族群是黑奴。美國早期的財富，主要靠的就是這些黑奴的勞力。美國人特別珍視移民、種族融爐的理想，但被強押到美國的黑奴，卻永遠無法成爲這種理想的一部分。也因此，他們的納入十八世紀美國基督宗教歷史，使這段原本號稱多樣化與容忍的歷史，憑添幾許複雜。

或許這種排斥黑奴的作法，原也不足爲奇。因爲在啓蒙運動哲學的心靈深處，藏有一種若隱若現的信念，認爲並非每個人都像其他人一樣有理性。有時這種觀念表達得很明確。大衛・休姆在一七四二年寫道，

我對黑人，總言之，對所有其他人種（大約有四或五類人種）頗感懷疑，我認爲他們

天生就比白人低一等。除了白人以外，其他人種從來沒有造就過一個文明國家，甚至連一位在行動或思想上有傑出成就的個人都沒有出現過。⑳

伊曼紐・肯特（Immanuel Kant），在一七六四年所著《美感與壯麗感觀察》（*Observations on the Feeling of the Beautiful and the Sublime*）一書中指出，他發現人種之間確有差異，書中並且引用休姆的話以示贊同。他寫道，有一個人「從頭到腳都很黑，很明顯的證明他說的都是些蠢話」。他還用自己對若干非洲宗教儀式的一知半解，驟下黑人劣等性的斷語。

⑰傑佛遜和富蘭克林的引言出自*The Portable Enlightenment Reader*, ed. Isaac Kramnick (Harmondsworth: Penguin, 1995), 160-1, 163, 167.

⑱譯注：William Godwin，一七五六～一八三六，英國社會哲學家、政治報刊的撰稿人、不信奉國教者。著文提出無神論、自由主義和個人自由，從而使他成為英國浪漫主義文學運動先驅。一七九七年戈德溫與瑪麗・華斯東克拉夫結婚，雪萊夫人（Mary Wollstonecraft Shelley）為其二人的女兒。

⑲譯注：Mary Wollstonecraft，一七五九～一七九七，英國作家，以熱誠爭取婦女平等的教育機會和社會地位而聞名。她的早期著作《論婦女教育》為其論婦女在社會中的地位的成熟作品《為女權辯護》的先聲。她的論點圍繞著教育方面的考慮，其中心思想是啓發婦女的才智。

⑳David Hume, Note 10 in 'Of National Characters' in *Essays Moral, Political and Literary* (1742) (Indianapolis, Liberty: 1987), 208.

這兩個人種之間竟有如此重大的差異，就心理能力以及就膚色而言，差距似乎也同樣重大。在他們（非洲人）之間極爲盛行的拜物教，或許是一種低俗得幾乎無以復加的偶像崇拜。一片鳥羽、一支牛角、一個貝殼，或任何其他尋常物件，只要經過隻字片語奉爲神聖，就能成爲崇拜的法器，宣誓的符咒。黑人非常自鳴得意，不過這種得意以一種黑奴的方式呈現，他們極愛糾集在一起說話，必須用鞭子抽打才能迫使他們分開。㉑

在美國奴隸制度下，黑奴確實在鞭打下被迫彼此分開，黑人宗教也遭到壓制。而這一切有相當部分，拜基督宗教要人順服的教誨所賜。耶魯大學著名歷史學家強・布特勒（Jon Butler），在對這段時期美國基督宗教的研究中指出，殖民地人士蓄奴比率愈來愈高的趨勢，與一六八〇年後基督教會勢力在殖民地的再興相互呼應。就這樣，基督教會與殖民地奴隸制度，以強有力的方式彼此塑造著。

一六八〇年後，基督宗教塑造了對十八世紀與後世美國社會影響至深的奴隸制度。經英國國教首創，之後又經長老派、浸信派，以及美以美派領導人的強力推動，教士們大談黑奴應絕對服從的農場主式倫理。

布特勒稱此爲一種「非洲精神大屠殺」，它「永遠毀滅了傳統非洲宗教系統」㉒。

白人牧師來到農場，宣揚使徒保羅有關奴隸應該順從主人的訓示。南方殖民地的英國國教教士，甚至提出一種概念，認爲基督宗教能使奴隸更盡責，更忠誠，因此做爲一種便宜之計，應該讓奴隸皈依基督宗教。如果非洲人同意「與我們有一樣的信仰與崇拜」，則黑奴也會「長存一種人文上一統的動機」。這些話出自湯瑪斯・塞克（Thomas Secker）一七四一年的福音傳播協會（Society for the Propagation of the Gospel，SPG）佈道；他確信「適當的」基督宗教教誨，能使黑奴放棄他們的背叛本能。在那次佈道中，他引用的經文是《馬可福音》第六章三十四節的一段話：「他們好像綿羊沒有牧人一樣，（耶穌）就開始教導他們許多事。」他爲這段經文所做的詮釋是，基督的主要意旨就在於部屬的順服。他說，這段福音告訴世人，無需「在人權上做任何變動……每個人都應該順服於他的處境，對外在環境完全不以爲意」[23]。塞克後來成爲坎特伯里大主教，人們給他的評語是「倡導容忍，大體言之有善意」的人[24]。

奴隸發展出來的基督宗教

如果我們想瞭解啓蒙運動的「容忍與善意」有其負面影響，我們也必須看清，基督宗

㉑ 引自 *Race and the Enlightenment, A Reader*, ed. Emmanuel Chukwudi Eze (Oxford: Blackwell, 1997), 55-6, 57.
㉒ Butler, *Awash in a Sea of Faith.*, 129-30.

教本身有各種途徑可以加以詮釋。奴隸擁有人擔心，基督宗教潛在的社會效益會使奴隸「盛氣」或「傲慢」，馬里蘭與維吉尼亞州議會於是向潛在的奴隸主保證，奴隸即使受洗，也不能免除爲主人提供苦役的責任。有些教士以本身獨特的方式解決這個問題。原爲法國新教、之後成爲英國國教教士的法蘭西斯·雷喬（Francis Le Jau），在南卡羅萊納州與英國農場主共事時，設計了一套洗禮儀式。在儀式舉行前，他把新古典聖雅各鵝溪（St James Goose Greek）教區教會（建於一七〇八年）中所有的奴隸聚在一起，要他們在受洗以前複誦一篇誓詞，說「你們不會要求這聖潔的洗禮，免除你們有生之年對主人應盡的職責與服從」㉕。

雷喬等人（至少在若干下意識層面上）發現，讓奴隸受洗成爲基督徒，是一種精神上的定時炸彈。這些白人牧師可以大事宣揚今生服從、來世就能獲得救贖，但這類控制永遠不可能全面。奴隸們一旦獲得基督宗教這個工具，他們會根據本身的瞭解詮釋這個宗教。沒多久，一個由奴隸組成的基督宗教地下教會出現，開始強調保羅的一些較具平等主義色彩的說法，例如《加拉太書》第三章二十八節所說，「不分猶太人、希臘人，不分奴隸、自由人，不分男的、女的；你們所有人跟基督耶穌團結，就都合爲一個人了。」它認爲，這段經文帶給奴隸們今生現世就能獲得解放的保證。透過口述傳統，奴隸靈歌，出埃及記的故事不斷傳誦著。聽到奴隸們邊工作邊唱歌，主人可能暗自竊喜，但如果聽出來他們唱的是什麼，這主人或許就沒那麼開心了：這些歌曲「充滿改變、先驗、終極正義、與個人價值的意識」，將非洲音樂與文化形式，與宣揚解放的基督宗教義結合在一起㉖。奴隸的學習閱讀與寫字都屬非法，但由奴隸本身組織的祕密晚間會議，使他們可以傳播他們自己的基督宗教，可以彼此教授基本文字技巧。

由奴隸發展出來的基督宗教熱情揚溢，充滿靈歌、音樂、舞蹈、與叫喊的表現形式。神降臨了，令人狂喜。簡言之，這個基督宗教絕對以基督化身爲主軸，以強烈的、個人與耶穌的關係爲基礎。當又一波福音傳播熱潮於一七八〇與一七九〇年代在美國發燒時，美國黑人，無分奴隸與自由人，以空前眾多的人數皈依基督宗教，也因此不足爲奇。這種黑人基督宗教談的不是倫理，或規則、義務；它談的是化身爲人的神，以及他允諾賜給信徒的自由。使眞正政治自由成其爲可能的，不是那種經過稀釋的基督宗教版本，不是富蘭克林、傑佛遜與其他美國立國先祖所宣揚的、顯然構築於耶穌道德律上的那種理性與倫理系統，而是這種具體的、講究人神化身的基督宗教。深植於這種黑人基督宗教核心的強烈而

㉓ 布特勒在他的 *Awash in a Sea of Faith.* 第一三九頁提及，我已經相當程度地引用了他對這些事物的解釋和描繪。

㉔ 這個描述可以在 *the Oxford Dictionary of the Christian Church* (2nd edn.)ed. F.L. Cross and E. A. Livingstone(Oxfrod: OxfrodUniversity Press, 1989)的「Secker」條目下查到。

㉕ Butler, *Awash in a Sea of Faith.*, 133, 140-41.

㉖ Lawrence W. Levine, 'Slave Songs and Slave Consciousness: An Exploration in Neglected Sources' in *African-American Religion. Interpretative Essays in Religion and Culture* (London and New York: Routledge, 1997), 76.

個人的精神感情，不僅鼓舞了美國黑人，讓他們在難以忍受的困境中存活，也爲他們帶來現時現地就能獲得解放的希望。耶穌如果能救你，他就能救你。

十八世紀末年，多個白人基督宗教教派與奴隸本身，在大西洋兩岸展開一場政治與宗教運動，要求廢止奴隸制度。白人與黑人基督徒，婦女與男子，奴隸與自由人，聯手組織廢奴隸協會，成立政治壓力團體，以終止奴隸交易，最後使奴隸本身也不復存在。做爲這項政治運動基礎的，有許多洶湧的精神潮流，包括前文所述、熱情揚溢的黑人基督宗教，包括使威廉·韋伯福斯（William Willberforce）等佈道家奮起的、改善社會與拯救生靈的渴望，還包括注重沉思默想，但政治理念頗爲激進的貴格會㉗。這項廢奴運動的核心，是廣爲發行的許多有關奴隸的著述。皈依基督宗教的故事往往是這些奴隸文學的重點，一七九二年出版的《奥拉達·艾奎安諾的一生》（*The Interesting Narrative of the Life of Olaudah Equiano*），就是這樣一本書。它由親歷其境的奴隸，以第一手方式訴說奴隸們可怕的際遇，目的就在爭取人心，從而爭取對廢奴的支持。這些奴隸文學一方面引用洛克的一項啓蒙運動原則，以經驗爲訴求，一方面又引用當代精神感應的原則，以心靈爲訴求，使讀者轉而支持廢奴運動，並且在過程中證明，黑人能讀、能寫，也擁有不輸白人的智慧與尊嚴。

不過，這部分十八世紀歷史有一項傳承：基督宗教在非裔美人文化中的地位一直很緊張。「黑人教會」一直是非裔美人文化的絕對中心，這一點毫無疑問。有很長一段時間，黑人可以提供服務、可以公開談話、從事政治活動的公共機構寥寥無幾，而黑人教會是其中之一；此外，黑人教會也以一種輔助基地的方式，支援著這個一再遭到邊緣化的種族團體。但陰影依然存在：在十八世紀的北美，非洲裔人口大體上是被迫接受基督宗教的，儘管他們立即將基督宗教轉換為一種解放工具，但強逼黑人信教的歷史仍揮之不去。小馬丁・路德・金恩㉘與馬爾康㉙之間的爭執，可說是這種持續不斷緊張情勢的代表。金恩是浸信會牧師，也是一九五〇與六〇年代非暴力民權運動領導人；馬爾康則是皈依伊斯蘭教徒，認為基督宗教永遠是、也只能是白人用來壓迫他人的宗教。這種緊張情勢直到今天仍存在於黑人神學。

㉗譯注：Quakers，貴格會創立之初的名稱乃是「朋友會」（Friends Church，亦稱公誼會），是根據《約翰福音》十五章十三～十五節之經訓而來的。創始人為喬治・福克斯（George Fox），貴格會正式創立於一六六七年。Quakers一詞含有在上帝面前應恐懼戰競之意。

㉘譯注：Martin Luther King Jr.，一九二九～一九六八，雄辯的浸禮會黑人牧師，從五〇年代中期起領導美國民權運動，直至一九六八年遇刺身亡。他的領導對結束美國南方及其他地區為法律所承認的對黑人的種族隔離起著根本的作用。他通過組織南方基督教領袖大會，以及提倡採取諸如向華盛頓大規模進軍（一九六三）等非暴力行動來獲得公民權利，贏得了全國聲譽。一九六四年獲得諾貝爾和平獎。

㉙譯注：Malcolm X，一九二五～一九六五，美國黑人領袖。他長於辯才，痛斥白人對黑人剝削，其演說風格明快，贏得大批信徒。由於主張以黑人分離主義、黑人自尊及獨立代替民權運動及民族平等，並支持暴力，而為民權運動者所排斥。

人人平等

無疑，基督宗教內部對於人類的平等一直存有矛盾。耶穌的教誨似乎保證人人平等，但使徒保羅在幾次特定社交場合中的談話，卻一再經人解讀為對這項保證的否定。啓蒙運動有關普世權利（所謂普世，或許並沒那麼普）的說法，更讓人對所謂平等的定義一頭霧水。在法國革命前與革命期間，有關婦女的政治辯論與哲學著述，就是例證。許多人認為，一七八九年爆發的法國革命，是啓蒙運動理念的極致之作。特別是法國國民議會在一七八九年八月二十七日通過的「人民與公民權利宣言」（Declaration of the Rights of Man and the Citizen）尤然。這項宣言具體化了運用理性可以改善社會的理念。

在上帝之前，在上帝監督之下，國民議會認定並宣布人民與公民的以下權利：

一、生而享有、而且一般享有自由與平等權益；只有在基於全民福祉的情況下，才能有社會區隔。

二、每一個政治組織的目的，都在於保護人民與生俱來、不可分割的權利；這些權利包括自由權、財產權、安全權與抵抗壓迫權。

問題是，所謂「人民」（man）指的是男人，或是全人類？這個名詞只能用在特定形式，或是可以普遍運用？兩年以後，在一七九一年，政治事件愈炒愈熱，但婦女似乎仍未享有較大自由權利，奧琳培·戴高吉（Olympe de Gouges）於是提出這個問題。她擬成一份「婦女與女性公民權利宣言」（Declaration of the Rights of Woman and the Female Citizen），提出前言與頭兩項條款如下：

就美麗而言超越男性，在懷孕生產過程中展現的勇氣也較男性高明的女性，在上帝之前，在上帝監督之下，認定並宣布婦女與女性公民的以下權利：

一、婦女生而與男性平等，享有與男性同等的權利。只有在基於共同利益的情況下，才能有社會區隔。

二、每一個政治組織的目的，都在於保護女性與男性與生俱來、不可侵犯的權利；這些權利包括自由權、財產權、安全權，特別是抵抗壓迫權。

一年以後，一七九〇年代倫敦激進政治文化作者之一的瑪麗·華斯東克拉夫，發表她的《女權論》（*Vindication of the Rights of Woman*）。與唯一神教派交往甚密的華斯東克拉夫，於是在這個激進教派的影響下，以宗教理由爲根據，認爲女性應該享有與男性同等的權利，她透過理性，以善良、智慧、與理性上帝的永恆眞理爲訴求，呼籲男性讓女性成爲造物主期望的那種女性。

啓蒙運動保障了平等與權益，但問題是（永遠是）保障了誰的平等與權益？基督宗教做為一種宗教，保證平等與自由，但問題始終就是為誰保證？在啓蒙運動使某些族群（如美國黑人，歐洲與英國婦女等等）感到失望以後，這些族群轉而在基督宗教的福音中求取自由保證。在之後兩個世紀，這種關係往往呈現逆轉之勢。在基督宗教使某些族群失望之後，這些族群開始求助於啓蒙運動的理性之聲，與它有關自由與民權的保證。就這樣，女權主義在二十世紀中葉開始呈現世俗化的轉向，現代許多男同性戀團體也率然排斥基督宗教。十八世紀的一項關鍵性傳承，至少就西方世界而言，就是這種緊張，這種任務未能完成的意識。今天的教會與社會，因性別、種族與正義等議題導致的內部衝突而動盪，也因此不足為奇。啓蒙運動與基督宗教在平等與人權議題上的說法，有時相互衝突，有時又似乎步調一致，直到今天問題仍一籌莫展。

瞭解其他宗教

目前為止，我已經探討了基督宗教在英國、部分歐洲、與北美的發展。現在我要以短暫篇幅，重提西方與世界其他地方的關係，因為十八世紀西方世界的基督徒，不僅必須面對來自內部的分歧，還必須應付來自外界的各種壓力。在這百年之間，西方以愈來愈快的腳步，與其他宗教、文化遭遇。這種遭遇於是形成兩項關鍵性現代脈動：宗教的比較研究，以及傳教運動。十七世紀末與十八世紀初期，一些思想家，特別是英國自然神論者（我將在下文作補充說明），與皮葉・貝利（Pierre Bayle）等某些法國博學派與哲人，開始視宗教性質爲一種跨文化現象、設法加以瞭解。當然，這些思想家鮮少實際造訪他們做爲理論分析對象的那些文化，他們有關這些文化的知識幾乎完全來自旅遊文學。就這種意義而言，他們可謂不折不扣的太師椅（紙上談兵）哲學家。

自然神論者認定所有眞正的宗教，必在其心腹有一種理性悸動。他們於是將本身瞭解這種悸動的願望，與得自旅遊文學的知識結合在一起，比較不同宗教的作法與信仰系統，追求所有宗教的共同性，追求一種無論何時何地、都能一體適用的自然宗教悸動。他們視基督宗教爲眞正的宗教，進而對其他宗教進行探討，看它們有什麼要素與基督宗教的理性形式相符。因此，以伊斯蘭教爲例，他們認爲伊斯蘭教是可以容忍的，因爲伊斯蘭教不僅是一神教，它實際上與基督宗教一般無二。英國自然神論者約翰．托蘭德，在一七〇四年〈致瑟琳娜信札〉（Letters to Serena）」中寫道，「我看不出基督徒有什麼不敢讀《古蘭經》的理由，它與世上所有聖經書卷一樣眞實。」㉚伊斯蘭教所以是眞宗教，只因爲它表達的是眞基督宗教的本質。事實上，根據這種推理，相對於迷信的基督宗教（自然神論者指的是羅馬天主教），理性的伊斯蘭教更能稱得上是基督宗教。自然神論者於是提出兩個層面的宗教哲學。歷史學家法蘭克．曼紐（Frank Manuel）對自然神論者的觀點有如下描述：

每一個社會都有兩種宗教，其一爲理性的人而設，另一種爲狂熱信徒而設。前者瞭解這個世界具有一種絕佳的秩序，後者則凡事都要依靠神，他們愚昧無知，充滿恐懼，只知

用一些可笑的儀式爲他們解憂。㉛

現代西方一種持之多年、嘗試瞭解外國文化、卻總喜歡爲它們套上本身框架的行動，於焉展開。愛德華・薩伊德（Edward Said）一九七八年在他頗具影響力的《東方主義》（*Orientalism*）中，對這段過程有以下解釋：

基於若干理由，人們爲一種顯然屬於異國、顯然與他們大不相同的事物，加上一種比較熟悉、而非比較疏遠的地位。一旦認定事物完全新奇，或完全熟悉，人們往往不再對它們進行評斷；一種新的中間類型於是出現，這種類型讓人們在面對平生首見的新事物時，能將之視爲一種已知事物的其他版本，而進行觀察。就本質而言，這種新類型不是一種接受新資訊的方式，而是人們在面對新事物、擔心既有觀點將因而受到威脅時，所採的一種手段。㉜

精英知識份子在出訪海外時，這種理神論的宗教觀點，對他們有關其他宗教的認知產生了衝擊。瑪麗・華理・蒙塔古女士㉝在一七一六至一七一八年旅居土耳其期間的以下一段記述，可作爲明證。她寫道，「土耳其人並非我們想像的那麼無知。當地學士（即有學問之士）絕對當得起學士之名而無愧：穆罕默德的啓發與教皇的絕對可靠性，對他們並無

二致。他們在彼此之間，或對他們的親信，坦承對理神論的信任。」㉞

十八世紀思想家於是嘗試解決一個嚴肅的認識論問題：如何瞭解另一個宗教。這個問題，只有在克服來自另一個宗教的軍事威脅之後才有望解決。土耳其於一六八三年在維也納戰敗，於是爲西方提供了一個認識伊斯蘭教的機會。對歐洲而言，伊斯蘭教文化、特別是奧圖曼帝國，已經不再是威脅。伊斯蘭教不再像中世紀一樣，是一種必須對抗的異端邪說，而成爲有待瞭解的另一種宗教文化；儘管所謂瞭解，就像英國與法國哲人當年的作爲，意指冠以本身形象，從而在語言與文詞上將之殖民化。

當然，還有另一選項，就是根本不嘗試瞭解其他宗教文化，只設法讓所有非基督徒

㉚ John Toland, *Letters to Serena* (London, 1704), 15.

㉛ Frank Manuel, *The Eighteenth Century Confronts of the Gods* (New York: Athenum, 1967), 66.

㉜ Edward Said, *Orientalism: Western Conceptions of the Orient* (Harmondsworth: Penguin, 1995(1978)), 58-9.

㉝ 譯注：Lady Mary Wortley Montagu，一六八九～一七六二，英國女作家。其創作獲得倫敦文學界很高評價。她和其夫住在君士坦丁堡時寫出引人入勝的《信札》(*Letters*)，描述東方人的生活，並把預防天花的疫苗引進英國。

㉞ *The Letter and Works of Lady Mary Wortley Montagu*, ed. Lord Wharncliffe(London: 1887), 289. 我在此所表達的看法，已經在我的文章'Gender and the "Nature" of Religion: Lady Mary Wortley Montagu's Embassy Letters and Their Place in Enlightenment Philosophy of Religion' in *Bulletin of the John Rylands University Library of Manchester* volume 80, Number 3(Autumn, 1998),129 -45中寫過。

（即傳教士所謂「未化之人」〔heathen〕）皈依基督宗教。不過，這種態度與啓蒙運動思考、以及旅行所需科技的推動並行不悖，傳教士將它們納入他們的科學知識與教育原則中，帶往他鄉異域。就初期脈動而言，現代傳教運動是一種新教運動，衍生自十八世紀出現的一波波福音復甦浪潮。以印度爲例。丹麥新教徒在英國基督宗教知識促進會（SPCK）協助下，於十八世紀之初的一七〇六年抵達印度，展開傳教活動；十八世紀末，浸信會傳教運動（Baptist Missionary Movement）著名創辦人威廉・卡利㉟，在塞拉普爾㊱定居。非西方世界的傳教工作，在一開始旗幟並不鮮明：舉例言之，卡利的靈感，來自庫克船長在太平洋的遊記。但無論如何，海外的傳教很快成爲十八世紀末、十九世紀初期英國福音復甦運動的重心。繼卡利之後，在「自由派教士與有良知的異議人士，虔誠的喀爾文派與虔誠的亞米紐派（Arminian）人士」支持下，倫敦傳教士協會（London Missionary Society）於一七九五年、教會傳教士協會（Church Missionary Society）於一七九九年相繼成立。西方傳教運動於十八世紀末展開，到十九世紀，它匯集了殖民化政治勢力，造成巨大轉型，特別是印度與非洲的轉型。這項傳教運動，對我們這個時代當然也有各種衝擊，英國國教面貌的轉變（在這個教會，一般信徒不再是白種、男性的英國人，而是黑種、女性的非洲人）不過是其中一端罷了。不過這類變化的前因後果，套句俗話說，又是另一個故事，或許繼我之後的主講人會談到這個話題。

現在容我做個結論。我在這篇講稿的一開始，引用了唐・庫匹特有關啓蒙運動的看法。庫匹特針對這段期間的啓蒙運動與基督宗教，提出了一種進步、由繁而簡的順利而流暢的景觀，但他的說法似嫌「單薄」與淨化。我的用意，是在爲十七世紀末與十八世紀的基督宗教，提出一種大不相同、紋理也較爲複雜的景觀。這個充滿矛盾的時代，有許多相互衝突的悸動至今仍未解決。原因是啓蒙運動提出了許多問題，例如誰應該享有平等與權利，誰可以修行圓滿，誰可以透過本身的思考力，對神性進行瞭解，但沒能加以解決。它提出一個問題：福音書所說的正義，是發自於理性、抑或發自熱情的宗教經驗。現代科學的誕生，提出了一個問題：我們有關這個世界、以及世界運作的知識不斷增加，這些知識能否與基督宗教對上帝的信仰切合？如何切合？同時，出現在這段期間的一波波浪潮（各式各樣的宗教復甦與奴隸宗教）造就了宗教虔誠，透過具體與經驗形式，將神鮮活地呈現在許多人面前。既身爲女性又是牧師、既身爲學者又是虔誠基督徒的我認爲，啓蒙運動的傳承就在於提問：我們能不能解決這些問題，在我們本身的世界將精神信念融入理性生活，將正義融入熱情，以實際作法體現宗教，以理性解決平權問題。

（本文作者爲牛津攝政公園學院〔Regent's Park College〕教授）

㉟譯注：William Carey，一七六一～一八三四，英國基督教浸禮會國外傳教士。一七九二年創辦浸禮會國外傳教會，畢生在印度傳教並辦教育。

㊱譯注：Serampore，即 Shrirampur（什里蘭普爾），印度東北部西孟加拉邦胡格利縣城鎮，位於胡格利河西岸，爲加爾各答市區的一部分。

第八章

十九世紀

珍・賈內特

統計資料顯示，在一八〇〇年，有百分之二十三（略少於四分之一）的世人信奉基督宗教，其中百分之八十六點五是白人。到一九〇〇年，有百分之三十四點四（略多於三分之一）的世人信奉基督宗教，其中百分之八十一是白人。有鑒於世界人口在這段期間大幅增長（約增加了四分之三），這些數字顯示，相對於最初幾個世紀，基督宗教會在十九世紀出現最快速的成長。但就傳統而言，我們仍將十九世紀視爲一個宗教危機與式微之期，認爲它是二十世紀更廣泛的世俗化進程的先聲。這些數字部分也顯示，在二十世紀，基督宗教積極參與的重心，要從歐洲與北美轉移到世界其他地區。但在二十世紀之初，人們只是以非常間接的方式，認識到這種可能性的意涵。在整個十九世紀，最顯著的事實是，基督宗教基本上維持了對西方領導、以及西方式分析架構的信心。對那些因享有基督宗教、文明與商務等天賜之福而雀躍的人而言，這是自明的眞理。但許多人已經由於從事比較宗教與非西方文化的研究，而認識到基督宗教面對的挑戰，許多人開始嚴厲批判十九世紀西方社會的許多發展，如物質主義的坐大，個人私利的追逐，以及社區意識的淪喪等，而對這許多人而言，西方領導與西方式分析架構同樣是眞理。梵谷可能從日本民族性的一種純精神與天人一體的浪漫情懷中獲得靈感，但對他而言，這種參考，仍然只是意在強調西方禮俗規範而已。人們認定，基督宗教詮釋了西方文明，基督宗教精神的淪喪必將威脅到文明的完整，梵谷的作爲，正是針對這種假定而有的反應。

對於在十九世紀末期面對現代化挑戰的國家或地區（如日本、印度、與信奉正教的全球最大基督宗教文化俄羅斯）而言，問題也如下述：成功的現代化是否能與西方價值畫上等號？西方基督宗教世界就普世意義而言，究竟有多少價值？所謂西方價值，是否其實就是西方（尤其是新教徒？）理性主義、政治意識型態，以及資本主義的價值？二十世紀無論在倡導、在反對傳教與殖民運動，或是因這些作爲而難堪時，都喜歡在本質上作東方與西方的化分。直到不久以前，有關文化互動方面的省思，就多樣性與精微度而言仍然相當貧乏。更有甚者，二十世紀的學術專業化，傾向於分割十九世紀基督宗教思想家從事的知識領域。他們探討現代學術類型的源起，但他們的探討往往過度偏重辨證二分法的世俗面，而這項辨證在當年，其實是一項內容豐富得多的詮釋之爭的一部分而已。無論是經濟學、社會學、心理學，情況都是如此。所有這些學術都是十九世紀基督徒，在宗教文化與道德哲學時空背景下，激烈辯論、探討的領域。基督徒在超越歐洲與北美向外擴展的同時，在本土也面對現代生活與現代理念挑戰，但向外擴展未能阻止他們在本土進行更寬廣的知識與社會參與。令人頗感反諷的是，部分由於現代西方分析假定——包括衍生自十九世紀思想家孔德①、馬克斯、韋伯②、涂爾幹③的世俗化與理性化線型模式，這些模式本身

①譯注：Auguste Comte，一七八九～一八五七，法國哲學家和社會學家，爲實證主義的創始人。
②譯注：James Weber，一八五九～一九四七，英國社會改革家、歷史學家和經濟學家。
③譯注：Emile Durkheim，一八五八～一九一七，法國社會科學家，曾結合實驗法研究與社會學理論發展出一套富有活力的方法論，一般公認他是法國社會學學派之父。

也具有高度條件性，並且受到強烈質疑——的霸權，我們未能適度重視十九世紀西方基督宗教的創意。

對浪漫論的質疑

新教德國浪漫派藝術家菲利普・奧圖・隆吉（Philipp Otto Runge）在一八〇二年說，「我們站在一切宗教的邊緣。」④法國革命摧毀了舊秩序與價值，造成了大混亂。隆吉呼籲藝術家從這一片混亂中，繪出「天堂般至善至美」的景觀，重新點燃世人與神一體的創造意識。他認爲十八世紀末期強調的是冷漠無情的理性主義與美學，並且用藝術方式，以較全面的意義，說明法國革命帶來的宗教復甦可能性。這種植根於復甦派自然神學的浪漫論，引起一些十九世紀必須面對的重大疑問。第一個疑問涉及一種兩方面的關係，一方面是基督宗教價值與象徵的一般性擴散，另一方面是主流教會對皈依基督宗教的直接追求。這種區分（事實上應該說是「加以區分的可能性」），對於基督宗教角色與成就的瞭解，當然非常重要。教會成員與出席人數的有關統計數字，只能說明非常片面的形貌。在當時，抱持不同神學理論、不同文化觀點的基督徒爲這種關係激辯不已，無論在本土與在海外的傳教活動，都因之面對特定挑戰。十九世紀末，印度自由派新教傳教士開始背離皈依作法，轉而追求印度教與基督宗教的相合，認爲這種作法在當地特定非西方環境下，更能發揮基督宗教價值。但這種作法隨即受到狂熱派凱斯維克（Keswick）復甦派宗教絕對論者的挑戰；無論在印度與非洲，這一派基督徒絕不參與任何與非基督宗教文化融合的活動。

浪漫論帶來的第二個問題，與基督宗教護教學的基本性質有關。浪漫論強調形象（包括視覺與聽覺），認爲形象是心靈、想像力與良知的刺激。反對浪漫論的人士則主張，保護基督宗教、對抗科學挑戰的唯一辦法，就是以懷疑論，也就是以文字邏輯爲武器。法國革命引發的自由派與教義派兩極化過程，既因這項爭議造成的緊張而激化，也因它而縮短。它一方面出現在高層知識份子有關科學可行性的爭議，一方面也在非常大眾化的層面上進行。在那個時代，拜科技進步之賜，形象得以在一種前所未見的規模上迅速擴增與傳送，宗教文化也在一種漸趨複雜的文化市場上爲佔有率而角逐：如何以創意進行調適，於是成爲備加艱鉅的挑戰。這種緊張一直持續到今天。儘管黑格爾⑤學派預下斷言，理性文字在十九世紀並未戰勝想像力的衝動。

十八世紀末的美國與法國革命，引發了宗教應該扮演什麼社會角色、以及教會與國家關係等基本問題，這些問題在十九世紀初造成巨大衝擊。它們的效應光譜很廣：從選擇與

④ Philipp Otto Runge, *Hinterlassene Schriften* (Hamburg, 1840-49), 1:7, cited in Peter-Klaus Schuster, 'In Search of Paradise Lost', Keith Hartley *et al.* (ed.), *The Romantic Spirit in German Art 1790-1990* (London, 1994), 63.

⑤ 譯注：Georg Wilhelm Friedrich Hegel，一七七〇～一八三一，與康德同爲德國最偉大的唯心主義哲學家，但他修正了康德的理論體系。

行動自由的刺激效應，到暴力反動，以及威權伸張的動力效應都有。但即使是在後者，極端控制也從不是一種直截了當的做爲。事實上，十九世紀宗教的社會與政治意義，因社會的大規模片斷化，以及宗教團體與運動的多樣化與多元化兩者之間的互動，而更形重要。宗教文化帶有濃厚的區域特性色彩，往往還呈現級化的趨勢。其形式與意義尚有待辯論；儘管許多當代或之後的著述認爲，十九世紀的改變以一種斬釘截鐵的方式呈現，改變當局會以一種排他的方式，採納一種或另一種明確的立場，但實際上，當年的改變主要是一種均勢的微妙變化。在十九世紀，一種宗教性（在有些個案中，是一種非常特定化的反宗教性）立場，以愈益尖銳而嚴厲的方式，確立社區、政治與知識認同，部分原因是當時人們認爲，現在可以視爲理所當然的事更少了。

宗教復甦運動之世俗面

在法國革命之後，一項非基督宗教運動於一七九三至九四年在法國出現。教堂被改造成闡揚理性的殿堂，予人宗教聯想的人名與地名遭人廢棄。不過這項運動在這些作爲上，成果非常有限，而且果如預期，它只在宗教投入本已極端脆弱的地區造成最大衝擊。單是一幅畫像已足以說明一個較具普世性的要點：傳統主義與現代主義，基督宗教與非基督宗教之間的黑白對比，沒有影響到文化發展的進程。這幅畫作畫在一個一七九三年生產的盤子上，上面刻有「Anne Chérot Bonne Citoyenne」（Anne Chérot的好公民）字樣。它畫的是

Anne Chérot的守護聖，聖母馬利亞之母Anne，教聖母讀書的情景。就像法國革命以前一樣，無數這類盤子生產、賣給了農人、匠人、工人和小資產階級。它們充分顯示，在新革命政權治下，所謂好公民很有維護基督宗教傳統（將天主教形象與革命語言並列）的潛力。同時，對制式化教會的攻擊，導致法國許多地區根本沒有牧師，對宗教生活以及牧師的威權造成重大長程效應。大眾化的教派與宗教禮拜形式蔚爲風潮。非專業男女甚至開始接管牧師的工作，主持起彌撒。這種非專業人士僭越宗教權威的作法，此後一直是對付教會組織官僚的利器。在一八二〇年，有一個社區因要求成立各別教區的主張遭主教拒絕，而舉行非神職人員主持的集會。在大眾化宗教的維護與再興方面，婦女的地位尤其顯著，她們首開的這股風氣，之後在十九世紀益發風起雲湧。同期間，在義大利與德國的許多邦，類似發展也頗爲明顯。在十九世紀最初數十年間，拉丁美洲出現一連串革命，許多國家因此脫離西班牙或葡萄牙的統治而獨立。教士荒在革命過後出現，許多教區在一開始也沒有任命主教。當教皇至上式的教權組織再次建立以後，它與當時盛行的鄉間天主教文化呈現巨大差異。後者不斷發揮創意，在基督宗教與較古老的土著傳統之間進行融合、再造。十二世紀西班牙聖徒農人伊薩伊德洛（San Isidro the Farmer），成了十九世紀中葉玻利維亞農耕景觀隨處可見的一部分。十九世紀厄瓜多爾的一幅聖體節面具，代表南美安地斯（Andean）與天主教象徵與美學的融合：旭日圖形既代表印加（Inca）文化的至日，又讓人想到天主教聖體匣；小型基督宗教聖物箱與動物（特別是羊，因爲無論在基督宗教與安地斯文化中，羊都具有重要意義）圖形擺在一起。

教會在十九世紀鼓勵推動的天主教復甦運動，保有它的世俗面。儘管制式教會信心愈增，教皇也遭對手攻訐，指爲最惡劣的教會獨裁，在許多地方性天主教環境中，這類攻訐的效應主要在於意識型態、而不在於實質面。在整個天主教世界，新的非教士宗教團體，與教會贊助的新宗教結社一樣，如雨後春筍般成立。這些宗教團體有些與世俗社團直接競爭，而以特定族群（尤其是母親與年輕男女）爲訴求。聖味增爵⑥社團所以能成長茁壯，因爲它瞭解所謂社會進步，與社會與經濟地位懸殊的現實差距甚大。這類社團專門針對窮人而設，爲資本主義經濟震盪下受苦受難的民眾提供支援。一八四〇與一八五〇年代的法國與德國社會主義，本身也與基督宗教理念強力融合，爲匠人與農人參政注入了道德力量。艾坦尼・卡貝⑦以早期基督宗教爲訴求，視之爲他的基督宗教共產主義的法源。爲表彰地方聖徒而設的特定天主教互助社團，既重道德價值的強化，也注意價值的轉型，以協助成員因應漸趨複雜的市場文化的挑戰。地方性教派在非教士倡導、支持下運作，做爲制式機構的教會往往在一開始加以反對，之後又設法將其運作方式發揚光大。

面對城市化和商業化挑戰

誠如眾所周知，馬利亞教派在十九世紀聲勢大振，教皇庇護九世（Pius IX）也在一八五四年宣布聖靈懷胎論（Immaculate Conception），更加助長了它的氣勢。但教會正式表態加以支持，將它視爲一種普世教派，目的在於控制地方性馬利亞教派復甦運動（其中有些對教皇權威並不悅服），並從中獲利。獲得地方牧師與非教士支持的瓜達魯聖女（Virgin of Guadalupe），一八一〇年成爲墨西哥紳士派（Hidalgo）叛亂團體的守護人。地方性的聖母教派（Madonnas），也在一八四八至四九年幾次歐洲境內的革命中，扮演各種角色。在法國革命以後那段期間，馬利亞顯靈的次數愈來愈多。在法國境內，經官方承認的幾次顯靈，分別出現在一八三〇至三一年間的巴黎、一八四六年的拉薩雷特⑧，以及一八五八年的盧爾德⑨，還有許多事件一直未獲官方認可。這些事件具有一種強大、難以控制的群眾面意義。當聖母馬利亞於一八三〇年在巴黎顯靈時，她要當局在勳章上印上她的圖像。到一八四二年，印有聖母圖像的勳章已出廠了一億枚，也傳出許多與這些勳章有關、奇蹟式治癒的傳言。就社會意義而言，這些傳言似乎有許多共同因素：它們大體上內容貧乏，往往涉及鄉間婦女，在各種角度上都算不上是主流文化。在經濟景氣惡劣與政治危機期間，

⑥譯注：St Vincent de Paul，由法國歷史學家、律師和學者奧納札姆（Antoine Frederic Ozanam，一八一八～一八五三）與其巴黎大學同學於一八三三年合作成立慈善會，救濟貧民。兩年後正式命名爲聖味增爵會，並通過章程，此會現已爲著名的慈善機構。

⑦譯注：Etienne Cabet，一七八八～一八五六，法國社會主義者、伊利諾州諾伍（Nauvoo）公社的創建者。

⑧譯注：La Salette，法國東部伊澤爾省首府和古城格勒諾布爾（Grenoble）的一個山村。

⑨譯注：Lourdes，法國西南部普羅旺斯—阿爾卑斯—蔚藍海岸大區上庇里牛斯省的朝聖城鎮。

例如一七九○、一八三○年代的法國、一八四八至四九年，以及一八六○與一八七○年代的德國與義大利，這類靈異事件次數增加，而且以建國的論點爲特定對象。聖母出面反對的，通常是在德國、義大利、與法國闡釋國家論的自由派反教會主義。在薩爾⑩一座叫做馬平金（Marpingen）的村子，三個女孩在一八七六年看見聖母顯靈。這整個事件看在自由派評論員眼裡，似乎是一種對新政府（他們認爲它是自由派、富男性氣概、重理性、信奉新教）的侮蔑。有鑒於婦女的特定介入（自稱看見異象的是婦女，之後造訪發生地點的也是婦女），性別使言論武器更加尖銳：「藉由驅邪術、聖傷婦女、以及聖母顯靈的種種跡象，教皇至上論者準備征服十九世紀的精神論。」⑪

這類現象的如此設計，突顯了宗教積極介入新興政治與經濟環境的程度。但重要的宗教續統，就像進入二十世紀時一樣，也同樣存在。影響力較這些顯靈教派更大、更廣的，是遍布城市與鄉間天主教世界，數不清的、以聖母靈異奇蹟爲號召的地方教派，正教世界的情況亦若是。在大多數情況下，這些教派與紀錄指出的新奇蹟，代表一種古老傳統的復甦。不過在有些個案，例如在十九世紀末期的日內瓦，聖母像出現在新中產階級公寓區，新教派於是建立，以聖化一處新都市地區。從某些奇蹟故事中可以清楚見到，即使是廉價、大量複製的形象複製品，也能像珍貴的原本一樣，具有龐大功效。這種發展未必爲教士所樂見；有些教士擔心情勢會失控，有些天主教知識份子認爲這類複製品只能迎合大眾口味，只能引起情緒性的虔誠，認爲它們的擴散不僅低俗，也有損宗教尊嚴的適當意識。

不過，所有社會性團體，無論在教會或在家中，都使用印刷複製品以輔助崇拜活動。在家裡，信徒會用這些複製品佈置一處角落，與俄羅斯正教信徒在家裡擺設「美麗角落」的作法極爲類似。彩印在紙上的廉價品、蒙提布倫諾的聖母（Madonna of Montebruno，地點爲義大利的里古利亞（Liguria）），以卡片爲框，卡片上黏上貝殼、珊瑚、還有取自商業性聖誕節飾品的天使；聖母與聖嬰頭戴銀紙摺成的冠。許多十九世紀複製品，複製的是供家庭供奉的柯佐斯千納聖母（Our Lady of Kozelschana）像，這個圖像顯然衍生自義大利文藝復興時代，曾於一八八〇年代在莫斯科一連做了幾次奇蹟治病。在天主教歐洲大舉移民南、北美洲的背景下，形象教派也跨足新大陸。原圖像的一份拷貝往往經教會認可，樹立在新屯墾區。同時，或是透過回國朝聖，透過通訊（在這種聯繫方式中，受人供奉的這些新拷貝也傳出有神蹟的報導），或透過對原聖像的致上奉獻金，或許願，與原聖物依然保持緊密接觸。這類教派對教會執事運作從來不以爲意，它們特別強調的是新環境中社區共同意識的創建。據報導，在一八九九年一個紐約義大利人社區，一個互惠社團的成員，寧可將他們守護聖的肖像建在酒館，而不願建在教堂中，因爲這樣他們才能隨時看著它。

在信奉新教的英國與北美，十九世紀初葉的宗教復甦就若干方面而言，是十八世紀宗

⑩譯注：Saarland，德國西南部的一州，南鄰法國，西鄰盧森堡，北、東兩面與萊茵蘭—巴拉丁邦相接。

⑪*National-Zeitung*, 17 Jan. 1878, cited in David Blackbourn, *Marpingen. Apparitions of the Virgin Mary in Bismarckian German* (Oxford, 1993), 286.

教覺醒運動的一種延續，不過形式更多樣化，面對的都市化與商業化挑戰也創新了規模。爲傳教活動注入強心劑的，正是這類復甦運動的蓬勃朝氣，特別是一八五九至六〇年間與一八七〇年代初期大西洋兩岸商業社區，以及與一八七五年凱斯維克會議有關的運動。在美國，這類復甦出現在一個宗教自由的市場，亞米紐福音教會不僅挑戰國教的聖公會教義，也向一些較老的清教傳統提出質疑。以跳躍、叫喊與舞蹈爲特色的美以美與浸信派聚會活動，以富有創意的作法，將一直有爭議的浸信派崇拜儀式，與印第安以及非洲崇拜傳統結合。這種宗教經驗模式，爲十九世紀後期聖靈降臨運動的發展奠下基礎，也令那些基於科學理性理由，仍熱中於新教教義的基督徒一直惱火不已。它具有社會與性別兩種層面的意義：美以美與聖靈降臨教義，特別受到婦女與黑人社區青睞。

教徒的努力

在英國，教會與國家關係的問題，仍然是有關基督宗教社會性質問題辯論的要點。儘管國教教會這段期間在愛爾蘭被廢，它在英格蘭與威爾斯卻以煥然一新的競爭氣氛運作著。一八二八至二九年的大改革，在各種層面上引起有關國教權威性質的問題，在來自非國教徒的競爭不斷激化的同時，造成國教內部的嚴重衝突。儘管阿諾德⑫派對國教一般性角色的論點，不斷遭到教義權威派的攻擊，但國教文化仍在英格蘭保有重要文化地位。新教大體上詮釋了英國的認同，只在愛爾蘭受到強烈挑戰。但是在愛爾蘭，新教情況特殊：

重點的多樣性與不同的歷史傳統，對特定地區英國活力的維護至關重要。在蘇格蘭長老會與英國國教屯墾民支持下，在紐西蘭建立的新教社區，尤其突顯了這種狀況。

無論就言語與現實狀況而言，說英語的新教在多樣性方面，與天主教當然有根本上的差異。但在因應當代知識份子挑戰，以及人生的實際參與方面，兩者類同之處甚多。十九世紀的一項關鍵性發展，是市場資本主義的擴展；這項發展既為更有效的教會與教會競爭，提供了模式與機會，也為基督宗教價值與基督宗教社區的維護帶來了危險。就實用層面而言，新教宗教團體就像天主教一樣，也會針對特別脆弱、易為市場壓力所乘的社會區塊，自我組建為社團。單身與已婚婦女都在新教的社團文化中扮演重要角色，在傳教事業中注入新構想。在海外傳教活動中，她們的地位尤其重要，特別是在印度與中國，因為在這兩個國度，男性傳教士不能接近身分高的婦女。這些女傳教士極力主張，婦女是一切文明社會的基礎，並據以向非西方社會的婦女灌輸一種觀念：她們是當地社會的重心，她們的社會地位受到壓抑。當然，這些女傳教士在這麼做的過程中，也為本身的地位提供了意識型態支撐。

新教徒積極響應廉價發行與廣告帶來的機會。各式各樣宗教期刊與信仰文學暴增。新

⑫ 譯注：Arnold，指信奉布雷西亞的阿諾德的門徒，他們認為精神權力與物質財富互不相容，反對教會擁有世俗權力。

教用本身模式重新塑造天主教聖徒，並且大舉展開紀念過去或現在新教英雄的行動。一八二五年，四十個較小型的社團合併，成立美國宗教論文協會（American Tract Society）。到一八二七年，該協會印發的宗教小冊已超過三百萬份，到一八二八年，超過五百萬份。它聘了最優秀的藝術家與雕工製作圖像。在英國與北美，《聖經》與其部分書卷，都開始針對各種市場、廣為發行，其中許多附有插畫。在一八〇八與一九〇一年間，英國與外國聖經協會（British and Foreign Bible Society）印製了四千六百餘萬冊《聖經》，七千一百萬冊《新約》，與部分書卷近五千三百萬冊。顯然，新教特別重視《聖經》的取用；這段期間，在翻譯《聖經》為其他文字的工作上，新教也居於領先。在一八〇〇年，印刷的《聖經》有六十七種文字；到一九〇〇年，這個數字增到五百三十七。傳教士在這方面充分展現了創意。為使本國文字的《聖經》有用武之地，字典與文法必須建立。就最基本的意義而言，這麼做確立了一種溝通媒介，使原住民可以成為重心所在。當然，就最佳例證而言，這麼做也有助於提升西方傳教士的意識，幫助他們瞭解具有重大文化概念的特定地方性意義。巴塞爾（Basel）傳教士約翰尼斯．克利斯塔勒（Johannes Christaller），在迦納住了三十年，撰寫一部字典，還大舉編纂了阿坎⑬文化的諺語與成語。

在其他領域，相較於天主教徒，積極進取的新教徒在表現上也同樣出色，不過他們的努力成果看來大不相同。儘管新教徒（不只是喀爾文教派）仍然嘲諷天主教，說天主教是一種想像的宗教，但無論在祈禱或建言，或在佈道用品中，視覺形象的運用依然有增無減。喀爾文派美國藝術家斐德烈・喬奇（Frederick Church），一八五七年展出一幅尼加拉瀑布（Niagara Falls）的巨型畫作，兩週內吸引了十萬名付費觀眾。他們透過商業手段促銷複製品，將它們視爲「沉默、美麗的佈道」推廣著。儘管《聖經》代表性議題仍有爭議，英國的非國教派新教徒，開始運用拉斯金⑭的藝術批判，作爲對風景畫、對代表《聖經》人物與故事的作品的導讀。在十九世紀後半段，前拉斐爾的藝品已經蒙上濃厚新教色彩。威爾斯的一位牧師，在向倫敦一群主要是中產階級的會眾講道時，最先在一本宗教期刊中發表他的講稿，之後在一八八〇年代，他以著名現代畫作做爲講道主題，另行著書發表。他認爲，採取這種方式能讓他的會眾與讀者瞭解這些畫作（應該主要是透過複製品來瞭解的），能讓他們牢記各種細節。新教徒也根據古老的新教圖書寓言傳統，對較保守的、以文字爲主的形象進行複製。其中最著名的圖像，是名爲〈大道與窄路〉（The Broad and Narrow Way）的石版印刷彩圖，內容是一幅寓意景觀圖，圖中畫了兩條途徑：主日學與教會機構，爲通往天國之途提供了中繼站；劇院與遊樂列車卻讓人走向地獄。畫中每一

⑬譯注：Akan，使用特維語（屬克瓦語支）的民族群。主要分布在迦納、象牙海岸和多哥，歷史上形成過幾個王國。

⑭譯注：John Ruskin，一八一九～一九〇〇，英國作家和藝術評論家。結識透納（Turner），並在首部評論性著作《當代畫家》中對透納的畫作大加讚賞。此書連同《建築學的七盞明燈》和《威尼斯城的石頭》，使他成爲當時的評論家，而他對社會問題所做評論則奠定了他的精神導師或先知者的地位。

處重點都引用《聖經》文字，對圖像加以注釋。這幅圖於一八六二年在斯圖加設計，荷蘭版本於一八六六年問世。賈文・柯漢（Gawin Kirkham）於一八六八年將它的一份拷貝帶回英國。據說，在他於一八九二年去世以前，柯漢用一幅放大了的版本講了一千一百次道。

宣教的方式不再單調

在那個年代，針對各種社會與知識階層而舉辦的公共演說，無論談的是什麼主題，都極受歡迎。就像作科學示範的人，或作表演的藝人一樣，所有宗教界人士也都瞭解，他們必須在會場採取一些措施，以加深與會者的印象。他們使用基督宗教主題的幻燈片，以複雜、多感官的作法，結合影像、故事、與音樂，創造劇院效果。他們不斷改善這種科技，達到幾近於神奇，彷彿奇蹟一般的效果。當時有所謂機械幻燈片，照出的影像彷彿會動，還有所謂「分解景觀」，一個影像可以緩緩變化爲另一影像。這類神奇的幻燈機也用在禮拜儀式，在國內與海外傳教工作都派上用場。它是大衛・李文斯頓⑮旅行必備的用品；喬治・奧琴（George Allchin）牧師說，他於一八九〇年代在日本舉辦了三百五十七場幻燈片秀。就這樣，西方形象、科技與宗教強力結合，爲啓蒙運動憑添一股聲勢。一位美國教士在一八九〇年代寫道，教區需要「智巧與工業可以創造的一切事物，以維護、保持民眾對宗教事務的熱忱」⑯。他自製幻燈片，無論到哪裡都帶著他的攝影機，並且根據這些影像帶來的靈感，撰寫自己的佈道文。同期間，倫敦市聖馬利亞山（St Maryat-Hill）教區教會的文獻指出，教區長決心採納救世軍（Salvation Army）的若干作法，用於英國國教，以提升國教在工人階級的形象。文獻中指這位教區長是一位煽情論者（並無特別貶抑之意）。代替晚禱的幻燈式，是禮拜儀式的高潮，一塊大白布從聖壇拱門垂下，從風琴樓廂射下的巨型影像映在白布上。這位教區長還在媒體刊登廣告，說明他即將宣講的主題，他並且組織一群歌者，在週日晚間的這項儀式展開以前，先在街頭演唱，以廣招徠。在街頭演唱活動進行之際，教堂內也以分解景觀方式進行聖樂演唱。他這麼做的結果是，教堂座無虛席；而且如文獻所說，「從散會以後留在教堂長凳的竊賊用撬鎖工具，以及空威士忌酒瓶看來，儀式確實吸引到想吸引到的人」。⑰

⑮ 譯注：David Livingstone，一八一三～一八七三，英國傳教士和探險家。一八四〇年被倫敦傳教會任爲傳教士。在南非貝專納蘭工作數年後轉赴北非（一八五二～五六）。他發現了恩加米湖和維多利亞瀑布、希爾瓦湖和尼亞薩湖。一八六六年再次回到非洲探尋尼羅河源頭，歷經艱險到達剛果。一八七一年病重後返回烏吉吉，被《紐約先驅報》派出尋找他的史坦利（Stanley）救出。他後來再次出發探尋尼羅河源頭，不久逝於奇坦博（今尚比亞境內）。

⑯ William H. Young, 'An American Clerical Lanternist', *Optical Magic Latern Journal and Photographic Enlarger*, vol. vi (1985), 135.

⑰ Philip Astor, 'A Surpliced Army. A Novel Way Filling a Church', *Harmsworth Magazine*, vol. v (1900), 63.

最受歡迎的幻燈片，可能非郝曼．杭特（Holman Hunt）的《世界之光》（Light of the World）莫屬。這幅畫完成於一八五三年，原版本不很受歡迎，部分原因是它在情緒上似乎過於直接，過於緊張。但正因爲這種品質，再加上它的象徵意義，使它成爲佈道用的理想幻燈影像。事實上，在聽人說他這幅畫的手筆出自他自己的意識之後，杭特表示，他遵照感受到神的指示而完成這幅作品。後來，一幅大版本的《世界之光》在英帝國巡迴展出，以突顯主的榮光，並獲得極佳成果。在展出過程中，無論以幻燈片投影、或以複製印刷品方式展出，人們都說它顯示的基督像貌「與他們想像中的一樣」。這一方面，是對這幅特定形象引起如此共鳴的讚美，一方面也反映了十九世紀末期新教將基督形象客觀化的渴望。（這種渴望，往往在與聖母馬利亞形象的明確區隔中顯露，後者因版本過多，而且莫衷一是而遭到批判。）頗具反諷意義的是，這個單一形象因大量複製而過度曝光，最後反而使它看來陳腐、平凡，而且完全不合適，不過這是時序邁入二十世紀很久以後的事。

文化與反文化

人們或許對這類文化表現激賞不已，但或許也會認爲，它們是對現代資本主義龐大需求的屈服，因爲它們既採用了膚淺的廣告詞藻，又未能善加維護倡導對象的本質。令新教徒憂心忡忡的是，他們比天主教徒更容易背負這項罵名，部分原因是，大家早就將新教價值與資本主義進步觀的親密關係視爲一種老生常談。其他方面的新教文化是否已經商業化？新教徒在他們的商業交易中，是否眞的已經將新教教義徹底出賣，使他們顯然的自利行動，已經到了表明新教淪爲一種貶値貨幣的程度？就傳教活動層面進行觀察，這問題尤顯尖銳，因爲新教傳教與商業活動掛鉤的現象過於明顯。不過就大體而言，提出這問題的，是十九世紀後半段出現的、一股重要的新教自我批判運動。由於新教的詮釋與其全球性經濟角色密不可分，想全面達成新教這種建設性角色，進一步瞭解宗教與道德責任的複雜性至關重要。

新教的倫理需要構建，不能僭取。這種倫理的構建，逐漸與新教道德哲學的復甦結合，以示對唯物與實證主義的反動。它也向當時一些極度抽象的論點提出駁斥。這些論點由於過於偏重抽象，甚至否定了信仰的實質挑戰，否定了與基督建立個人聯繫的道德與精神需求。這類論點，包括亨利・隆古維・曼瑟⑱在他著名的巴普頓演說（Bampton Lectures）中，以「宗教思考的限制」（The Limits of Religious Thought）爲題，於一八五九年發表的論點。這項論點遭致紐曼⑲的批判。紐曼說，「只因爲沒有任何事物明確易解，就斷言沒

⑱譯注：Henry Longueville Mansel，一八二〇～一八七一，英國哲學家、基督教聖公會神學家和牧師。因對蘇格蘭思想家威廉・漢彌爾頓爵士的哲學的闡述而知名。

⑲譯注：John Henry Newman，一八〇一～一八九〇，英國基督教聖公會內部牛津運動（十九世紀英國基督教聖公會內部以牛津大學爲中心興起的運動，旨在反對聖公會內的新教傾向，恢復天主教思想和慣例。）領袖，後改奉天主教，成爲天主教會領導人。

有任何事物爲人所知，在我看來，就像說我們見不到星星，因爲我們說不出有多少星星，說不出它們的大小、或彼此間的距離，完全一樣」⑳。曼瑟認爲神是不可知的，他的立論基礎過於偏狹，幾乎稱得上全無生趣。福音書記述的不是哲理，而是基督一生顯而易見的現實。在十九世紀最後二十五年，英國、北美、德國與法國的新教文化，是一種以基督宗教社會倫理爲主軸、復甦了的基督化身論。同時，心理學的發展，爲如何區隔與支持宗教經驗現實的問題，提供了新解決之道，也駁斥了主要屬於不可知論的下述人類學觀點：任何唯心論形式，都是現代社會一種返祖性的存活。在英國與美國，有關心理學的研究，就建制性而言，仍然離不開哲學範疇，因此可以透過對較廣的人類經驗（宗教是這種經驗的重要部分）的認識，爲宗教哲理獻一份力，威廉·詹姆斯㉑就是這樣的例子。十九世紀最後二十年，實證主義論點曾激起反動，導致科學不可知論的短暫坐大。

在這種時空背景下，視經濟爲一種自發性人類活動範疇、加以檢驗的概念，遭到新教與天主教同聲抨擊。在挑戰新教自由派文化、或世俗自由派文化的過程中，天主教強調忠誠、互惠與利他等相互結合的宗教與經濟美德，認爲這些美德尤勝於突顯個人、講求競爭的教條。爲達到這個目的，他們努力重建因新教理性主義而被打斷了的天主教哲學傳統。他們重新宣揚亞奎納㉒，並進而倡導亞里斯多德，從追求目標的角度，強調行動的價值。這與純以市場交換價值生產力爲要旨的傳統經濟效力論點，呈現激烈衝突。一般認爲，天主教在現代人文社會中，對宗教崇拜生活角色的強調，與這種傳承有關。因爲十九世紀的天主教，無論就任何角度而言，都無法在經濟上享有主控地位，就若干方面而言，天主教比較容易以一種更明確的面貌，全力衝刺，邁入二十世紀。作爲世俗主義論者眼中，最墮落的宗教存活形式的天主教文化，也能更輕鬆地保有它的群體認同。新教的作法在許多方式上，更容易與現代資本主義世界的價值融合，但我們不能因爲這個事實，就忽略了新教在十九世紀爲對抗世俗化，而採取的各種創意作法。無論是天主教或是新教，都沒能徹底轉變經濟學方法論的面貌。在進入二十世紀以後，經濟學在一種較狹隘的學術架構中繼續發展。但愈來愈有活力的基督宗教文化，不斷提出重要問題，這些問題既強化了世人對基督宗教文化價值的信心，也使世人更以實際行動，抗拒人性瞭解模式的人爲片斷化。就此而言，十九世紀西方基督宗教發揮的衝擊，既是一種文化，也是一種反文化。

（本文作者爲牛津華德漢學院〔Wadham College〕教授）

⑳ *The Letters and Diaries of John Henry Newman*, ed. C. S. Dessain *et al.* (London, 1964-), vol. xix, p.335: Letter of Newman to Charles Meynell, 9 May 1860.

㉑ 譯注：William James，一八四二～一九一〇，美國心理學家和哲學家，小說家詹姆斯（H. James）之兄。著作有《心理學原理》、《信仰意志和通俗哲學論文集》、《宗教經驗種種》。他參加創建了美國精神學會，發表過多篇論述心理學的文章。

㉒ 譯注：Aquinas，一二二五～一二七四，義大利經院神學家，人稱「天使般的博士」。所著《神學大全》爲建立完整神學體系的第一次嘗試，至今仍是羅馬天主教會中的標準權威著作。

第九章

二十世紀

安德連・哈斯汀

在回顧任何早先世紀的成就、與歷久彌新的重要意義，以探討我們本身的主題時，我們總能擁有距離，以及後繼世紀在知識上的相當優勢。但在回顧二十世紀時，我們不具備這種優勢。由於針對這個世紀，我們都有過部分經驗，可供我們運用的資訊也比任何其他早先世紀多得太多，二十世紀在我們心目中仍是最清晰的世紀，但也是最晦澀難解的世紀。距離現在愈近，我們愈是無法確定這列火車的走向，以及它的下一站是哪裡。不能瞭解日後的一些事，有關這個距今不過幾年的時代，就實質意義而言，幾乎無法評估。

一九一〇年，賴比瑞亞格里波（Glebo）地方的聖公會教會教師威廉・瓦德・哈利斯①，在獄中獲得天使加百列（Angel Gabriel）所賜的一個異象。哈利斯所以下獄，是因爲他涉及一項政變陰謀，要在這塊名義上已經獨立的西非土地上，建立英國統治。哈利斯甚至在開普帕瑪（Cape Palmas）他的住處附近，揚起英國米字旗。這次政變失敗，一直以身爲文明的格里波基督徒自傲、穿著西方服飾、教授西方理念的哈利斯，於是喪盡一切身家、陷身囹圄。就這樣，非洲最有效的一位基督宗教佈道家即將出現。在一九一三至一九一五年短短幾年之間，他在象牙海岸、黃金海岸等地，使數以萬計的原住民放棄傳統信仰、皈依簡單的基督宗教形式。他們的皈依一直持續。在獄中，加百列天使令他燒掉他一直保有的一切異教「排場」，要他放棄他的西方服飾，包括他的鞋，讓他全身只裹一塊挖了一個洞、可以讓頭伸出來的白布。哈利斯就這樣裹了一塊白布，帶著一個十字架、一本《聖經》，以及葫蘆，在兩個妻子陪伴下，成爲宣揚上帝的基督宗教先知。鞋子對他而言特具深意。這位聖公會教士，原是賴比瑞亞公認穿著最體面的黑人教士，哈利斯當然極力維護著這個形象。我們擁有的、有關他的幾乎唯一手稿，就是他根據美國一份郵購資料，在一九〇七年十月寫的一份訂單，訂單中的幾件商品包括一部縫紉機，與兩雙「男子風格的鞋子」②。這些鞋子對他的意義重大可想而知。而加百列天使堅持他必須放棄這些鞋子，也充分顯示了眞知灼見。作爲非洲的先知，就必須放棄所有這類西方物質，赤腳傳教。哈利斯在他偉大的福音之旅中，曾使許多族群皈依，包括在之後幾十年，沒有任何一位外界傳教士接觸過的迪達族（Dida）③。如果讀過詹姆斯・克拉比爾（James Krabill）針對迪達族的基督宗教讚美詩寫的那篇研究報告，就能瞭解哈利斯的犧牲奉獻成果何其豐碩。

自發性的皈依

對於二十世紀基督宗教歷史的中心主軸而言，哈利斯的故事具有象徵意義，不過有其

①譯注：William Wadé Harris，一八五〇？～一九二九，一九一〇年哈利斯因政治問題入獄，在獄中自覺被上帝選中從事傳教工作。出獄後在濱海地區旅行傳教，後來形成二十世紀初期於非洲西部規模最大的基督宗教傳教運動。

②David A. Shank, *A Prophet of Modern Times: The Thought of William Wadé Harris*, 亞伯丁大學博士論文（Aberdeen University, 1980），Part Three: Appendices, 868-9.

③James Krabill, *The Hymnody of the Harrist Church among the Dida of South-Central Ivory Coast*(1913-1949) (Frankfurt, Peter Lang, 1995).

極限。在二十世紀之初，新教與天主教對非西方世界，展開一項精心策劃、規模前所未見的傳教攻勢。從一九一〇年愛丁堡國際傳教會議（Edinburgh International Missionary Conference，有組織的基督宗教新教團結運動由此應運而生），或從羅馬會眾宣傳組織（Roman Congregation of Propaganda Fide）籌劃、有增無減的活動，抑亦或從聖經協會、從《聖經》翻譯語言版本不斷增加（或許這是整個傳教運動中，最具文化決定性、但也是最難以控制的因素），我們可以就它最公開、最周到的形式，對這項攻勢進行觀察。聖經的翻譯不僅造就了基督徒，還成就了國家認同。理論上，這一切仍是一種妥爲控制的行動，在行動過程中，非西方人士大體上是接受的一方，合作的比重極其輕微。傳教文學中很少提到傳道師與翻譯人員的姓名，對先知也抱持謹慎的態度。在所有傳教運動理論家中，幾乎只有羅蘭．艾倫（Roland Allen）獨樹一幟，爲所謂哈利斯模式辯解。

但由愛爾蘭主教夏納漢（Shanahan）領導、出現在伊格保蘭（Igboland）的大規模皈依運動，與哈利斯的作法出奇類似。伊格保蘭位在哈利斯活動地區以東一千哩，大體上屬於天主教教會範圍。在這裡，一九一三年同樣是關鍵性的一年。夏納漢宣布，「派翠克的時代，終於在伊格保蘭獲得實現。」④就像哈利斯造成的皈依風潮一樣，「隨著我們從一個城鎮移到另一城鎮，當地人民也自動自發地拆下偶像，樹立基督的十字架」。沒有錯，與迪達族情況不同的是，在伊格保蘭，歐洲教會享有些微控制權，但套用艾倫愛用的詞，就本質而言，這兩股「擴張」運動在比較上來說，是「自發的」⑤。這種運動模式在非洲與其他地方反覆出現了好幾百次。在亞洲，我們可以想到納加人（Naga）與印度的其他民族，可以想到蘇門答臘的巴塔克人（Batak），或中蘇拉威西（Central Sulawesi）的陶拉賈斯人（Toradjas），想到摩鹿加（Moluccas）的島民，還有之後的南韓人民。這些皈依運動有些源起十九世紀，不過直到二十世紀，它們才開始成長茁壯，在數以千計地點建立的地方教會才開始站穩腳步，開始渴盼伸張本身特性、與西方教會分庭抗禮。在亞洲與拉丁美洲，它們與已經建立的基督宗教勢力會合，其中包括成立已有數世紀之久、根基穩固的喀拉拉⑥教會，還有十七世紀以降才在中國、日本、越南、斯里蘭卡、佛洛勒斯⑦、東帝汶、墨西哥、祕魯與巴西等地陸續建立的教會。

儘管在大多數案例中，這些社區原則上都在外國教士控制之下，它們的關係一般而言都相當緊張，非歐洲人士都有相當的無力感。在二十世紀前五十年，特別是在天主教這方面，傳教士就個人奉獻、甚至就語言學習而言，都有巨大、難以磨滅的貢獻，這一點完全正確。不過，幾乎在任何地點，二十世紀基督宗教發展的主要議題，都在於非西方基督教徒的渴望建立自己的教會，而不願只是作為一種傳教中繼站。只有極少數教會人士，如文

④ J. Jordan, *Bishop Shanahan of Southern Nigeria* (Dublin, Clonmore and Reynolds, 1949), 109.
⑤ Roland Allen, *The Spontaneous Expansion of the Church* (1927, reprinted London, World Dominion Press, 1949).
⑥ 譯注：Kerala，印度南部一邦。
⑦ 譯注：Flores，印度尼西亞小巽他群島之一，屬東努沙登加拉（Nusa Tenggara Timur）省。

森・雷比（Vincent Lebbe）、安德魯斯（C.F. Andrews）與大衛・派登（David Paton），對亞洲基督教徒掙脫歐洲枷鎖的需求表示眞正同情。庇護十一世在一九二六年親自爲最初六位中國主教授聖職的事，是二十世紀基督宗教領導重心大轉型（出現在幾乎全球每一個角落）的最明顯、可見的步驟。東京的第一位日本大主教於一九三六年獲授聖職，非洲第一位拉丁式天主教主教喬瑟夫・基瓦努加（Joseph Kiwanuka）於一九三九年任命。基瓦努加的授命儀式也在聖彼得教堂舉行，主持儀式的是庇護十二世，領導重心走向益趨明確。但無論如何，在整個二十世紀中葉，各主要教會並沒有全面奉行這樣的政策。當庇護於一九五八年去世時，整個非洲除基瓦努加以外，僅有十位黑人主教。造成這種現象的，除民族主義、共產主義與西方帝國沒落合而造成的壓力以外，還有世界教會理事會（World Council of Churches）以及第二次梵蒂岡會議（Second Vatican Council）帶來的新神學與通俗化運動。這項運動眞正敞開了大門，使南方教會在二十世紀最後三十餘年，獲得社會大眾全面承認。

世界、也是亞洲最大的中國，是二十世紀非西方基督宗教困境最讓人觸目驚心的例證。中國的基督宗教史可以回溯許多世紀，但中國教會的成長，卻一再遭到西方政治與文化干預的摧殘。這種無恥的干預，以鴉片戰爭與號稱中國基督徒保護者的型態出現，對中國的自尊構成難以衡量的屈辱。在兩次世界大戰之間的那個年代，如何從外國教會控制下解放中國基督宗教，已經成爲中國教會朝思暮想的議題。吳耀宗與雷比等人爲中國基督宗教自主而付出的心血，在九成傳教士眼中都成了嚴重背叛。馬里諾爾（Maryknoll）的一位傳教士，在一九四七年八月寫信給他在美國的教長說，「我在天津一再聽說，中國教會面對的大風險不是共產黨，而是當地的教士。」⑧大衛・派登在他那本醒世之作《基督教傳教活動與神的裁判》（*Christian Missions and the Judgement of God*，倫敦，一九五三年）中指出，「描述中國境內基督宗教傳教活動現況的正確字眼，就是『大禍臨頭』……傳教時代的終了是上帝的意旨。」⑨甚至在共產黨佔據中國大陸、驅逐傳教士之後的一九五三年，這項訊息是否引起許多西方基督徒的重視，仍然令人懷疑。傳教時代的終了，是一種由共產主義促成的上帝意旨，有多少西方基督徒相信這種說法？

但事實證明，共產黨有意在中國消除的，不僅是外國傳教士而已。無數中國基督徒樂見外國傳教士離境。與吳耀宗、趙紫宸觀點略同的思想家，極力將基督宗教正面性地融入共產黨新秩序，但共產黨未因他們的順服而放過基督教會。浴火重生的代價比這錐心刺骨得多。就某種方式而言，最能代表當時中國天主教會情況的，莫過於不肯向共產黨屈服的天主教上海大主教龔品梅。龔品梅家族幾世紀以來，一直信奉基督宗教。上海是天主教腹

⑧ Thomas A. Breslin, *China, American Catholicism and the Missionary* (University Park, Pennsylvania, and London, Pennsylvania State University Press, 1980), 100.

⑨ David Paton, *Christian Missions and the Judgement of God* (1953, 2nd edn., Grand Rapids, William B. Eerdmans, 1996), 82-3.

地，大主教龔品梅擁有忠誠的信眾。他在一九六〇年受審，被判無期徒刑，遺缺由比較順服的人取代。但在之後幾年的文化大革命期間，一切基督宗教形式盡化烏有。一位基督徒後來如此解釋：「我們沒有教會，但教會在我們心中。」⑩西方觀察家於是將中國基督教會一筆勾消。但時到今天，儘管政府騷擾不斷，中國基督教會擁有數以百萬計信徒，而且似乎在迅速擴展。或許到最後，事實將證明，中國對基督宗教大舉迫害的影響，與羅馬皇帝戴克里先當年的迫害並無二致。無論情況是否果真如此，這一切全靠中國人來決定。共產主義確實除去的，是外國傳教因素，這對基督宗教實則是有利的。

先知哈利斯與他在艾布利（Ebrie）與迪達的信眾，以及一九九〇年代中國教會的發展，是出現在二十世紀兩端的兩個過程。它們各以不同方式，顯示基督宗教必須突破西方模式的牢籠才能成長。它們相對而言仍是極端例證，但它們代表了二十世紀全球各地基督宗教史最重要、最核心的趨勢：轉向南方與東方的發展，就大體而言，它也是一種由富足轉向貧乏的趨勢。在天主教與英國國教社區，現在有數以百計非洲與亞洲主教管理著自己的教區，而在二十世紀之初，這樣的主教連一位都沒有，這是此一趨勢最明顯的佐證。宗教教派的情況也一樣，它們在歐洲漸趨沒落，但在亞洲幾乎以同樣速度迅速成長。耶穌會擴展最速的地區莫過於印度，而當地目前來自西方的傳教士已經寥寥無幾。在二十世界後五十年名揚國際的基督徒，大部分與百年前教會史上根本不存在或知名度極低的地名有關，例如里西菲的黑爾德・卡馬拉（Helder Camara of Recife）、聖薩爾瓦多的奧斯卡・羅麥洛（Oscar Romero of San Salvador）、開普敦的戴斯蒙．屠圖（Desmond Tutu of Cape Town）、加爾各答的德蕾莎（Teresa of Calcutta）等等。儘管一九一〇年愛丁堡會議熱情召開，從英王喬治五世、羅斯福總統，以及德國殖民部的電訊中，也清晰可見會議享有的支持，但在當年，沒有人眞能想像到基督宗教竟能在如此出人意外的地方，有如此巨大、難以控制的擴展。以非洲爲例，整個南部非洲基本上成了基督宗教世界。沒有人能想到，九十年以後，會有愈來愈多的傳教士從喀拉拉或南韓而下，沒有人能想到，在一九〇〇年還沒有人皈依的伊格保蘭，竟能在短短幾十年間，產生一位在羅馬代表它的樞機主教。能夠預見這種發展對基督宗教內部權力消長影響的人，自然更少了。

法西斯、納粹和共產主義的打擊

當然，這種權力消長的變化，有很大一部分也基於教會舊有腹地內部出現的一連串爭議。這些爭議對基督宗教內、外夾擊，使這段期間的教會，雖然取得一些輝煌的勝利，但似乎惶惑不安，對前途欠缺信心，他們於是從許多傳統建制中撤離，寫下許多跌落甚深的數字紀錄。在法西斯主義、共產主義與不可知論的人文主義等三大敵手環伺下，二十世紀的歐洲與北美教會奮力抵抗。不同於純屬外來勢力的共產主義，法西斯與納粹就部分而言

⑩ Bob Whyte, *Unfinished Encounter: China and Christianity* (London, Collins, 1988), 296.

是一種內敵。法西斯與納粹的問題是，它們以許多令人不快的傳統，如民族主義、反猶太主義與極權主義等等為訴求，而多年來，這些傳統充斥在許多虔誠基督徒的生活之中。更有甚者，與共產主義的鬥爭，不僅鼓勵了與法西斯更深一層的共謀，還似乎為這種作為找到了藉口（西班牙等地出現的情況就是例證）。也因此，如果在觀察基督宗教這項鬥爭時，認為大多數基督徒或教會領導人都能看清問題癥結所在，會犯下危險的誤解。他們未能看清問題眞貌，因為這是一場夜戰。舉例說，屬於告解教會（Confessing Church，基本上是一個反納粹的抗議運動）小型少數族裔新教組織的許多信徒，雖然反對納粹，卻對納粹的若干民族主義觀點表示同情。能夠像朋謂斐爾⑪一樣見事清明的，畢竟不多見。義大利境內大多數天主教徒，與深受貝當⑫主義影響的法國的許多天主教徒，情況亦若是。庇護十二世當年不可能覺察到這項鬥爭影響之深，但事實證明，至少曾擔任牛津御設講座神學教授的格洛塞斯特（Gloucester）主教海德蘭（Headlam），對納粹的瞭解也同樣茫然無知。

但無論如何，一種新基督宗教從這場二十世紀大混亂中應運而生。在一九三七年牛津生活與工作會議（Oxford Conference of Life and Work）中，喬伊・奧德漢（Joe Oldham）對此已有極精湛的分析；從賈奎斯・馬利坦（Jacques Maritain，堅決採取反佛朗哥立場的少數天主教徒之一）或克里斯多佛・道森（Christopher Dawson）的著作中，我們也可以窺見這種新基督宗教的若干特性。在這段期間，基督宗教世界腹地的舊有政治風貌，甚至教會組織型態，都出現決定性、無法回復的劇變。天主教以一種前所未有的方式接受政治民主。如果在此以前，美國天主教會在所謂「美國主義」的猜忌之下，一直顯得幾乎是異類，這時的美國天主教會已經回歸正常。新教成立世界教會理事會，天主教會很快發現，它不可能置身事外，不參與基督教團結運動（Ecumenical Movement）的運作、甚或是理念。就許多方式而言，第二次梵蒂岡會議許多最重要的觀點，早在一九三〇年代後五年間，已經在齊努（Chenu）、康加（Congar）與戴魯巴（de Lubac）等馬利坦的盟友心目中成形（他們提出的新神學論，在二次世界大戰戰後那段期間頗遭疑忌）。我們或許可以說，基督教團結運動的這些先父，用來進行抗爭的工具頗不適當，但他們以一種決定性的方式，重建了基督宗教的歸屬、而不是分化意識。他們由南印度教會提取最令他們心儀的團結模式，專門由馬杜萊（Madurai）主教雷斯利．紐比金（Lesslie Newbigin）引進到世界教會理事會，它雖然在一九六一年新德里的第三次大會（Third Assembly）中獲得正式認可，但因過於簡單而無法運作。但即使如此，南方教會對廣義思考的衝擊仍值一提。由

⑪ 譯注：Dietrich Bonhoeffer，一九〇六～一九四五，德國信義會教堂牧師和神學家。一九三三年爲抗議納粹的反猶太立法而去國。他在倫敦的德國人牧區工作到一九三五年，隨後返回德國，任教牧神學院院長至一九三七年該院被納粹封閉爲止。由於積極參加德國反抗運動，一九四三年被捕入獄，處絞刑。

⑫ 譯注：Pétain，一八五六～一九五一，法國將軍。第一次世界大戰凡爾登戰役的赫赫英雄，第二次世界大戰維琪傀儡政府元首。

二十世紀中葉最著名的領導人，一九四八年在出現戰後大榮景的阿姆斯特丹，充滿信心地建立的世界教會理事會，似乎即將成爲基督宗教世界的新支柱，它的第一任祕書長、巴特⑬派神學家、荷蘭人文．維瑟．胡夫特（Wim Visser't Hooft），毫無疑問是二十世紀最重要的宗教領導人之一。這一切都衍生自以二次世界大戰爲核心的二十世紀中葉危機。實際情況是，維瑟．胡夫特的光環迅速失色。無論出自有心或無意，使日內瓦取代羅馬、成爲基督宗教世界新重心的意圖，似乎並未成功。世界教會理事會的重要性似乎逐漸褪色，而羅馬的中心地位似乎更加鞏固。教皇的中心性，無論人們做什麼政策解讀，總是不斷成長。但如果不是基督教團結運動奠下基礎，即使是教皇的地位也未必能成長。若是沒有維瑟．胡夫特以及他宣示的一切作爲，我們很難想像樞機主教卡利（Carey）與大主教亞大納西（Athanasios），會站在教皇若望．保祿二世之旁，推開羅馬聖保祿大教堂的歡慶之門（Jubilee Door）。

但若是沒有基督宗教第二個、也是最強悍的一個二十世紀敵人共產主義，波蘭籍的教皇也不可能出現。在幾乎整個二十世紀，基督宗教生活都瀰漫著與共產主義鬥爭的意識。儘管少數基督徒曾有勇敢的嘗試，在這場戰爭中與兩面交好，但自從列寧派於早期在俄國屠殺東正教基督徒以來，基督宗教的敵我界線就劃得十分鮮明。在這場鬥爭中殉教的基督宗教烈士很多。一九四五年雅爾達協定（Yalta Agreement，邱吉爾與羅斯福在這項協議中，將東歐大部分控制權交給了史達林）簽訂時，在之後持續多年的宗教迫害過程中，幾乎沒有人能料到，在雅爾達協定簽訂四十五年之後，共產主義竟因知識上的貧乏、因實用上的無能而崩潰解體，而作爲共產統治下、唯一能起而抗衡的公共建制的教會，竟能取得勝利。事實證明，波蘭天主教比蘇聯共產主義更強悍。當年經史達林下令拆除的一座巨型教堂，在莫斯科重建，與若望・保祿二世同爲這項偉大勝利的象徵。但奮鬥容易、取勝難，二十世紀末期西方基督宗教的空洞化，正導因於少了一個敵手。曠日持久、似乎永無止盡的戰爭，沒有拖垮的士氣，卻因勝利而大受損傷。特別是波蘭天主教徒，現在更陷於不知何去何從之苦。一種相當枯燥而奏凱意味十足的重建主義，輕易塡補了這個空隙。

最難纏的敵人

事實證明，二十世紀基督徒面對、更加難纏的，是第三個敵人：自由派、資本主義的科學人文主義。事實上，教會本身幾乎就像是特洛伊的木馬一樣，將他們最珍視的心腹要地，拱手讓給最陰狠的敵人。因爲在面對這個敵人時，基督宗教再次陷於對內與對外的苦鬥，而且毫無疑問，他們做得並不成功。後啓蒙運動時代西方世界的整個神學史，就是一部重建宗教信仰信心的奮鬥史。在這個時代的文化中，理性、科學與唯物論者，在現實的詮釋上威權日隆，而且儘管教會因恐懼而極力辯駁，理性、科學等呈現的心靈運動，部分

⑬譯注：Barth，指瑞士基督教神學家卡爾?巴特。受其著作《羅馬書注釋》的影響，而出現了辯證神學派。

衍生自基督宗教的一支。也因此，基督宗教這段期間在歐洲社會影響力的大幅衰退，不僅因為外來攻擊，至少也因為基督宗教以及基督宗教陣營內許多友人養成的心態。面對現代化衝擊，基督宗教為維護信仰，不得不進行神學鬥爭，而這確實是一場驚人激烈的鬥爭。巴特、布爾特曼⑭、田立克⑮、朋諤斐爾、尼布爾⑯、馬利坦、德日進⑰、拉納⑱、康加、馮．巴沙薩（von Balthasar）、潘南伯格（Pannenberg）等人，是二十世紀這場鬥爭過程中，最有影響力的神學家、哲學家與歷史學家。我們可以根據這種人才輩出的盛況，達成結論，認定二十世紀是後使徒時代、神學思想四大高峰期之一；另三大高峰期是四世紀後半與五世紀之初、十三世紀，以及十六世紀。在每一段高峰期中，主要的創意年份都不滿百年，每一段高峰期也各為基督徒心理建立一種新型態。二十世紀這段思想高峰期，無論在自由、多樣性、與創意上都有絕佳的表現。但無論如何，基督宗教信仰在每一層面的基礎都為之動搖。更有甚者，這種動搖既是西方基督宗教結構出現的、更廣泛的社會性與知識性震撼造成的結果，也是針對如此震撼而有的回應。就這樣，許多世紀以來，非教士與教士的劃分、男性與女性的劃分、還有一連串教派的劃分，一直是基督宗教公共生活與組織型態塑造上的決定性因素，而所有這些因素大體上都崩潰了。

僅舉一個小小的例子為證。在一八九九年，南倫敦浸信會牧師梅耶（F.B. Meyer）寫信給紹斯華（Southwark）英國國教主教愛德華．陶巴（Edward Talbot），問他能否出席浸信會主日學社（Baptist Sunday School Society，它為四千紹斯華兒童提供主日學）百年慶典。陶巴德高望重，曾任基寶學院院長。梅耶在信上懇請道，「你難道眞的不可能光臨嗎？你的光臨會是一種昭示寬容的高貴行爲。」⑲陶巴在回信中說，他不可能出席，這是「明確的原則問題」。因爲他若對浸信會主日學校的作爲表現任何一絲認可之意，就等於是在「鼓勵分裂，從而構成滔天罪行」。梅耶在他有生之年雖有志難伸，但到二十世紀末，他的寬容觀終於勝出，而陶巴的答覆徒然成爲一種笑柄。獲得最後勝利的，是一種擁抱一切主要傳統的心靈交通意識。意義同樣重大的，是更古老的、教會劃分男女習俗的解體。根據這類習俗，除了緊急狀況的受洗儀式以外，婦女不得參與任何崇拜儀式或佈道活動。我們仍在奮力拆除這道最堅實的牆，但即使教皇或許不同意，這道牆在本質上已經不復存

⑭ 譯注：Rudolf Bultmann，一八八四～一九七六，德國路德教派神學家。精通古希臘語言、文學和文化。爲研究《新約》的學者。

⑮ 譯注：Paul Tillich，一八八六～一九六五，德國基督教神學家。一九一二年任路德教派本堂牧師。後歷任馬堡、德勒斯登、萊比錫和法蘭克福各大學教授，一九三三年被納粹免職。於一九四〇年入美國籍。

⑯ 譯注：Reinhold Niebuhr，一八九二～一九七一，二十世紀美國基督教具影響力的神學家。

⑰ 譯注：Teilhard de Chardin，一八八一～一九五五，法國哲學家和古生物學家。他把科學和基督教教義結合起來研究，宣稱人類歷史與十字架的道路十分相似。他所提出的若干理論遭到天主教內和他所屬的耶穌會內一些人的非議。他的著作甚多，其中雖然保持了亞奎納的傳統，卻運用了存在主義哲學觀點。

⑱ 譯注：Karl Rahner，一九〇四～一九八四，德國羅馬天主教重要神學家。

⑲ G. Stephenson, 'Edward Stuart Talbot' (London, 1936, 114.

在。我們雖然無疑還有很長的路要走，二十世紀末的基督宗教見證的女性教士、神學與一般行動，規模之大都堪稱空前。就這樣，神學理論基礎的震撼，在遠較寬廣得多的一場教會革命中成形；而西方教會承繼自近古、中世紀與宗教改革時代的結構，也在這場革命中大量流失。

神學家、教宗與烈士

就現代時空背景而言，在評估二十世紀神學運動在基督宗教信仰省思方面的成功時，或許有人認為，基督宗教在西方世界備受腐蝕的腳步，在一九七〇年代不慢反快，神學運動也於此轉而下坡；但反對這種論點的人會說，對二十世紀中葉神學復興運動構成最重創傷的，仍是新教、天主教與正教間的劃分，這項區隔後來終獲解決。最有影響力的思想家雖然大體上都在新教陣營之內，但他們的成就，卻因為他們與天主教中心傳統脫節而大打折扣。第二次梵蒂岡會議舉行，情況於是出現變化，新教神學也盛極而衰。從制度面看來，教會會議至上論者的影響仍然混淆不清，難以評估；但就知識面而言，情況絕非如此。二十世紀最後三十年出現在西方世界最值得一提的發展，或許就是天主教與新教思想的融合，以及正教影響力的益加注入。在二十世紀末，基督宗教神學的實力不在於知名神學家。若以神學家而論，它不是早先一代的對手。它的實力在於，它能在單一功能性企業中，將聖經、基督宗教初期、中古學院派、宗教改革，以及後啓蒙時代的傳承融為一爐。

就本質而言，在整個二十世紀基督宗教發展史上居於絕對核心地位的基督教團結運動，儘管從制度面看來並未成功，就知識面而言已經成功了。以長遠而論，這項成功對基督宗教在較廣社會中的知識地位影響如何，目前還無法定論。只有非常莽撞的人，才敢預言二十一世紀知識面的塑型。

二十世紀出了許多偉大的神學家，許多極其強勢的教皇，還有無數烈士，包括初期的查爾莫斯（Chalmers），直到帕維爾・佛洛倫斯基（Pavel Florensky）、米古爾・普洛（Miguel Pro）、艾迪斯・史坦（Edith Stein）、法蘭茲・賈格斯塔特（FranJ?gest?tter），以及奧斯卡・羅麥洛等人。二十世紀的基督徒就整體而言，無論可能背負什麼罪名，絕無貪生怕死之罪。

但如果二十世紀是一個烈士的世紀，它也是一個現世心靈觀色彩相當濃厚的世紀，事實上，導致殉教的原因，往往正是這種現世觀。朋諤斐爾就是烈士與現世觀結合的典型人物。他寫道，「對個人救贖的個別關切，已經幾乎完全離我們而去，這麼說難道不對嗎？」[20]但同樣是他，在即將受刑就死前卻說，「對我而言，這是一個開端。」這種現世思維的轉型，是否未必意味一種世俗化的解體，仍有待商榷。這種轉型在一九六〇年代最爲突顯，在當時，第二次梵蒂岡會議與烏普薩拉[21]世界教會理事會掀起的現世熱潮，與西方基

---

⑳ Dietrich Bonhoeffer, 'Letters and Papers from Prison', 5 May 1944(London, Collins, 1953), 94.

督宗教聲望的開始急轉直下，堪稱旗鼓相當。如果羅馬與若望．保祿二世，以及聖靈降臨福音教派的策略，支持的是一種世俗化意味較弱的論點，它們能與我們所謂的「南半球基督宗教」同調嗎？

基於這個考量，我設法對艱險重重的二十世紀做一番全面性概述。在考慮二十世紀基督宗教史的整體特性時，我曾自問應該將它與什麼時代做比最為有效，結果想到了七到九世紀的那段歲月。儘管如此比擬看似奇怪，這兩個時代其實頗有共同之處。在七到九世紀，基督宗教腹地無疑仍在希臘東部。拉丁西方也因此無異議地接受六八○年卡爾西頓會議、七八七年尼西亞會議，以及八六九年君士坦丁堡會議的權威。所有這三次宗教會議都有教皇代表與會，但除此而外，西方的參與幅度極小，東、西方之間的鴻溝已經很深。但在當年，教會眞正活力所在、教會最重要的成長區，遠在西北部的英格蘭、北法、荷蘭和日耳曼那些看似未開化的地區。當希臘僧侶狄奧多爾七世紀末在英格蘭、卜尼法斯八世紀在日耳曼建立教會時，君士坦丁堡對這些訊息不以為意。但事實上，整個基督宗教世界即將出現翻天覆地的劇變，巴黎、坎特伯里、科隆這類地點即將成為最舉足輕重的關鍵要地。這情況持續了一千年。直到二十世紀，一切才出現決定性的轉變，像當年拜占庭一樣，西歐仍保有一種聲望上的重要地位，但事實上，較年輕、較有活力：或許也較單純的教會已經取而代之。就像俄羅斯重建拜占庭傳統、但將它大幅修改一樣，北美也沿用許多北歐傳承，但將它特製化。但更重要的是，拉丁美洲、非洲、與亞洲等南方大陸那些更大型教會的欣欣向榮。基督宗教在邁入第二個千年之初，靠的是西北歐那些年輕的教會，同理，或許基督宗教第三個千年前途所寄，正是這些南方大陸的教會。

未來之發展

教會仍在力謀管控基督宗教的全球擴展。這項管控主要來自兩方面：一方面是羅馬教廷，另一方面是美國基本教義派與新教聖靈降臨教派。如果說，羅馬教皇的聲望在整個二十世紀成長驚人，聖靈降臨運動的成長情況也不差。大體而言，這項運動的現代形式，隨亞祖沙街頭復甦（Azusa Street Revival）事件源起於一九〇六年的洛杉磯。運動逐漸擴展，也開始分化。它首先分裂成黑人與白人兩種形式，但之後出現各種變化，有些強調奇蹟，有些強調神的語言（speaking in tongues），有些強調末世；這類歌頌繁榮的福音，往往與電視佈道以及一種《聖經》基本教義的極端形式相聯。在有些國家，它現在已經與福音教派難以分割。它並且夾帶著一種對教義的再詮釋，從聖靈降臨教會擴展進入天主教與國教等主流傳統，一九六〇年代出現的神蹟運動（Charismatic Movement）就是例證。它對基督宗教崇拜活動的活力與多元化，無疑具有普世性衝擊。原本主要是北美的一種運動，已經成為全球性運動，特別對拉丁美洲、印尼與部分非洲地區，尤其影響深遠。美國

㉑ 譯注：Uppsala，瑞典東部烏普薩拉省省會，位於斯德哥爾摩西北六十四公里。

在這場全球性運動中仍保有多少影響力與控制力，尚有待學術爭議。文獻、資金、人員透過聖靈降臨脈絡從美國流出，是不爭之實，但誰在利用誰，以及其他地區聖靈降臨教派的地方本質性有多少，都還沒有定論。至少它的一些特色必然源起於美國黑人文化。對基督宗教內部而言，這兩大模式（一方面是以羅馬爲中心的制式化、教士控制的天主教，另一方面是顯然較具彈性、北美聖靈降臨的新教教派）之間的鬥爭（這項鬥爭在原本幾乎是天主教天下的拉丁美洲，進行得最爲激烈），很可能是二十世紀末基督宗教史的最大特色。聖靈降臨教派的侵入拉丁美洲，不時造成血腥與政治動亂，幾乎堪稱天主教南美洲史的翻版，瓜地馬拉的情況就是例證，這與解放神學與基礎社區（Base Communities）象徵的天主教社會皈依模式背道而馳。就長期而論，在節制南半球基督宗教發展的過程中，梵蒂岡或北美聖靈降臨教派能否非常成功，尚難定論。此外，後共產主義時代的羅馬，一方面雖然與來襲的聖靈降臨教派奮戰，但在另一對抗自由主義的戰線上，它卻能與這個教派結盟。

對我們其他人而言，控制已經是不可能的事，但知識與心靈傳承的發揚光大，仍是我們極有意義的工作。八世紀的約翰．達馬辛㉒，在中東伊斯蘭哈里發㉓治下的一所教會工作，既無緣於君士坦丁堡皇帝賜予的特權，也不再受其節制。他於是以相當自由、成熟且考慮周詳的手法，將早先幾個世紀的希臘神學整理在一起，供後人參考。二十世紀西方神學可能也扮演了類似角色。神學不再是歐洲列強民族主義與帝國主義的奴隸，不再是許多世紀以來、巴比倫籠中的特權。傳統基督宗教歐洲特性的解體，或許能使現代基督徒經驗一種成熟的知識性自由，這種自由不能阻止他們的教會繼續沉淪，但確能使他們爲後世基督徒，提供一種較二十世紀之初所得傳統豐盛得多、也忠實得多的神學。如果這項假定果然成眞，則西方教會的式微擁有它本身的果實，又一次印證了基督宗教冗長歷史中的下述法則：新事物的增長，取決於舊事物的沒落。

（本文作者爲里茲大學〔University of Leeds〕名譽神學教授，一九五八至六六年間擔任烏干達馬薩加〔Masaka〕主教）

㉒譯注：John Damascene，即大馬士革的聖約翰，六七五？～七四九，基督教東方教會修士，希臘教會和拉丁教會的教義師。七三〇年之後有「金辯士」（Chrysorrhoas）稱號。

㉓譯注：Caliph，穆斯林國家的統治者。

第十章

展望

理查・哈里斯

宗教社會學家在一九六〇年代指出，這個世界正經歷一場不能扭轉的世俗化進程。於是有人開始提出尖銳的問題，質疑運用的標準。據報導，法國境內職業算命師的人數一度高達四萬，比牧師人數還多，而且有些算命師還受雇於公司，爲公司的商業決定獻策。大批民眾看星象圖反映的這項事實，或許顯示了若干事物，但它絕非世俗社會的標記。世俗化運動早期代表人物始料未及的一個現象是美國。美國既是全球最現代化、同時也是宗教信仰最虔誠的社會，過去如此，現在亦然。

現在，在第三個千年之始，宗教社會學家有了不同的世界觀。就若干角度而言，似乎一個社會愈現代化，它的宗教氣息也愈濃郁。工業化與全球化不但沒有逼退宗教，反而益發突顯宗教信仰的重要性。印尼是個極顯著的特例。印尼既是全世界人口最多的伊斯蘭教國家，長久以來也是對宗教最寬容的國家。但現代化使印尼人從島嶼與鄉間偏遠地區移居城市。過去，人們在定居的鄉村求得認同，一旦離鄉背井來到現代化城市，他們的認同只能植基於清眞寺或教堂。不幸的是，這種宗教社群角色提升的現象，遭摩鹿加與其他地區那些寡廉鮮恥的政治勢力盡情榨取。

在其他國家，宗教一旦與國家認同結合，它的地位不僅在地方社區、也在國家層面上更加突顯，如馬來西亞與伊斯蘭教，印度與印度人民黨①就是例證。基督徒在邁向未來之際，面對兩種看似矛盾的現象。其中一種是非基督教宗教信仰的復甦，另一種是社會學家所謂的「歐洲優越主義」，即歐洲對其他地區發生的事物，似乎頑抗到底的事實。相對於世上大多數其他宗教，制式化宗教的社會影響力已經不如往昔。

安德連．哈斯汀指出，二十世紀是教會傳教的大時代，基督宗教信仰在世上幾乎每一個國度都站穩了腳步。他也告訴我們，基督宗教如何擺脫它的西方排場，與地方領導階層共榮。同時，至少自第二次世界大戰以來，世上另一大宗教的實力也有增無減。二十世紀早先世人眼中那個蟄伏、衰敗了的伊斯蘭教，基於各種理由，已經成爲許多國家境內一股不容小覷的經濟、社會、政治與宗教勢力。大多數伊斯蘭教徒，就像大多數基督徒一樣，是溫和、善良的人民，希望以和平手段宣揚他們的宗教。但無論如何，在印尼、蘇丹、巴基斯坦與奈及利亞等地，伊斯蘭教徒與基督徒之間還是不斷出現激烈衝突。在印度，近年來有百餘基督徒遭印度民族主義份子殺害。因此，就全球性觀點加以考量，基督宗教前途的基本事實，就在於（教會必須與之建立關係的）世上主要宗教的復甦與實力。除和平共處這項緊迫的社會與政治任務之外，基督宗教另有一項神學任務，就是向其他擁有本身一體性與活力的世界觀，宣揚基督宗教信仰。歐洲與北美的神學家，與生活在宗教信仰緊張地區的基督徒，對這項神學任務的認知頗有差異。

在西方世界，一場激烈的辯論持續進行。有些人認定唯有基督宗教宣揚眞正的上帝眞理，另有一些主張多元論的人則認爲，所有宗教都只是對一種不甚了然的眞理的一知半

①譯注：BJP，Bharatiya Janata Party，爲印度教民族主義政黨，創始人爲瓦傑帕伊（Atal Bihari Vajpayee）。

解，認爲基督的信仰可以從所有宗教中窺見，基督宗教的角色正是認清這一點，使之全面實踐。這個議題迄無共識，辯論仍在進行。同時，對話方式似乎愈來愈實際，對神學上層結構的需求愈小。一九八八年舉行的全球國教主教蘭貝斯會議（Lambeth Conference）顯示，對話有三個層面。第一個，設法以對話夥伴本身的方式瞭解對話夥伴，不要以加標籤的方式預設立場，要讓對話夥伴爲他們自己發言。其次，探討共同立場的可能性，第三，認清眞正分歧所在。要進行眞正的對話，就要將分歧引進雙方關係。同一信仰內部的對話，並無一般公認的目標。如此認定目標，等於置身醞釀宗教主張的傳統之上、進行鳥瞰，而犯下多元論者的同樣錯誤。我們並不享有這種居高臨下的優勢地位。但無論如何，基督宗教在與其他宗教進行對話時，可以保有一個目標。或許透過對耶穌基督社會重建的類推（上帝的國度經由耶穌而呈現），我們可以見到這個目標。發掘這些類推，可以使基督徒面對本身信仰的眞理，生活得更認眞。羅文．威廉斯（Rowan Williams）曾經寫道，「我們能否從他人的行動與希望中，充分再發掘我們本身的基本故事，從而使我們本身得以再皈依，還能藉由上帝的再創造恩典，將那些與基督有關的行動與希望付諸於行。」②這種強調自我再皈依的論點，揭示了宗教與宗教未來關係的重要層面。他們必須面對本身核心信仰，抱持自我批判的態度。在不淪於相對主義的前提下，所有宗教都面對下述挑戰：能否放棄自己比其他宗教都優越的傳統立場，改採一種悔悟、感恩的立場，探討本身眞理，並透過與對話夥伴的接觸，發揚這些眞理。

在已開發世界之外，對話往往以各種形式，呈現性命攸關的大問題。在有些地方，政府強制人民改變信仰，還有些地方，全國實施宗教法，控制宗教。處在這種環境下，對話不再是奢侈品，而是和平共存的必要條件。在這些地方，宗教往往被控製造衝突，或加劇衝突。大型政治集團一旦崩潰，宗教很容易成為後續種族衝突的認同標記，這是事實，蘇聯與前南斯拉夫就是例子。衝突是人類生活的一種特性，宗教在世界舞台的再崛起，意味它將繼續作為一種認同標記。宗教領導人顯然負有重責大任，必須運用個別宗教的資源、促進和平共存。

美國仍是全世界最現代化、最強大的國家。美國人民也擁有獨特的信仰能力。無論是否基督徒，百分之八十四的美國人相信上帝會製造奇蹟，百分之四十八說他們親身體驗或見證過他們視為神奇的事。在福音教派的新教徒，這個數字是百分之七十一。歐洲人抱持的懷疑觀重得多。但無論如何，在第三個千年展開之際，一個有趣的現象正在成形。以英國為例，在一九九九年十二月，意見研究商業調查（Opinion Research Business Poll）數據顯示，百分之二十七的英國人自稱「重視精神生活」，與自稱虔信宗教的人口比率相仿。或許意義更重大的是，雖然有百分之三十九的英人自稱不信教，但認為自己「不是精神人」的只有百分之十二。換言之，百分之八十八的英國人不願自己被歸類為不重精神生活。

② Rowan Williams, *On Christian Theology* (Blackwell, 2000), 38.

最近與英國國家廣播公司影集〈英國魂〉（Soul of Britain）搭配進行的民意測驗，也有類似發現。舉例說，遠超過半數以上的英國人相信靈魂。歐洲教會面對的挑戰是，能否汲取基督宗教真理的資源，透過一種特定方式加以宣揚，以引起愈來愈多這類所謂「精神人」的共鳴。

在基督宗教與其他宗教的關係問題項下，基督宗教與猶太教的關係有其獨特性。在二十世紀最後幾十年，學者進一步瞭解到教會對猶太主義的惡行劣跡，包括長期宣揚的「蔑視教條」，以及對猶太教的強力騷擾與迫害。這一切都助長了世俗的反閃族心態，為令人髮指的猶太人大屠殺暴行奠下基礎。直到第二次梵蒂岡會議在一九六五年發表《新聲明》（Nostra Aetate），基督宗教對猶太教的態度才出現革命性改變。梵蒂岡會議在這項聲明中重申兩教的共同「精神遺產」。梵蒂岡遵循這項政策，分別在一九七五年與一九八五年發表《指導原則》（*Guidelines*）與《傳教與教義問答注解》（*Notes for Preaching and Catechesis*）。現在有無數來自新教教會的文件，要求針對與猶太教的關係進行根本性重估。不過，尚待解決的問題依然很多。而且，更重要的是，影響聖經詮釋、佈道與崇拜儀式的這種根本性重估，迄未能以一種理當出現的方式，開始眞正影響教會整體、特別是新教教會的生活。猶太教往往淪為基督宗教教義宣揚過程中的一種烘托。教育基督宗教大眾、讓他們正確瞭解猶太教，需要世代不懈的努力。

大屠殺的慘劇，不僅使人質疑基督宗教與猶太教的整體關係，也讓人對慘劇發生以後，神學能有什麼作爲的問題產生疑惑。眼淚、憤怒與沉默，似乎是唯一可能的道德反應。但問題不僅是大屠殺而已。現代通訊科技意味，我們每天都承受著謀殺、殘酷、痛苦事件的折磨。儘管二十世紀最後終於拒絕了馬克思主義與基本教義的佛洛伊德（Freud）派，但這兩種理論已經腐蝕了歐洲人心靈，使小說家艾瑞絲·梅鐸③寫下「一切慰藉都是虛假」的名句。也因此，未來的基督宗教，必須面對的不僅是哲學問題，還包括一種道德批判。此外，基督宗教能否傳遞一種希望訊息，而不是一味閃避人類持續的悲劇，也仍將是一個問號。基督宗教必須活在十字架上受難的基督的大能之中，這是它的希望所寄，也是它唯一寄託所在。

廉價而簡單的宗教總有其前途。一旦與民族主義或與其他政治運動結盟，它會成爲一個狰獰的宗教。但世界每一個角落都有虔誠的基督徒，他們的見證終將勝出。在歐洲，儘管國家印刷媒體持續貶抑宗教，藝術界人士與基督宗教信仰仍保有良好關係。這不僅因爲基督宗教主題的古典作品繼續獲得民眾喜愛，也因爲較現代的作品具有基督宗教的共鳴，而不論作品製作人本人是否爲基督徒。特別是音樂，也包括詩文，以及程度上或許略遜一籌的視覺藝術與劇院，基督宗教藝術品總能予人無限啓發的可能，即或是我們這個時代那

③譯注：Iris Murdoch，一九一九～一九九九，英國女作家、大學講師。五〇年代末期公認之多產及多才多藝的小說家。

些鄙視文化的人，也常爲之嘆服不已。國家藝廊舉辦的「見證救贖」（Seeing Salvation）基督宗教藝術品展覽，獲得的驚人成功，顯示基督宗教景象仍能引起廣大民眾共鳴。

兩千年來的基督宗教史讓我們瞭解一個事實：教會訊息的眞實情況，不能用它在地域上的進展來衡量。北非基督宗教一度曾是教會之光；耶路撒冷數度成爲一座基督教城；在一四五三年，全世界已知最燦爛的基督宗教文明，在歷經幾近一千二百年之後崩潰。自七世紀以降，基督宗教逐漸在歐洲站穩腳步，隨著歐洲勢力漸長，基督宗教的勢力與影響力也逐漸擴展。在美國崛起以後，基督宗教聲勢更加如日中天。但現在，即使未必出現歐洲那種暴跌的狀況，主流教派正日趨式微。福音教派氣勢仍強，聖靈降臨教派在拉丁美洲也同樣風行，這兩個教派在非洲以及世界其他地區也十分活躍。舉例言之，現在有人說，單在奈及利亞一地，國教信徒人數已經超過英國與美國國教教會的總人數。羅馬天主教會因普世性而特別受益。儘管在美國與歐洲境內，聖職人員的神召受命出現嚴重短缺，以印度爲例，加入教團的信徒人數正不斷增加。或許預測基督宗教的未來重心走向是一種愚行，不過中國確實代表著無限可能，因爲它不僅擁有極活躍的地下教會，還有獲得官方認可的教會。但無論得失成敗，無論進取退縮，多行公義、關愛、憐憫，總不致徒勞。

（本文作者爲牛津主教，前倫敦國王學院〔King's College〕院長）

參考書目

總論

Sarah Jane Boss, *Empress and Handmaid: On Nature and Gender in the Cult of the Virgin Mary* (2000).
David L. Edwards, *Christianity: The First Two Thousand Years* (1997).
Adrian Hastings (ed.), *A World History of Christianity* (1999).
John McManners (ed.), *The Oxford Illustrated History of Christianity* (Oxford, 1990).
Norman Tanner (ed.), *Decrees* of the Ecumenical Councils (2 vols., 1990).

早期教會

Peter Brown, *The Body and Society: Men, Women and Sexual Renunciation in Early Christianity* (1988).
Henry Chadwick, *Early Christian Thought and the Classical Tradition* (Oxford, 1966 and later edns.).
—— *History and Thought of the Early Church* (1982).
—— *The Early Church* (Pelican, 2nd edn. 1993).
W. H. C. Frend, *The Rise of Christianity* (1984).
Stuart G. Hall, *Doctrine and Practice in the Early Church* (1991).
Martin Hengel, *The Four Gospels and the One Gospel of Jesus Christ* (Harrisburg, Pa., 2000).
J. A. Jungmann, *The Early Liturgy to the Time of Gregory the Great* (1960).
R. A. Markus, *The End of Ancient Christianity* (Cambridge, 1990).
K. Rudolph, *Gnosis* (Edinburgh, 1983).
E. P. Sanders, *Paul* (Oxford, 1991).

近古

Peter Brown, *Augustine of Hippo: a Biography* (1967).
—— *The World of Late Antiquity* (1971 and later edns.).
—— *Authority and the Sacred: Aspects of the Christianization of the Roman World* (Cambridge, 1995).
Averil Cameron, *Christianity and the Rhetoric of Empire* (Berkeley, Ca. and London, 1991).
—— *The Later Roman Empire* (Cambridge, Mass., 1993).
Averil Cameron and S. G. Hall, *Eusebius, Life of Constantine* (Oxford, 1999).
Henry Chadwick, *Augustine* (Oxford, 1986).
Owen Chadwick, *John Cassian* (2nd edn., Cambridge, 1968).
P. Chuvin, *A Chronicle of the Last Pagans* (Cambridge, Mass., 1990).
E. R. Dodds, *Pagan and Christian in an Age of Anxiety: Some Aspects of Religious Experience from Marcus Aurelius to Constantine* (Cambridge, 1965).
E. D. Hunt, *Holy Land Pilgrimage in the Later Roman Empire* (Oxford, 1982).
Neil B. McLynn, *Ambrose of Milan: Church and Court in a Christian Capital* (Berkeley, Ca., 1994).
Anthony Meredith, *The Cappadocians* (1995).
Norman Russell and Benedicta Ward, *The Lives of the Desert Fathers* (1980).
Robert Wilken, *John Chrysostom and the Jews: Rhetoric and Reality in the Late Fourth Century* (Berkeley, Ca. and London, 1983).

中世紀初期

Peter Brown, *The Rise of Western Christendom: Triumph and Diversity 200–1000* (Oxford, 1996).
Donald Bullough, *The Age of Charlemagne* (1965).

V. I. J. Flint, *The Rise of Magic in Early Medieval Europe* (Oxford, 1991).
K. J. Leyser, *Rule and Conflict in an Early Medieval Society: Ottonian Saxony* (1979).
Rosamond McKitterick (ed.), *The New Cambridge Medieval History* Vol. 2 *c.700–c.900* (Cambridge, 1995).
R. A. Markus, *Gregory the Great and his World* (Cambridge, 1997).
Henry Mayr-Harting, *The Coming of Christianity to Anglo-Saxon England* (3rd edn. 1991).
—— *Ottonian Book Illumination: An Historical Study* (2 vols., 2nd edn. 1999).
Dennis Nineham, *Christianity Mediaeval and Modern* (1993).
Henri Pirenne, *Mohammed and Charlemagne* (1939 and later edns.).
Timothy Reuter (ed.), *The New Cambridge Medieval History*, Vol. 3, *c.900–c.1024* (Cambridge, 1999).
J. M. Wallace-Hadrill, *The Frankish Church* (Oxford, 1983).
Patrick Wormald, *The Making of English Law: King Alfred to the Twelfth Century*, Vol. 1, *Legislation and its Limits* (Oxford, 1999).

東方基督宗教

John Fennell, *A History of the Russian Church to 1448* (1995).
J. M. Hussey, *The Orthodox Church in the Byzantine Empire* (Oxford, 1986).
V. Lossky, *The Mystical Theology of the Eastern Church* (Cambridge, 1957).
Cyril Mango, *Byzantium: The Empire of New Rome* (1980).
J. Meyendorff, *Byzantine Theology* (1974).
Dimitri Obolensky, *The Byzantine Commonwealth: Eastern Europe 500–1453* (1971).
S. Runciman, *The Great Church in Captivity: A Study of the Patriarchate in Constantinople from the Eve of the Turkish Conquest to the Greek War of Independence* (Cambridge, 1968).
—— *Eustratios Argenti: A Study of the Greek Church under Turkish Rule* (Oxford, 1964).

K. T. Ware, *The Orthodox Church* (1963).
N. Zernov, *The Russians and their Church* (1978).
—— *Eastern Christendom* (1961).

中世紀後期

R. Bartlett, *The Making of Europe: Conquest, Colonization and Cultural Change, 950–1350* (1993).
Christopher Brooke and Wim Swann, *The Monastic World 1000–1300* (1974).
Rosalind and Christopher Brooke, *Popular Religion in the Middle Ages* (1984).
Caroline Walker Bynum, *Jesus as Mother: Studies in the Spirituality of the High Middle Ages* (California, 1982).
H. E. J. Cowdrey, *Pope Gregory VII 1073–1085* (Oxford, 1998).
C. Erdmann, *The Origin of the Idea of Crusade* (Princeton, 1977).
Richard Fletcher, *The Conversion of Europe: From Paganism to Christianity 371–1386* (1997).
George Holmes, *The First Age of the Western City 1300–1500: An inaugural lecture delivered before the University of Oxford on 8 November 1989* (Oxford, 1990).
J. Huizinga, *The Waning of the Middle Ages* (many edns.).
B. Z. Kedar, *Crusade and Mission: European Approaches towards the Muslims* (Princeton, 1984).
David Knowles, *The Monastic Orders in England, 943–1216* (Cambridge, 1940); and *The Religious Orders in England*, 3 vols. (Cambridge, 1948, 1955, 1959).
Malcolm Lambert, *Medieval Heresy* (London, 1977).
R. I. Moore, *The Origins of European Dissent* (1977).
Colin Morris, *The Papal Monarchy: The Western Church from 1050 to 1250* (Oxford, 1989).
Alexander Murray, *Reason and Society in the Middle Ages* (Oxford, 1980).

—— *Suicide in the Middle Ages*, Vol. 1, *The Violent against Themselves* (Oxford 1998); Vol. 2, *The Curse of Self-Murder* (2000); Vol. 3, *The Mapping of Desolation* (2000).

Jonathan Riley-Smith, *The Crusades: A Short History* (1987).

Beryl Smalley, *The Study of the Bible in the Middle Ages* (2nd edn. Oxford, 1952).

R. W. Southern, *The Making of the Middle Ages* (1953 and later edns.).

—— *Western Society and the Church in the Middle Ages* (Pelican History of the Church, 1970 and later edns.).

—— *Scholastic Humanism and the Unification of Europe*, Vol. 1, *Foundations* (Oxford, 1995).

Jonathan Sumption, *Pilgrimage: An Image of Medieval Religion* (1975).

宗教改革

Robert Bireley, *The Refashioning of Catholicism 1450–1700* (Basingstoke, 1999).

John Bossy, *Christianity in the West 1400–1700* (Oxford, 1985).

Euan Cameron, *The European Reformation* (Oxford, 1991).

A. G. Dickens, *The Counter Reformation* (2nd edn. 1989).

Eamon Duffy, *The Stripping of the Altars* (1992).

John Edwards, *The Jews in Christian Europe 1400–1700* (1988).

Diarmaid MacCulloch, *Thomas Cranmer: A Life* (London and New Haven, 1996).

—— *Tudor Church Militant: Edward VI and the Protestant Reformation* (1999).

—— *The Later Reformation in England 1547–1603* (2nd edn. Basingstoke, 2000).

Andrew Pettegree (ed.), *The Reformation World* (2000).

Menna Prestwich (ed.), *International Calvinism 1541–1715* (Oxford and New York, 1985).

Geoffrey Scammell, *The First Imperial Age: European Overseas Expansion c.1400–1715* (1992).
Keith Thomas, *Religion and the Decline of Magic* (1971).
A. D. Wright, *The Counter-Reformation: Catholic Europe and the Non-Christian World* (New York 1982).

十七世紀末期和十八世紀

Jon Butler, *Awash in a Sea of Faith: Christianizing the American People* (Cambridge, Mass., 1990).
W. M. Jacob, *Lay People and Religion in the Early Eighteenth Century* (Cambridge, 1996).
Phyllis Mack, *Visionary Women: Ecstatic Prophecy in Seventeenth-Century England* (Berkeley and Oxford, 1992).
John McManners, *The French Revolution and the Church* (Westport, Conn., 1969).
—— *Death and the Enlightenment* (Oxford, 1981).
—— *Church and Society in Eighteenth-Century France* (2 vols. Oxford, 1998).
Frank E. Manuel, *The Eighteenth Century Confronts the Gods* (New York, 1967).
Henry D. Rack, *Reasonable Enthusiast: John Wesley and the Rise of Methodism* (1989).
Steven Shapin, *The Scientific Revolution* (Chicago, 1996).
Deborah Valenze, *Prophetic Sons and Daughters: Female Preaching and Popular Religion in Industrial England* (Princeton, 1985).

十九世紀

John Brooke, *Science and Religion: Some Historical Perspectives* (Cambridge, 1991).

Richard Carwardine, *Evangelicals and Politics in Antebellum America* (Yale, 1993).
Owen Chadwick, *The Victorian Church* (2 vols., 1966–70).
—— *The Popes and European Revolution* (Oxford, 1981).
—— *The Secularization of the European Mind in the Nineteenth Century* (Cambridge, 1975: 1990).
Ruth Harris, *Lourdes: Body and Spirit in the Secular Age* (London, 1999).
Adrian Hastings, *The Church in Africa, 1450–1950* (Oxford, 1994).
Hugh McLeod, *Religion and the People of Western Europe, 1789–1970* (Oxford, 1981, 2nd edn. 1997).
—— *Piety and Poverty: Working-Class Religion in Berlin, London and New York 1870–1914* (New York, 1996).
—— *Secularization in Western Europe, 1848–1914* (Macmillan, 2000).
R. Laurence Moore, *Selling God: American Religion in the Marketplace of Culture* (Oxford, 1994).
Albert Raboteau, *Slave Religion: The 'Invisible Institution' in the Antebellum South* (New York, 1978).

二十世紀

Trevor Beeson, *Discretion and Valour: Religious Conditions in Russia and Eastern Europe* (rev. edn. 1982).
John Breen and Mark Williams (eds.), *Japan and Christianity: Impacts and Responses* (Basingstoke, 1996).
Tom Buchanan and Martin Conway (eds.), *Political Catholicism in Europe* 1918–1965 (Oxford, 1996).
Raymond Firth, *Rank and Religion in Tikopia* (1970).
Adrian Hastings, *African Christianity* (1976).
—— *A History of African Christianity, 1950–1975* (Cambridge, 1979).
—— *A History of English Christianity, 1920–1990* (1991).
—— (ed.), *Modern Catholicism* (New York and London, 1991).

—— *The Construction of Nationhood: Ethnicity, Religion and Nationalism* (Cambridge, 1997).
Martin E. Marty, *Modern American Religion: The Noise of Conflict 1919–41* (Chicago, 1991).
E. R. Norman, *Christianity in the Southern Hemisphere: The Churches in Latin America and South Africa* (Oxford, 1981).
Roger C. Thompson, *Religion in Australia: A History* (Melbourne, 1994).
Bob Whyte, *Unfinished Encounter: China and Christianity* (1988).

展望

Steve Bruce (ed.), *Religion and Modernization: Socialists and Historians Debate the Secularization Thesis* (Oxford, 1992).
Richard Harries, *Art and the Beauty of God* (1993, repr. 2000).
Keith Ward, *God, Faith and the New Millennium* (Oxford, 1998).
Geoffrey Wigoder, *Jewish Christian Relations since the Second World War* (Manchester, 1988).

國家圖書館出版品預行編目資料

基督宗教簡明史／理查・哈里斯（Richard Harries），亨利・梅爾-哈亭（Henry Mayr Harting）著：晴天譯. 初版. ——台北市：啓示出版：家庭傳媒城邦分公司發行, 2006〔民95〕
面；　公分. ——（Knowledge；6）
參考書目：面
譯自：Christianity: two thousand years
ISBN 978-986-7470-16-4（平裝）

1. 基督教- 歷史

248.1　　95017295

Knowledge 6

基督宗教簡明史

編　　者／理查・哈里斯（Richard Harries）、亨利・梅爾—哈亭（Henry Mayr-Harting）
譯　　者／晴天
總 編 輯／彭之琬
責任編輯／黃美娟

發 行 人／何飛鵬
法律顧問／台英國際商務法律事務所羅明通律師
出　　版／啓示出版
台北市104民生東路2段141號9樓
電話：(02) 25007008　傳眞：(02)25007759
E-mail：ap_press@hmg.com.tw
發　　行／英屬蓋曼群島商家庭傳媒股份有限公司城邦分公司
台北市中山區民生東路二段141號2樓
書虫客服服務專線：02-25007718；25007719
服務時間：週一至週五上午09:30-12:00；下午13:30-17:00
24小時傳眞專線：02-25001990；25001991
劃撥帳號：19863813；戶名：書虫股份有限公司
讀者服務信箱：service@readingclub.com.tw
城邦讀書花園：www.cite.com.tw
讀者服務　email: service@cite.com.tw
香港發行所／城邦（香港）出版集團
香港灣仔軒尼詩道235號3樓　E-mail：hkcite@biznetvigator.com
電話：(852) 25086231　傳眞：(852) 25789337
馬新發行所／城邦（馬新）出版集團　〔Cite (M) Sdn. Bhd. (458372 U)〕
11, Jalan 30D/146, Desa Tasik, Sungai Besi, 57000
Kuala Lumpur, Malaysia.　E-mail：citecite@streamyx.com
電話：(603) 9056-3833　傳眞：(603) 9056-2833

封面設計／王小美
打字排版／極翔企業有限公司
印　　刷／韋懋印刷事業股份有限公司
總 經 銷／農學社 電話：(02) 29178022　傳眞：(02) 29156275

■2006年10月4日初版
定價 280元　　Printed in Taiwan

 ISBN 978-986-7470-16-4

廣　告　回　函
北區郵政管理登記證
北臺字第000791號
郵資已付，免貼郵票

104　台北市民生東路二段141號2樓

英屬蓋曼群島商家庭傳媒股份有限公司城邦分公司　收

請沿虛線對摺，謝謝！

書號：1MC006　　書名：基督宗教簡明史

請於此處用膠水黏貼

啟示 Apocalypse Press 出版

讀者回函卡

謝謝您購買我們出版的書籍！請費心填寫此回函卡，我們將不定期寄上城邦集團最新的出版訊息。

姓名：______________________

性別：□男 □女

生日：西元 ________ 年 ________ 月 ________ 日

地址：______________________

聯絡電話：____________ 傳真：____________

E-mail：______________________

職業：□1.學生 □2.軍公教 □3.服務 □4.金融 □5.製造 □6.資訊

□7.傳播 □8.自由業 □9.農漁牧 □10.家管 □11.退休

□12.其他 ______________________

您從何種方式得知本書消息?

□1.書店□2.網路□3.報紙□4.雜誌□5.廣播 □6.電視 □7.親友推薦

□8.其他 ______________________

您通常以何種方式購書?

□1.書店□2.網路□3.傳真訂購□4.郵局劃撥 □5.其他 ________

您喜歡閱讀哪些類別的書籍?

□1.財經商業□2.自然科學 □3.歷史□4.法律□5.文學□6.休閒旅遊

□7.小說□8.人物傳記□9.生活、勵志□10.其他 ________

對我們的建議：

____

____

____

____

請於此處用膠水黏貼